ERNST OTT

Der Deszendent

Standardwerke der Astrologie

ERNST OTT

Der Deszendent

Das Tor zur Partnerschaft im Horoskop

Chiron Verlag

ISBN 3-925100-43-1

Swantje için

Umschlag: Walter Schneider unter Verwendung einer Fotografie
«Sonnenuntergang am Meer», © Mauritius
Druck: Offizin Chr. Scheufele, Stuttgart

2. Auflage 2001

Zu beziehen über den Buchhandel oder direkt beim
Chiron Verlag, Postfach 1250, D-72002 Tübingen
Internet: www.chironverlag.com

Inhalt

Vorwort 7

Partnerbild 9

Der Deszendent 17

Wichtige Vorbemerkung 26
Deszendent Widder 26
Deszendent Stier 27
Deszendent Zwillinge 29
Deszendent Krebs 30
Deszendent Löwe 31
Deszendent Jungfrau 32
Deszendent Waage 33
Deszendent Skorpion 34
Deszendent Schütze 35
Deszendent Steinbock 36
Deszendent Wassermann 37
Deszendent Fische 38

»Es zieht mich an...« 39

Eroberung 54

Deszendent Widder 61
Waage-sucht-Widder-Spiele 63
Was ist zu erobern? 63 / Für astrologisch Fortgeschrittene 64
Deszendent Stier 65
Skorpion-sucht-Stier-Spiele 68
Was ist zu erobern? 69 / Für astrologisch Fortgeschrittene 69
Deszendent Zwillinge 70
Schütze-sucht-Zwillinge-Spiele 72
Was ist zu erobern? 73 / Für astrologisch Fortgeschrittene 73
Deszendent Krebs 74
Steinbock-sucht-Krebs-Spiele 76
Was ist zu erobern? 77 / Für astrologisch Fortgeschrittene 77

Deszendent Löwe 78
Wassermann-sucht-Löwe-Spiele 81
Was ist zu erobern? 81 / Für astrologisch Fortgeschrittene 82
Deszendent Jungfrau 83
Fisch-sucht-Jungfrau-Spiele 86
Was ist zu erobern? 86 / Für astrologisch Fortgeschrittene 87
Deszendent Waage 88
Widder-sucht-Waage-Spiele 91
Was ist zu erobern? 91 / Für astrologisch Fortgeschrittene 91
Deszendent Skorpion 92
Stier-sucht-Skorpion-Spiele 95
Was ist zu erobern? 95 / Für astrologisch Fortgeschrittene 95
Deszendent Schütze 96
Zwillinge-sucht-Schütze-Spiele 100
Was ist zu erobern? 100 / Für astrologisch Fortgeschrittene 101
Deszendent Steinbock 102
Krebs-sucht-Steinbock-Spiele 105
Was ist zu erobern? 105 / Für astrologisch Fortgeschrittene 106
Deszendent Wassermann 107
Löwe-sucht-Wassermann-Spiele 111
Was ist zu erobern? 111 / Für astrologisch Fortgeschrittene 112
Deszendent Fische 113
Jungfrau-sucht-Fische-Spiele 117
Was ist zu erobern? 117 / Für astrologisch Fortgeschrittene 118

Die Liebe als Ort des Gerichts 120

Deszendent im Feuer 127
Deszendent im Wasser 131
Deszendent im Luftzeichen 133
Deszendent im Erdzeichen 135
Ein wichtiger Nachtrag 138

Geist und Macht 140

Der Mythos des Untergangs 160

Die Liebe als Ort von Tod und Neugeburt 182

Liebe als Ort der Umkehr 208

Das Geheimnis der Liebe 246

Über den Autor 259

Anmerkungen 260

Vorwort

Der Deszendent ist der Punkt der Liebe und Begegnung im Horoskop. Wenn Sie besser verstehen wollen, was Ihnen begegnet, und wenn Sie mit mehr Zufriedenheit lieben wollen, so können Sie vom Deszendenten Ihres Horoskopes viel Wichtiges dazu erfahren.

Wenn Sie jedoch wissen möchten, ob Ihr Partner sie wirklich liebt und Ihnen treu bleiben wird oder wann Sie jemanden kennen lernen, dann müssen Sie einen Hellseher oder Wahrsager fragen, denn Aussagen über andere Personen stehen nicht in Ihrem Horoskop. Die Symbole Ihres Geburtshoroskops geben ausschließlich über Sie selbst und Ihr eigenes Innenleben Auskunft.

Aber warum gibt es denn einen »Punkt der Liebe und Begegnung« im Horoskop? Warum ein »Haus der Freunde« oder gar Symbole für »das Schicksal« wie Pluto oder Saturn? Soll dies heißen, dass Schicksal, Freundschaft und Liebe nur im Innenleben jedes Einzelnen stattfinden?

Nicht nur – aber vor allem auch dort!

Der Deszendent beschreibt die innere Bereitschaft zur Liebe, die innere Einstellung, die Notwendigkeit der Ergänzung, den Wunsch nach Harmonie und Liebe.

Davon handelt dieses Buch.

Partnerbild

Eine Frau und ein Mann begegnen sich zum ersten Mal und verlieben sich ineinander. Nach einer Zeit der ernsthaften Probe heiraten die beiden, und damit beginnt eine lange fruchtbare Lebenspartnerschaft. Diese Geschichte ist so alt wie die Menschheit.

Fast alle Liebesgeschichten haben zwei Teile: Sie beginnen mit dem abenteuerlichen Kennenlernen, und am Ende des zweiten Teils wird die Hochzeit »mit aller Pracht und Herrlichkeit« gefeiert.

Eine solche Geschichte erzählen Mozart und sein Textdichter Emanuel Schikaneder in der »Zauberflöte«. Die Liebenden heißen Pamina und Tamino. Das Stück ist gewürzt mit einer weiteren Liebesgeschichte zwischen den Vogelmenschen Papageno und Papagena, mit einer Mondgöttin, der »Königin der Nacht«, und einem Sonnenpriester namens Sarastro, mit einem Kampf zwischen Licht und Finsternis sowie allerhand märchenhaften Drachen, Löwen, Palmen und Pyramiden. Weil das Stück voller astrologischer und symbolischer Bezüge steckt, ist es für Liebhaber der Astrologie eines der interessantesten Stücke der Weltliteratur, zusammen vielleicht mit Calderon de la Barcas Meisterwerk »Das Leben ist ein Traum«, worin nicht nur das Kaspar-Hauser-Motiv vorweggenommen wurde, sondern auch eine ausführliche Horoskopdeutung präsentiert wird, samt einer detaillierten Überprüfung dieser Aussagen mit überraschendem Ausgang.

Um das Geheimnis der Liebe und des Deszendenten zu verstehen, halten wir uns hier jedoch zunächst an die »Zauberflöte«. Falls Sie Berührungsängste mit Opernhäusern haben, so sehen Sie sich die kunstvolle Verfilmung von Ingmar Bergman an. Im Folgenden beschränken wir uns auf die Liebesgeschichte zwischen Tamino und Pamina.

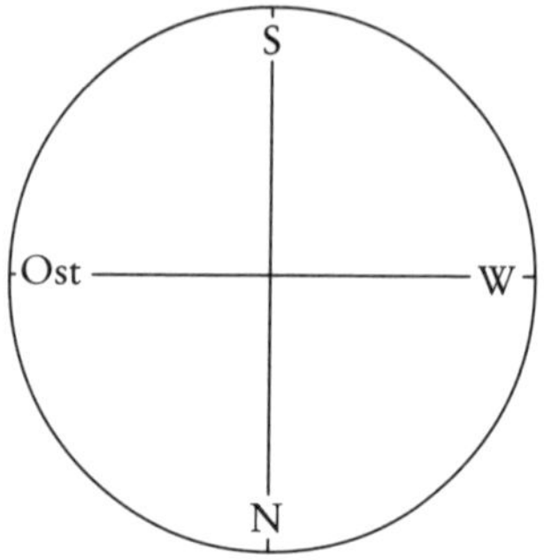

Abb. 1

Gewöhnlich beginnt eine Liebesgeschichte mit der ersten Begegnung und endet mit der Hochzeit. Nur selten – falls es sich nicht gerade um eine mehrbändige Familiensaga handelt – wird auf die Folgen eingegangen, etwa wenn das Paar Kinder bekommt. Auch die Vorgeschichte sowie die Jugendzeit der Liebenden bleibt meist ausgespart. Das Besondere an der »Zauberflöte« ist, dass hier ausführlich auf die Vorgeschichte eingegangen wird. Als sich Pamina und Tamino zum ersten Mal begegnen, sind wir bereits in der Mitte des Stückes. Bis dahin sind eineinhalb Stunden Theater-Handlung gelaufen, spannende Einblicke in das Abenteuer der Liebe. Die bekanntesten Liebeslieder der »Zauberflöte« (»Dies Bildnis ist bezaubernd schön« sowie das Duett »Bei Männern, welche Liebe fühlen«) werden in dieser ersten Hälfte gesungen. Wie ist das möglich, wo sich die Liebenden doch noch nicht einmal kennen gelernt haben?

Der Grund ist das Partnerbild. Tamino verliebt sich nämlich zuerst in ein Bild! Wie es dazu kam und warum das Ganze trotzdem ein gutes Ende nimmt, soll hier nacherzählt werden, natürlich mit einer Nutzanwendung auf uns reale Menschen.

Tamino ist laut Textbuch ein japanischer Prinz. Er ist also in Asien geboren und kommt aus dem fernen Osten. In der astrologischen Deutung entspricht die Geburt dem Aszendenten. Dieser liegt im Horoskop im Osten und symbolisiert das Ich (Abb. 1).

Falls Sie hier zum ersten Mal ein Horoskop-Rad sehen, so achten Sie bitte auf die Himmelsrichtungen: Während in den Landkarten oben Norden ist, sind die Horoskop-Zeichnungen nach Süden aus-

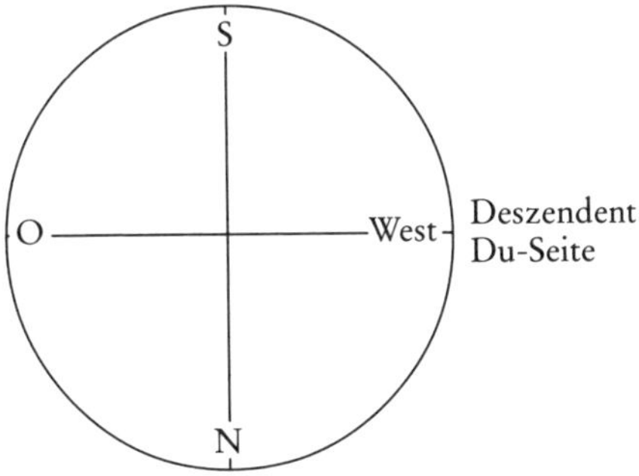

Abb. 2

gerichtet, also gerade umgekehrt. Das kommt daher, weil wir uns nach Süden wenden müssen, um den Tierkreis am Himmel deutlich zu sehen. Osten ist also links.

In symbolischem Sinne kommen wir alle aus dem Osten, und die Sehnsucht der modernen abendländischen Menschen nach chinesischer und indischer Weisheit ist astrologisch gesehen nichts anderes als die Sehnsucht nach dem eigenen Ich, nach unserem spirituellen Ursprung.

In seiner östlichen Heimat hat Tamino alles mitbekommen, was er braucht, um erwachsen zu werden. Doch kaum erwachsen geworden, verlässt er seine Heimat, zieht nach Westen und sucht das Abenteuer der Liebe.

Im Horoskop ist der Deszendent der westlichste Punkt, dort beginnt das »Haus der Liebe und Begegnung«, der Deszendent steht für die Du-Seite des Horoskops (Abb. 2).

Wenn sich in der »Zauberflöte« der Vorhang über dem Zauberwald hebt, ist Tamino im Reich der Königin der Nacht angekommen, das heißt im Westen, am Deszendenten, wo die Sonne versinkt. Die ersten Szenen spielen somit im Abendland, im nächtlichen Land des Mondes und der Mütter, aber eben auch im Zauberreich der Liebe.

Tamino hat alles, was man ihm mitgegeben hat, verloren: Gefährt, Geld, Gefolge und zuletzt auch noch Pfeil und Bogen. Er hat nichts dabei außer seiner Bereitschaft, sich zu verlieben, und dem Wissen, dass er ein Prinz ist. Prinz-Sein bedeutet: Ihn begleitet das Versprechen, einmal ein König zu werden. Der König ist in der Symbolsprache der Seele stets das entwickelte Individuum, das souverän über sein Leben regiert.

Dieses Versprechen bekommen wir alle mit unserem Aszendenten bei der Geburt mit. Das Abenteuer des Lebens und der Liebe jedoch, wie es der Deszendent ausdrückt, müssen wir erst bestehen. Es kommt meist von außen auf uns zu. Die Deszendent-Erfahrung trifft uns in dramatischer Schärfe, wenn wir uns zum ersten Mal verlieben. Aber wie neu, erst- und einmalig sie den Gefühlen auch erscheinen mag, sie trifft uns nicht unvorbereitet. Wir haben uns schon vorher ein Bild davon gemacht.

Mozart und Schikaneder erzählen mit keinem Ton Taminos Kindheit, und doch wissen wir: Seine Eltern und die Menschen in seiner Umgebung haben ihn geprägt. Schon bevor er denken und sprechen konnte, hat sein Vater ihm ein – hoffentlich positives – Vorbild als Antwort auf die unausgesprochenen Fragen gegeben: Wie werde ich einmal, wenn ich groß bin? Was ist das, »ein König«? Was ist das, »ein Mann«? Und – für das Thema des Deszendenten ist dies nun entscheidend – seine Mutter hat ihm eine erste Antwort gegeben auf die Fragen: Was ist weiblich? Und was ist das für ein Wesen, »die Frau«? Geschwister und viele andere Personen sowie Märchen, Mythen, Liebesgeschichten gaben ihm immer neue Antworten auf die Fragen nach dem anderen Geschlecht. Mit der Zeit entwickelte sich eine spezifische Mischung, ein eigener Geschmack.

Und doch war all dies nicht der Anfang. Denn schon in der Minute der Geburt war der erste Keim zum Partnerbild vorhanden. Wäre Tamino eine reale Person, so hätte sich bei seinem ersten Atemzug sein Geburtshoroskop, das sogenannte Radix-Horoskop, gebildet, und darin wären nicht nur alle seine Anlagen, Wesenskräfte und Talente abgebildet, sondern in symbolischer Form mit dem Aszendenten auch sein Selbstbild festgelegt, mit dem Deszendenten aber sein Partnerbild.

Eine innere Vorstellung von der Liebe, ein Bild der weiblichen Ergänzung steht also bei der Geburt bereits im inneren Kosmos eines Mannes eingeschrieben, bei Frauen entsprechend das Bild der männlichen Ergänzung. Die Vorbilder der Kindheit und Jugend wecken und konkretisieren dieses innere Bild nur. Tamino hat somit wie wir alle seit dem ersten Atemzug die Sehnsucht nach Ergänzung in sich. Reale weibliche Personen haben ihn stets an diese Ursehnsucht erinnert und ihm zunehmend bewusst gemacht, dass er auf der Suche ist.

Im westlichen Reich der Königin der Nacht angekommen, wird unser Held zuerst von einer Schlange verfolgt. In mancher Inszenierung ist es auch ein Drache. Wehrlos, wie der Prinz ist, wird er von dem Ungeheuer beinahe umgebracht. Er fällt in Ohnmacht, und drei verführerische Mädchen treten auf, welche die Schlange mit Zauberkräften besiegen und sich gleich für den Prinzen interessieren, der schließlich wieder aus der Ohnmacht erwacht. Doch nun tritt die große Göttin der Nacht auf und stellt Tamino die Aufgabe, eine Prinzessin zu erobern, nämlich ihre Tochter Pamina. Ab jetzt ist Tamino bewusst auf der Suche nach seiner weiblichen Ergänzung. Wenn wir diese märchenhaften Szenen deuten, sehen wir, dass der Prinz, wenn er im Westen ankommt, das heißt: sich auf seinen Deszendenten zu bewegt, zuerst mit dem Urweiblichen konfrontiert wird und erst später mit einer bestimmten Frau, nämlich der Prinzessin Pamina, die er lieben und zur Frau erwählen wird.

Die drei Aspekte des Urweiblichen sind hier die Mutter, die Verführerinnen und das verschlingende Ungeheuer. Anders gesagt, die schöpferische, die erotische und die zerstörerische Seite des Urweiblichen, welche interessanterweise in der umgekehrten Reihenfolge auftreten, so dass zuletzt als dramatische Steigerung die große erschaffende Mond- und Mutter-Göttin erscheint. Sie stellt dem Prinzen jene Aufgabe, die den weiteren Gang der Handlung bestimmen wird. Wer diesen glanzvollen Auftritt der sternflammenden Königin[1] einmal im Theater gesehen hat, vergisst ihn nicht so bald wieder: Schon wie sie unter dem aufregenden B-dur des Orchesters aus der Theaterversenkung emporgefahren wird, also wirklich aus dem Urgrund der Erde auftaucht, um schließlich im Mondlicht unter dem glitzernden Firmament zu thronen – das bewegt jeden Zuschauer! Wenn sie sich dann noch als liebende Mutter zu erkennen gibt, der die schöne Tochter entführt wurde, braucht man kein Märchenprinz zu sein, um sofort auszurufen: »Ja, ich werde sie befreien!« Zumal die Königin dem Retter natürlich die Hand der Tochter verspricht, bevor sie unter Theaterdonner wieder vom Firmament hinunter in die Versenkung fährt.

Diese Szene könnte ohne weiteres auch einen Hollywood-Helden in Bewegung setzen. Sie ist so allgemein-menschlich, dass sie sogar in einem Walt Disney Trickfilm überzeugen würde. Unverwechselbar und psychologisch, das heißt mozartisch, wird dieser Auftritt nicht nur durch die Musik, sondern auch durch die Szene davor: Mozart und Schikaneder haben dieser äußeren Motivation für Taminos Suche und Abenteuer eine innere vorangestellt: Der Held bekommt ein Bildnis der entführten Pamina geschenkt! »Dies ist die Tochter der nächtlichen Königin. Ein mächtiger böser Dämon hat sie ihr entrissen...« heißt es dazu. Wie es sich für eine Märchenoper gehört, verliebt sich der Prinz sofort in das Bildnis und schwört, die Entführte zu befreien.

Unser erster Gedanke ist nun, dass hier die zukünftige Geliebte zum ersten Mal auftritt, zwar nicht persönlich, aber auf einem guten Bild kann man die Schönheit eines Menschen, dessen Ausstrahlung, Ausdruck und individuelle Persönlichkeit ja ein Stück weit erkennen. Doch dies ist es nicht, was Tamino überzeugt. Dazu muss man wissen, dass es eines jener klitzekleinen Medaillons ist, das man an einem Kettchen um den Hals trägt, und auf dem ein Frauenköpfchen abgebildet ist. Fotos gab es damals noch nicht. Vielleicht ist es ein Gemälde, und bestimmt kein gutes, denn wenn ein Portrait-Maler des 18. Jahrhunderts vier Frauen malte, sahen die Gesichter alle gleich aus, sie waren höchstens an der Farbe des Haarbandes zu unterscheiden. Es ist gut möglich, dass es auch nur einer der damals beliebten Schattenrisse war. Kurz: Tamino sah kaum ein individuelles Portrait der realen Pamina, sondern vielmehr seine Vorstellung einer Idealfrau, sein Inbild oder seine bisher unbewusste Vision der Geliebten.

Dieses nichtssagende Medaillon ist der Anlass dafür, dass unser Held seinem Partnerbild begegnet und die Sehnsucht nach den Themen seines Deszendenten in sein Leben tritt. Nun singt er die berühmte Arie »Dies Bildnis ist bezaubernd schön«. Darin heißt es: »Ich fühl' es, wie dies Götterbild mein Herz mit neuer Regung füllt.« Und er fragt sich, ob diese Empfindung Liebe sei? Da geschieht im Orchester etwas Merkwürdiges. Während Tamino einen Takt lang schweigt, geben die Klarinetten die Antwort: »Ja« singen sie in aufsteigenden Terzen, und erst dann ruft auch Tamino: »Ja!« Er greift dabei die Klarinettenmelodie auf.[2] Die Antwort wurde also in der Musik vorweggenommen. Das Ja kommt demnach direkt aus der Seele, aus den tiefsten Schichten des Unbewussten. »Ja! Ja, die Liebe ist's allein!«

Ist es die Liebe? Gewiss.

Aber nicht die Liebe und Wertschätzung für Pamina als individuelle und reale Persönlichkeit, und schon gar nicht die Art Liebe, aus der eine Lebenspartnerschaft entstehen könnte. Es ist die Liebe schlechthin. Die Liebe Taminos. Die Ur-Liebe, vielleicht die Rückerinnerung an sein höheres Selbst oder an diejenige Kraft, die alles Glück auf Erden erschaffen kann. Das ist natürlich die Liebe! Möge er sie bis an sein Lebensende bewahren!

Aber es ist nicht die Liebe zu Pamina, das sehen wir an jedem Theaterabend neu, denn die Zuschauer verlieben sich in gewissem Sinne auch. Kaum ist nämlich die erwähnte Stelle vorbei, so beginnt das Herzklopfen. Mozart erzeugt es in uns allen, durch aufregende Crescendi und Bläsersynkopen (ab Takt 34). Auch der Unmusikalischste spürt an dieser Stelle schlagartig, dass hier ein ganz neuer Tonfall einsetzt, und ich glaube, man könnte messen, wie der Herzschlag der Zuhörer schneller wird. Es ist das Tempo des Verliebtseins. Dies alles stößt uns zu, obwohl wir das Portrait-Bild nicht gesehen haben! Kein Bild einer tatsächlichen Frau brauchen wir, nur unsere eigene Liebesfähigkeit. Diese ist nicht einmal geschlechtsspezifisch, denn auch weibliche Zuhörerinnen fühlen an dieser Stelle mit. Unser Partnerbild ist angesprochen, oder noch allgemeiner gesagt: unsere unbewusste Bereitschaft, das Abenteuer der Liebe zu erleben.

Bevor Tamino seiner späteren Frau begegnet, muss er nun erst sich selbst kennen lernen. Er wird aufgefordert, seine inneren Kräfte zu kultivieren, sein Verhältnis zur Natur zu klären, indem er auf der Flöte spielt und – wie seinerzeit Orpheus – damit die wilden Tiere besänftigt und zum Tanzen bringt. Tamino wird im Gespräch mit dem Priester vor dem Tempel der Weisheit aufgefordert, sein Frauenbild und seine mitgebrachten Vorstellungen von Gut und Böse zu hinterfragen. Er lernt auf die höheren Kräfte zu vertrauen, indem er den drei Genien folgt.

Diese Übungen ergeben sich zwar wie von selbst, doch später zeigt es sich, dass sie allesamt zu einem sinnreichen Plan gehören. Teils werden sie von einer geheimen Loge der Sonnenpriester als erzieherische Maßnahme inszeniert, teils entsprechen sie höherer Fügung im Hinblick auf das spirituelle Ziel am Ende der »Zauberflöte«, wo es darum gehen wird, die Sonnenpriester wieder mit der Welt des Weiblichen zu vereinigen. Dabei ist es Tamino und Pamina bestimmt, eine Schlüsselrolle zu spielen.

Für Tamino bleibt dies alles vorerst ein Geheimnis. Das ist auch gut so, denn er könnte sich noch gar nicht vorstellen, wie seine Ehe und Königsherrschaft an der Seite Paminas einmal aussehen wird. Noch weniger kann er im gegenwärtigen Stand der Entwicklung die gesellschaftlichen und geistigen Hintergründe erfassen. Doch wie kann ein Mensch oder eine Theaterfigur motiviert werden, all diese noch nicht einsichtigen Lernerfahrungen durchzustehen? Er muss einer inneren Vision folgen, seinem Partnerbild! Er hat die Hoffnung, »sie« zu finden.

»Sie« ist Symbol für alles, was ihm fehlt und was er braucht. Das Partnerbild ist jener Inhalt, der zur Ergänzung, das heißt zur Ganzheit notwendig ist. Doch wer sich selbst nicht kennt, nicht weiß, was er in sich hat, der kann auch nicht ahnen, was er braucht.

Unser Held macht neben den aufgezählten noch weitere Selbsterfahrungen, bevor er endlich am Schluss des ersten Aufzugs Pamina zum ersten Mal sieht. Nun ist er doppelt überrascht und beschenkt. Erstens erinnert sie ihn an sein Partnerbild. Allein, weil sie eine Frau ist, weckt sie seine Ursehnsucht nach Ergänzung. Zweitens aber ist Tamino durch die gemachten Erfahrungen zu einer gewissen Objektivierung sich selbst gegenüber gekommen, und nur aus diesem Grund ist er auch fähig, Pamina real wahrzunehmen, als eigenständigen Menschen mit individueller Ausstrahlung und Eigenart. Sein erster Ausruf bezieht sich auf das Wiedererkennen des Bildes. »Sie ist's!« Doch dann nimmt er die junge Frau wahr, die hier vor ihm steht und fügt hinzu: »Es ist kein Traum.«

Das Partnerbild ist ein wunderbarer Traum, den wir alle in uns haben. Wenn wir jedoch so sehr in den eigenen Traum verliebt sind, dass wir die Realität nicht sehen können, so endet das Ganze als unglückliche Liebesgeschichte. Falls die Geschichte jedoch glücklich endet, dann haben wir es geschafft, den Traum in den Wachzustand mitzunehmen. Die Beziehung wird real, bewahrt aber doch ein geheimnisvolles Inbild von idealer Liebe. Dann wird die Beziehung lebbar und traumhaft zugleich.

Der Deszendent ist eine Anleitung zum Liebesglück, wenn wir seine Botschaft verstehen. Sie lautet: Lass dich von deinem inneren Bild berühren, verstehe es als einen Teil von dir selbst – und trete dann in Beziehung mit dem geliebten Menschen.

Der Deszendent

Auch Sie, liebe Leserin, lieber Leser, haben bei der Geburt etwas mitbekommen, das wir das Partnerbild nennen wollen. Es ist ein inneres Bild Ihrer idealen Ergänzung. Nun hat Ihnen der Kosmos als Sie geboren wurden natürlich kein Medaillon umgehängt mit dem gemalten Bild einer wirklichen Traumprinzessin oder eines Traumprinzen. Wäre dies so, dann würden Sie diesen Menschen zwar leichter erkennen, wären aber auch von Anfang an auf eine bestimmte Person festgelegt. Dabei fehlte der Liebe jedes Geheimnis und auch jede freie Wahl.

Ihr Partnerbild ist jedoch nicht so eindeutig definiert. Das Horoskop umschreibt es mit einem Symbol, das erst entschlüsselt werden muss. Dieses Symbol ist der Deszendent. Um das vollständige Ergänzungs- oder Partnerbild zu ermitteln, würde eine astrologische Beraterin oder ein astrologischer Berater darüber hinaus eventuelle Planeten im 7. Haus miteinbeziehen, die gegengeschlechtlichen Planeten sowie Schatten- und Projektionsthemen im Horoskop. An dieser Stelle soll aber der wichtigste Punkt von allen genügen: der Deszendent.

Wenn Sie eine Zeichnung oder einen Computerausdruck Ihres Geburtshoroskops, des sogenannten Radix- oder Wurzel-Horoskops, besitzen, finden Sie den Deszendenten als Linie meist rechts auf der Zeichnung und mit der Abkürzung DC oder Desz. oder DS bezeichnet (Abb. 3).

Der Deszendent liegt stets dem Aszendenten gegenüber. Dies hilft Ihnen, wenn Sie keine Horoskopzeichnung besitzen: Falls Sie Ihren Aszendenten kennen, dann kennen Sie auch den Deszendenten. Es ist ausnahmslos immer das Tierkreiszeichen, das dem Aszendenten diametral gegenübersteht (Abb. 4).

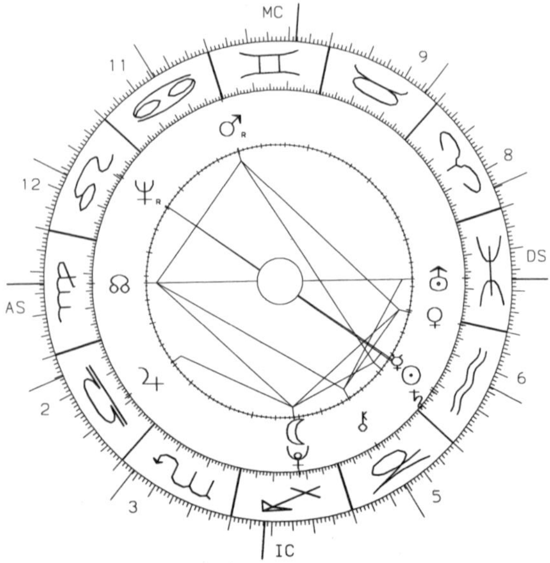

Abb. 3: Wolfgang Amadé Mozart[3]

Zum Aszendenten Widder gehört stets der Deszendent Waage und so weiter:

Aszendent Widder ♈	Deszendent Waage ♎
Aszendent Stier ♉	Deszendent Skorpion ♏
Aszendent Zwillinge ♊	Deszendent Schütze ♐
Aszendent Krebs ♋	Deszendent Steinbock ♑
Aszendent Löwe ♌	Deszendent Wassermann ♒
Aszendent Jungfrau ♍	Deszendent Fische ♓
Aszendent Waage ♎	Deszendent Widder ♈
Aszendent Skorpion ♏	Deszendent Stier ♉
Aszendent Schütze ♐	Deszendent Zwillinge ♊
Aszendent Steinbock ♑	Deszendent Krebs ♋
Aszendent Wassermann ♒	Deszendent Löwe ♌
Aszendent Fische ♓	Deszendent Jungfrau ♍

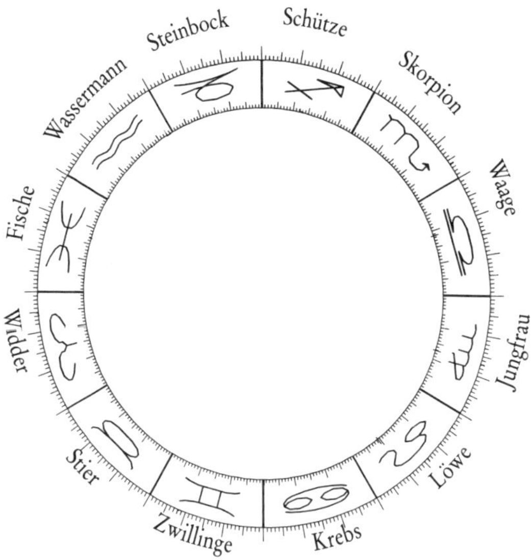

Abb. 4

In den folgenden Abschnitten können Sie nachlesen, welche Besonderheiten mit Ihrem Deszendent-Zeichen verbunden sind.

Falls Sie soeben neu Ihr Deszendent-Zeichen erfahren haben, werden Sie sich fragen: »Was bin ich nun eigentlich, mein Sternzeichen, mein Aszendent oder mein Deszendent?« Die Frage ist berechtigt. Müssen Sie sich nun schon mit drei verschiedenen Tierkreiszeichen identifizieren? Die Antwort lautet: Viel schlimmer, mit zwölf! Der Leser von Horoskopspalten weiß es nicht, und es ist doch eine Tatsache: Sie haben den ganzen Tierkreis und alle Planeten in sich. Johannes Kepler[4] drückte es so aus, dass unsere Seele die Idee des Tierkreises in sich trage und diesem ähnlich sei. Obwohl sich die meisten Menschen nur mit einem einzigen sogenannten Sternbild, dem Tierkreiszeichen der Sonne, identifizieren, ist dieses eigentlich in der Astrologie nur ein Faktor neben anderen. Wir gehen vielmehr davon aus, dass alle Menschen den gesamten Tierkreis in sich tragen, nur sind die Gewichtungen und Kombinationen bei jedem einzelnen Individuum sehr verschieden.

Die Gegenüberstellung der zwölf Aszendenten und Deszendenten (siehe oben) macht auch deutlich, dass es sich hier um Ergänzungssymbole handelt, um Paare von Symbolen. Im ersten Kapitel haben wir gesehen, dass der Aszendent die Ich-Seite des Horoskops repräsentiert, der Deszendent aber die Du-Seite. In gewissem Sinne ist der Aszendent das Selbstbild eines Menschen, der Deszendent das Partnerbild. Wir könnten die obige Liste also auch so umschreiben:

Selbstbild Widder	–	Partnerbild Waage
Selbstbild Stier	–	Partnerbild Skorpion
Selbstbild Zwillinge	–	Partnerbild Schütze usw.

Oder auch so:

Widder–Aszendent sucht ergänzende Waage-Qualität
Stier-Aszendent sucht ergänzende Skorpion-Qualität
Zwillinge-Aszendent sucht ergänzende Schütze-Qualität usw.

Der Tierkreis ist so aufgebaut, dass die sich gegenüberliegenden Zeichen jeweils gegensätzlich sind. Sie stehen in Opposition zueinander, wie der Fachausdruck heißt. Von Fall zu Fall wird dies dann als Widerspruch erlebt oder als ideale Ergänzung.

Dies hat aber zur Folge, dass Sie unmöglich einen Aszendenten haben können, der mit Ihrem Deszendenten verträglich, ähnlich oder gar gleich ist. Ihr Deszendent ist sozusagen ein krasser Widerspruch zu Ihrem Aszendenten. Das ist keine besondere Schwäche Ihres Charakters, sondern es geht allen Menschen so, denn der Tierkreis ist aus Ergänzungspolen aufgebaut. Deshalb ist jede Aszendent/Deszendent-Achse auch ein Ganzes aus zwei widersprüchlichen, aber einander ergänzenden Polen. Entsprechend der Charakteristik der Tierkreiszeichen stehen sich unterschiedliche Bedürfnisse dialektisch gegenüber:

Widder
Spontaneität
Aggression
urtümliche Wildheit

Waage
Zurückhaltung
Friedfertigkeit
gebildete Kultiviertheit

Stier
Festhalten
Stabilität
selbstverständliches Genießen

Skorpion
Loslassen
Wandel
kritisches Hinterfragen

Zwillinge
intellektuell
detail-interessiert
wissenschaftlich

Schütze
sportlich
die große Linie im Auge
philosophisch

Krebs
Subjektivität
Lustprinzip
emotionales Wohlbefinden

Steinbock
Objektivität
Verantwortung
Leistungsbewusstsein

Löwe
in der Gegenwart leben
Einzelpersönlichkeit
leben

Wassermann
die Zukunft entwerfen
Gruppenbewusstsein
verstehen

Jungfrau
körperlich
analytisch
realistisch

Fische
seelisch
synthetisch
idealistisch

Die zwölf Zeichen des Tierkreises sind also in sechs Ergänzungspaare aufgeteilt.

Wenn Sie dies auf Ihre eigene Aszendent/Deszendent-Achse beziehen, werden Sie merken, dass in der Praxis Selbstbild und Partnerbild nicht streng getrennt sind. Sie werden sich wahrscheinlich nicht nur mit den Aszendent-Qualitäten identifizieren können, sondern auch mit einigen Themen des Deszendent-Zeichens. Ihr eigentliches Beziehungsthema ist die Gesamtdialektik dieser beiden Zeichen.

Der Deszendent kann übersetzt werden mit der Frage: Was suche und brauche ich in der Beziehung? Aber die Antwort auf diese Frage ist eben nicht nur ein einzelnes Zeichen und seine Qualitäten, sondern oft lautet die Antwort: Ich suche und brauche Stoff, um beide, Aszendent sowie Deszendent, in mir zu erfahren. Ich brauche Anregung, wie ich diesen inneren Widerspruch lösen kann. Ich suche Anstöße, um mit der Gesamtdialektik dieser beiden Tierkreiszeichen in Kontakt zu kommen.

Sie könnten also unter Umständen auch von einer Partnerin oder einem Partner, der Ihren eigenen Aszendenten verkörpert, viel lernen. Vorrangig ist jedoch in der Regel die Anziehung durch die Deszendent-Qualität.

Was aber ist der Deszendent für ein Symbol? Warum ist er das Abbild unserer Partnererwartungen?

Dies hängt mit der Tatsache zusammen, dass der Deszendent der Westhorizont ist. Und im Westen geht bekanntlich die Sonne unter. Gibt es ein schöneres Bild für die Liebe als einen romantischen Sonnenuntergang? Abends färbt sich alles rot – so rot wie die Liebe! Die ganze Landschaft, die eben noch aus ganz normalen bekannten Dingen bestand, wird plötzlich in ein unwirkliches Licht getaucht und beginnt verzaubert zu leuchten. Derselbe Effekt ist zu beobachten, wenn Sie sich verlieben! Im Abendglanz entsteht das Gefühl, einer Feierstunde beizuwohnen – wie in der Liebe. Doch bald darauf kommt die Nacht, und es könnte gefährlich werden – genau wie in der Liebe. Es treibt uns jetzt nach innen, wir suchen Schutz und Sicherheit – so wie Liebe und Intimität einen geschützten Raum brauchen. Die Nacht gebiert schließlich den neuen Tag – und auch aus der Liebe entsteht neues Leben.

Die Astrologie vergleicht also die Liebe mit dem Punkt im Westen, wo die Sonne rot untergeht. Im Westen geht jedoch nicht nur die Sonne unter, sondern auch – je nach Tages- und Nachtzeit – der Mond und alle Planeten. Der Deszendent im Horoskop ist nun einfach derjenige Teil des Himmels, welcher in der Minute Ihrer Geburt am Westhorizont Ihres Geburtsortes unterging. Es kommt vorerst gar nicht darauf an, ob hier die Sonne, der Mond oder ein anderes Gestirn stand, sondern auf das Tierkreiszeichen.

Da der Himmel Tag und Nacht in Bewegung ist, taucht alle vier Minuten ein neuer Tierkreisgrad unter den Horizont hinab, und alle zwei Stunden wechselt das Tierkreiszeichen am Deszendenten. Selbst wenn Sie also einen Menschen finden sollten, der am selben Tag, im selben Monat und Jahr wie Sie geboren sein sollte, dürfte er an einem anderen Ort und in einer anderen Minute das Licht der Welt erblickt haben. Deshalb wäre dieser Mensch, was das Liebesleben angeht, mit Ihnen kaum vergleichbar, denn sein Deszendent-Zeichen ist ein anderes. Wir haben es hier mit einem höchst persönlichen und individuellen Teil des Geburtshoroskops zu tun. Dasselbe gilt übrigens auch für den polar gegenüberliegenden Aszendenten.

In einem der folgenden Abschnitte werden Sie nun lesen, was Ihr Deszendent-Zeichen aussagt. Es handelt sich dabei um Ihr Partnerbild. Das Partnerbild ist jene persönliche innere Vision, die Prinz Tamino nach Westen trieb, das Abenteuer des Lebens und der Liebe zu suchen. Bitte beobachten Sie sich selbst beim Lesen. Sie werden dabei immer wieder an erwünschte oder reale Liebespartner erinnert werden. Zwar steht in Ihrem Horoskop kein Wort über Dritte, sondern nur über Ihre inneren Bedürfnisse, aber es wird Ihnen gehen wie Tamino: Kaum ist von der Liebe die Rede, kaum ist auch nur ein Gedanke an die Liebe aufgetaucht, schon sehen wir Bilder von Prinzen und Prinzessinnen vor uns; die Phantasie greift selbst das kleinste Medaillon auf und macht die tollsten Geschichten daraus!

Lassen Sie sich beim Lesen nicht irritieren, falls Sie sich bei dem Gedanken ertappen: »So jemand ist mir leider noch nie begegnet.« Und lassen Sie sich auch nicht irritieren, wenn Sie das Beschriebene an einen realen Partner erinnert. Wir werden erst in den späteren Kapiteln über die Frage diskutieren, wie Bild und Realität zusammenpassen. Auch die Frage, ob es wünschenswert wäre, dass Sie jemanden finden, der diesem Bild vollumfänglich entspricht, wollen wir vorerst noch offen lassen. – Bitte lesen Sie den betreffenden Abschnitt kritisch. In vielem werden Sie sich zwar wiedererkennen, aber aus zwei Gründen wäre es auch möglich, dass Sie sich mit einzelnen Punkten nicht identifizieren können.

Der erste Grund: Es gibt so etwas wie unbewusste Bedürfnisse. Dies sind Dinge, die unser Körper oder unsere Psyche zwar suchen und brauchen, wobei dieses Bedürfnis aber von anderen Wünschen überlagert oder sonst wie aus dem Bereich der bewussten Wahrnehmung verschwunden ist. Die folgenden Kapitel geben dazu einige Hinweise.

Der zweite Grund dafür, dass Sie sich vielleicht nicht zu 100% wiedererkennen: Ihr Partnerbild enthält nebst dem Deszendenten – der zwar den Hauptpunkt darstellt – noch eine Menge von individuellen Feinheiten, die nur eine astrologische Beratung oder ein eigenes fundiertes Studium des gesamten Horoskops zur Synthese zusammenfassen kann.

Bevor es losgeht, sollten Sie noch davor gewarnt werden, das Folgende wie eine Partnerschaftsanzeige zu lesen, nach dem Motto »fröhlicher Schütze sucht schöne Jungfrau«. Das Spiel »Suche-dein-passendes-Sternzeichen« funktioniert in der Praxis zu selten. Wenn Ihr Deszendent also beispielsweise im Widder liegt, so hat Ihr Partnerbild Widder-Charakter, und auf den ersten Blick wäre es nun naheliegend, zu denken: »Mein Idealpartner muss also ein Widder sein.« Dies ist jedoch nicht der Fall. Natürlich ist es denkbar, dass Sie sich in eine Widder-Persönlichkeit glücklich verlieben. Aber die Wahrscheinlichkeit ist bei Widdern nicht viel größer als bei jedem anderen Tierkreiszeichen. Die Untersuchungen der Statistiken von Gunter Sachs[5] scheinen zwar zu belegen, dass sich einige der sogenannten »Sternzeichen« häufiger heiraten als andere Kombinationen. Gegen diese Untersuchungen gibt es jedoch eine Menge berechtigter Einwände. Doch selbst wenn sie recht hätten, gäbe es daneben Millionen von Menschen, die mit einem »unpassenden Sternzeichen« eine glückliche, harmonische Ehe führen. Kein einzelner Faktor, sei es das Sonnenzeichen, der Aszendent oder Deszendent gibt für sich allein genommen einen brauchbaren Hinweis auf bestimmte Partner, sondern nur auf die inneren Erwartungen des Betroffenen.

Ein Zwölftel der Menschheit ist im Zeichen Widder geboren, das heißt in jenen etwa 30 Frühlingstagen, wenn die Sonne im Widder steht. Man braucht nun nicht unbedingt Statistik zu studieren, um zu wissen, dass nicht alle diese Millionen Menschen strahlende Märchenprinzen oder Märchenprinzessinnen sein können, da werden

Wie erfahre ich mein Deszendent-Zeichen?

Wenn Sie Ihren Aszendenten kennen:

Einfach das im Tierkreis gegenüberliegende Zeichen suchen, siehe Abbildung zu Beginn dieses Kapitels.

Wenn Sie Ihren Aszendenten nicht kennen:

Zuerst brauchen Sie Ihre genaue Geburtszeit. Beschaffen Sie sich Ihre standesamtliche Geburtsstunde und -minute. Manchmal steht sie in der Geburtsurkunde, sonst fragen Sie das Standesamt Ihres Geburtsortes (die Angabe der Eltern ist nach aller Erfahrung weniger zuverlässig). Nun brauchen Sie einen Computer, der Geburtshoroskope berechnet; dazu genügt selbst die einfachste Astrologie-Software. Andernfalls suchen Sie aus den gelben Seiten einen Astrologen, die Berechnung ist für ihn kein großer Aufwand. Aszendent und Deszendent stehen sich im Tierkreis immer genau gegenüber.

auch einige Kröten dabei sein, wie in jedem anderen Tierkreiszeichen auch. Wenn also jemand einen Widder-Deszendenten hat, so wird er doch nur wenige Widder treffen, die wirklich potentielle Partner für ihn sind. Außerdem wird in dieser Menschengruppe im konkreten Fall Sympathie und Antipathie nicht viel anders verteilt sein als unter den übrigen Zeichen. Es geht für jemanden, der diesen Deszendenten besitzt, um die psychologische Widder-Qualität, und da jeder Mensch den gesamten Tierkreis in sich hat, sollte er vorerst niemanden ausschließen, unter welchem sogenannten Sternzeichen er auch geboren sei. Die Wirklichkeit ist viel differenzierter als das Sternzeichen-Suchspiel. Wenn Sie also wieder einmal lesen »häuslicher Krebs sucht treuen Stier«, dann stellen Sie sich am besten so praktisch wie möglich das Liebesleben zwischen dem roten Bach-Krebs und einem Ochsen vor. Dann wird schnell klar, dass es hier um bildhafte Symbole geht, nicht um konkrete Empfehlungen!

Wie wir im ersten Kapitel gesehen haben, gibt das Horoskop streng genommen überhaupt keine Auskunft über andere Menschen, sondern vielmehr über Ihre eigene Erwartung, über Ihren Ergänzungsbedarf, eben Ihr inneres Partnerbild.

Wenn Ihr Deszendent kurz vor oder nach der Geburt gewechselt hat, was sehr häufig vorkommt, kann es auf Viertelstunden und in Einzelfällen sogar auf Minuten ankommen: Lassen Sie sich deshalb unbedingt beim Standesamt die genaue Geburtszeit geben!

Wichtige Vorbemerkung

Die Partner-Idealbilder werden im Folgenden als Männer beschrieben, wenn es sich um ein Feuer- oder Luftzeichen handelt, und als Frauen, wenn ein Erd- oder Wasserzeichen am Deszendenten steht, um beiden Geschlechtern gerecht zu werden und den archetypisch »männlichen« Charakter der Feuer- und Luftzeichen sowie den »weiblichen« Charakter der Wasser- und Erdzeichen auszudrücken. Die Deszendenten gelten jedoch für Männer und Frauen ohne Unterschied, so dass der Mann mit Widder-Deszendent eine spontane Abenteurerin sucht, eine Frau einen spontanen Abenteurer. Es sind dieselben Inhalte nur mit anderem Geschlecht. Bitte interpretieren Sie beim Lesen wenn nötig den Text so um, dass er für Ihren individuellen Fall richtig ist.

Auch homosexuell veranlagte Menschen finden ohne Ausnahme im Deszendenten ihre ergänzende Qualität. Zwar müssen in jenem Fall die geschlechtlichen Planeten Venus und Mars als Frauen- und Männerbild oftmals umgedeutet werden, stets aber gehört der Deszendent zum Partnersuchbild.

Deszendent Widder

Wenn Sie einen Widder-Deszendenten haben, so gehört zu Ihrem Partner-Suchbild eine Vision von Direktheit und Spontaneität. Stellen Sie sich eine Persönlichkeit vor, die weiß, was sie will und dies in eindeutiger Direktheit äußert! Der ganze Körper drückt aus: »Ich will dich erobern, denn du bist es! Ich liebe dich!«

Woher nimmt er diese Klarheit? Dieser klare Wille ist einfach da. Er überzeugt fraglos und ohne Umstände. Sollte dieser Partner noch etwas zögern, sich auch mit Worten zu erklären, dann nicht etwa aus unsicherem Abwarten, sondern im Gegenteil, weil es schwer ist, etwas so Eindeutiges direkt auszudrücken, ohne Sie zu verletzen. Die angemessenste Ausdrucksweise wäre der Ruf: »Ich will dich!« oder noch besser einfach eine mitreißende Tat ohne lange Erklärungen.

Zum Widder-Partnerbild gehört ferner die Verlockung zum Abenteuer. Da ist jemand, der Sie herausreißt aus allem Zögern und Abwägen, ein Partner, der Ihnen Klarheit bietet. Vielleicht ist dieser Impuls etwas zu direkt, und Sie deuten zuerst mal an, dass Sie etwas mehr Zeit brauchen. Doch das erhöht nur Ihren Reiz, denn Ihr Traumpartner liebt das Spiel der Eroberung. Sollte da noch jemand oder etwas im Wege stehen, so wird er Ihnen nur um so reiner und ehrlicher seine Bereitschaft beweisen können.

Falls Ihnen die Erfahrung aus früheren komplizierten Beziehungen noch nachhängt, so dass Sie immer wieder abwägen, inwieweit Sie sich wo mit wem einlassen wollen oder nicht einlassen können, und warum, oder vielleicht doch... dann wird Ihr Traumprinz darauf nicht mit ebenso komplizierten Gedanken antworten, sondern wird Sie auf entwaffnend jugendfrische Weise gar nicht verstehen (!). Er wird Sie zwar einige Zeit anhören, dann aber, als ob nichts gewesen wäre, glaubhaft versichern: »Aber ich liebe dich! Punkt.« Er tut gerade so, als ob die Vergangenheit Schnee von gestern wäre und man in dieser Sekunde die Welt neu erschaffen könnte. Und das Unglaubliche ist: Er kann das auch! Mit dieser offenen, mutigen Art gelingt es ihm, Ihnen immer wieder einen neuen Anfang zu schenken.

Deszendent Stier

Wenn Sie einen Stier-Deszendenten haben, so ist Ihre Traumpartnerin eine sinnliche Genießerin. Es ist eine Frau voll diesseitiger Freude an schönen Dingen, an Erotik, Hautkontakt und lustvoller Lebensfreude. Am besten stellen Sie sich diese Idealpartnerin in ihrem schönen alten Haus vor, auf einer breiten, bequemen Liege, vielleicht bei warmem Wetter auch im Garten hinter ihrem Landhaus oder Schlösschen.

Ihre vollen sinnlichen Lippen sagen nur ein Wort: »Komm!« Da auf der Liege genügend Platz ist und drum herum alles bereitsteht an

Getränken, Früchten und Köstlichkeiten aus Haus und Garten, spricht eigentlich nichts dagegen, dass Sie sich sofort dazulegen!

Diese sinnliche Verführerin verheißt aber nicht nur Lust, sondern – ohne dass dies ausgesprochen wird – viel Entspannung und Zeit. Genügend Zeit für alles, was sich entwickeln möchte. Hier lauert kein Druck und keine Anforderungen. Sie ist einfach da, jetzt, in dieser Gegenwart und hat Zeit. Dies strahlt eine solche Gewissheit und Ruhe aus, dass Sie mit Goethe ausrufen möchten: »Augenblick! Verweile doch, du bist so schön!«

Einen solchen unendlich genießerischen, ewigen Augenblick verspricht Ihnen Ihre Traumprinzessin. Sie hat in ihrem Garten Eden ein herrliches Plätzchen für zwei eingerichtet, damit Sie sich wie im Paradies fühlen, nur dass niemand auch nur im Traum daran dächte, auf dem Apfelbaum nachzusehen, ob da vielleicht eine Schlange irgendwelche intellektuelle Kritik am Schöpfer üben könnte. – Es ist übrigens müßig, auf Apfelbäume zu klettern, wo einen eine perfekte Liebhaberin mit fertigem Apfelkuchen füttert, ofenfrisch und mit Sahne versteht sich – und mit heißen Küssen verschönert!

Zur Sehnsucht des Stier-Deszendenten, Ruhe und Sicherheit zu finden, gehört auch das nötige Kleingeld. Zumindest hat Ihre Märchenprinzessin die nötigen Ressourcen, um mit sich selbst zufrieden zu sein. Sie hat keine unterschwelligen Ansprüche, von Ihnen ernährt zu werden oder mit ihrer Zuneigung andere Garantien zu erschleichen.

Diese Persönlichkeit hat ein ruhiges, gefestigtes Selbstwertgefühl, deshalb auch ihr Glaube an sich selbst und ihre natürliche Einstellung, dass man das Beste verdient habe. Zu einem Menschen mit dieser Einstellung kommen Reichtum und Fülle gerne zu Besuch, bleiben hier wohnen, wachsen und vermehren sich.

Falls Sie noch immer Vorbehalte haben, so würde die sinnliche Schöne zu Ihnen sagen: »Warum machst du dir auch bloß so komplizierte Gedanken? Komm, mein Schatz, und genieße!«

Deszendent Zwillinge

Wenn das Zeichen Zwillinge an Ihrem Deszendenten steht, so ist Ihr Ergänzungsbild ein intelligenter, geistreicher, vielseitig interessierter Mann. Stellen Sie sich einen Liebhaber vor, der mit Ihnen spricht, etwas erzählt und stets anregende Themen auf Lager hat. Es ist ihm nicht genug, Sie zu lieben, sondern er sagt Ihnen auch, dass Sie liebenswert und attraktiv sind, dass es eine Lust ist, auf Sie einzugehen und welche Faszination Ihre Nähe ausübt.

Welche Freude, einen Menschen zu finden, mit dem man ein wirklich anregendes Gespräch führen kann! Da ist ein Gleichklang von Interessen, aber auch beflügelnde Auseinandersetzung. Wie schön, jemanden zu haben, der einen versteht, aber auch Fragen stellt, bereit ist, ein neues Licht auf das Bekannte zu werfen, alles einmal von einer anderen Warte aus zu sehen. Keine Langeweile kann aufkommen, weil hier nicht die Gewohnheit oder Trägheit regiert, sondern die Lust, sich auszutauschen und gemeinsam im Gespräch weiterzukommen.

Ein solcher Traumpartner verblüfft Sie mit seiner Vielseitigkeit. Plötzlich taucht zum Beispiel die Idee auf, eine neue Arbeitsteilung in der Partnerschaft auszuprobieren oder neuen Wind ins Sexualleben zu bringen, einmal ungewohnte Zeiten und ungewohnte Orte zu nutzen. Da weht eine Frische zu Ihnen herüber, so dass beide Partner sich jeden Tag neu entdecken und erobern können. Eine verjüngende Kraft geht von ihm aus. Es ist, als ob seine Gegenwart Ihnen beweisen würde, dass Sie noch lange nicht zum alten Eisen gehören, sondern dass ganz im Gegenteil von Tag zu Tag vielfältigere Möglichkeiten entstehen und das Interesse an der Erotik und der Partnerschaft sich unendlich erneuert.

Durch diese Partnerschaft erhalten Sie den lebendigen Beweis dafür, dass Ihre Beziehung nicht in kleinkarierter Gewohnheit enden muss, sondern erneuerungsfähig ist, dass Ihre Liebe über den Alltag hinausweist und dem Leben höheren Sinn verleiht, indem sie auch geistige Impulse setzt und wie ein bereicherndes Gespräch unter Freunden in jeder Situation wieder aufgenommen werden kann. In einer ruhigen Minute können Sie sich glücklich zurücklehnen und lachend ausrufen: »So ist die Liebe wirklich interessant und macht Sinn!«

Zum Idealbild des Krebs-Deszendenten gehört es, dass Sie sich bei Ihrer Partnerin total angenommen fühlen. Keine Verstellung ist nötig, kein Rollenspiel, denn die erste Botschaft, die Ihnen entgegenkommt, lautet: »Mein Schatz, du bist in Ordnung, genau so wie du bist.« Die Unsicherheit, ob Sie attraktiv, reich, perfekt genug sind, tritt in den Hintergrund. Diese Frau wird zwar, wenn Sie das möchten, mit Ihnen diskutieren, was Sie noch alles tun können, um sich und Ihr Leben zu verbessern und zu verändern, aber ganz unabhängig von dieser Diskussion weht Ihnen die Gewissheit entgegen: »In meinem Herzen bist du sowieso zu Hause!« Sie spüren dort ein tiefes Gefühl; und Gefühle fragen nicht nach Leistung, nach Aussehen, nach Kleinigkeiten. Gefühle sind einfach da. So selbstverständlich wie zwei Bäume, die irgendwo gewachsen sind. »Wir gehören nun einmal zusammen. Da gibt es keine Diskussion.«

Durch diese Liebe wird Ihre eigene sensible Seite aktiviert. Sie lassen Ihre Gefühle fließen, Sie lassen sich vom Leben tragen, wie von den Klängen eines herrlichen Musikstücks. Sie machen mit ihr die Erfahrung eines Wanderers, der sagen kann: Nach all diesen Irrwegen bin ich jetzt zu Hause angekommen! Mit ihr können Sie, wenn Sie dies möchten, ein Zuhause gründen samt Familie und einem echten Gefühl der Geborgenheit.

Dieses Partnerbild enthält eine enge Verknüpfung von Sexualität und seelischer Bindung. Die Erotik mit ihr bringt Ihnen Spaß, Reiz und Lust sowie zusätzlich das Gefühl, dabei geschützt zu sein, sich völlig frei gehen zu lassen, weil Sie eben auch tief im Herzen geliebt werden.

Da verbreitet sich ein heimatliches Wohlgefühl, wie Sie es vielleicht seit einigen Sternstunden Ihrer Kindheit nicht mehr gefühlt haben, es riecht nach Lebensfreude, die Farben der Gegenwart leuchten intensiver und der Duft von Weihnachten und Ostern durchströmt Sie gleichzeitig.

Vielleicht spüren Sie, dass Ihre Traumpartnerin niemals mit Ihnen schlafen würde, wenn sie nicht auch emotional mit allen Fasern an Ihnen hinge und Sie tief ins Herz geschlossen hätte. Dies macht das Zusammensein natürlich attraktiver, es ist ja ein täglicher Beweis dafür, dass Sie hier jemand vorbehaltlos liebt und akzeptiert, einfach so wie Sie sind.

Deszendent Löwe

Wenn Sie einen Löwe-Deszendenten haben, so ist Ihr innerer Traumpartner eine starke Persönlichkeit mit einer gewinnenden Ausstrahlung. Es ist ein Mann ohne ängstliche Rücksicht darauf, ob er auch nett und angepasst genug erscheint, sondern mit dem Mut, das eigene Leben zu gestalten, im Vertrauen darauf, dass dies positive Energien freisetzt und auch anderen Menschen gut tut.

Bitte stellen Sie sich für einen Augenblick vor, dass Sie sich in einer Runde angenehmer Menschen aufhalten, die Ihre Wellenlänge haben. Nun ist auch dieser Traumpartner dabei, ragt unter allen durch seine Qualitäten heraus und kann die anderen mühelos mitreißen. Dadurch wird aus jeder Idee eine kreative Aktion, aus einem gewöhnlichen Beisammensein ein Fest, aus Fröhlichkeit das Gefühl, in Hochstimmung zu sein und an einem ungewöhnlichen Abend teilgenommen zu haben! Dies alles schafft er ganz selbstverständlich, seine Art ist einfach ansteckend!

Seines Wertes voll bewusst geht er auf Sie zu und genießt mit Ihnen zusammen die Liebe. Er vermittelt Ihnen das Lebensgefühl, dass Sie beide ruhig ein wenig stolz sein dürfen aufeinander, stolz darauf, sich gefunden zu haben, sich gegenseitig zu schätzen und stolz darauf, keine Null-acht-fünfzehn-Beziehung zu führen. »Du bist etwas Außergewöhnliches, und unsere Beziehung ist es auch!« Es geht dabei nicht um Standesdünkel, sondern darum, dass zwei starke Persönlichkeiten sich vereinigt haben, dass da Energie ist, Herzenswärme und »dass es einfach stimmt mit uns«!

Dieser Traumpartner ist sehr kreativ und hat auch die Lebenseinstellung eines positiven Künstlers. Gestalten und die Welt nach dem eigenen Bilde zu erschaffen, dies sollte doch das Recht jedes Individuums sein! Warum nicht aus der Beziehung ein Kunstwerk machen? Eine schöpferische Aktion, so wie ein Künstler eben im Idealfall auch Lebenskünstler ist und nicht die Probleme sieht, sondern die Chance, daraus weiterführend etwas Originelles zu machen. Ganz spontan greift dieser wunderbare Mann alles auf, was der Augenblick bietet und macht es zu einem Fest für Sie beide.

Deszendent Jungfrau

Wenn in Ihrem Horoskop die Jungfrau am Deszendenten untergeht, so ist Ihre Ergänzungspartnerin ein selbständiger Mensch. Sie hat die Fähigkeit, unabhängig ihr Leben zu meistern, ist geschickt und lässt sich durch Probleme nicht emotional aus der Ruhe bringen. Es gibt ja Menschen, die – sobald Stress aufkommt – sich so sehr gehen lassen, dass sie keine Hilfe sind, sondern im Gegenteil die Schwierigkeiten noch vergrößern, weil sie erst beruhigt werden müssen. Anders Ihre Traumpartnerin: In ihrer Nähe können Sie sich sicher fühlen, denn Sie wissen: Da ist jemand, der in kritischen Situationen nicht verzweifelt oder davonläuft, sondern ein Mittel weiß, was zu tun ist. Sie hat ein Gefühl dafür, wie das Problem gelöst oder die Situation entschärft werden kann. Wie beruhigend, jemanden zu haben, der weder große Worte macht noch sich in Tränen auflöst, sondern anpackt und das Notwendige tut! Wie erlösend kann das sein! In dieser Umgebung wird Ihre eigene Lebensfähigkeit wieder gestärkt, und Sie lernen immer besser mit Konflikten sachlich und konstruktiv umzugehen.

Trotz all dieser lebenspraktischen Qualitäten handelt es sich hier um eine äußerst sensible Liebhaberin. Diese Frau hat ein Feingefühl für die verschiedenen Ebenen: Körper, Seele und Geist. Wenn sie zum Beispiel nur einfach in Ihrem Arm träumen und stundenlang das Meer beobachten möchte, wird sie dies tun und Ihnen dabei das Gefühl vermitteln, dass die Welt damit völlig in Ordnung ist. Wenn sie jedoch bei einer anderen Gelegenheit sexuelle Bedürfnisse hat, wird sie auch dies offen aussprechen und Ihr Einverständnis nicht durch anderweitige Versprechen erkaufen wollen. Wenn sie Sie jedoch gleichzeitig tief in der Seele liebt, so wird ihr auch dies bewusst sein und sie wird es Ihnen zeigen.

Ihre Sensibilität für die feinen Zusammenhänge zwischen Körper und Seele hat eine heilende Wirkung auf Sie: Vieles, das bisher in Ihrem Leben einfach so geschehen ist, wird nun bewusst und die Teile wachsen wieder zusammen.

Zu diesem Partnerbild gehört die Vision einer sinnlichen Frau. Sie himmelt Sie nicht nur romantisch an, sondern weiß auch, wo es gut tut, sich anzufassen. Sie hat ein sensibles erotisches Gefühl und kann Ihnen zeigen, wo und wie eine natürliche Lust am Körper geweckt wird.

Deszendent Waage

Wenn Ihr Deszendent in der Waage steht, dann ist Ihr inneres Partnerbild geprägt von einer Vision der Schönheit. Dieser Idealpartner ist eine äußerst gepflegte, ästhetische Erscheinung.

Aber das Aussehen allein ist es nicht. Sie spüren es bis in die Zehen mit großer Eindeutigkeit, dass dieser Mensch sich wirklich für Sie interessiert, Sie respektiert und diejenige Persönlichkeit ist, mit der Sie eine echte Partnerschaft eingehen können. Ihn zu erobern macht Spaß, weil dieser Mensch nicht leichtfertig ja sagt, sondern um eine wirkliche Gemeinsamkeit kämpfen kann.

Dieser innere Geliebte ist eine künstlerisch interessierte Person und wird Ihnen immer wieder das Leben mit Musik, Farben und ein wenig Ästhetik verschönern, wird Sie an Orte mitnehmen, wo schöngeistige Menschen zusammenkommen, vielleicht ins Theater, ins Konzert, zum Tanzen oder in Kreise von intelligenten und faszinierenden Menschen. Selbst bei so etwas scheinbar Alltäglichem wie einem gemeinsamen Essen weiß er, wie das Ganze verschönert werden kann: Er organisiert die angenehmen Kleinigkeiten drum herum und vermittelt Ihnen damit das Gefühl von etwas Besonderem. Das gemeinsame Essen wird auf diese Weise zu einer Art Liebeserklärung, zu einem Zeichen dafür, dass er diesen Abend mit Ihnen feiern möchte, und nur mit Ihnen, denn die gemeinsamen Stunden sind besonders festliche Stunden des Lebens!

Sein Körper gefällt Ihnen, denn die Proportionen sind angenehm harmonisch, und der Duft und die Ausstrahlung eines gepflegten Menschen erhöht für Sie die erotische Anziehung.

Während Sie sonst so oft im Leben mit Leuten konfrontiert sind, die immer nur »ich, ich, ich!« schreien und gegen die Sie mühsam erkämpfen müssen, dass auch Ihre Interessen zur Sprache kommen, ist hier plötzlich ein Mensch aufgetreten, der auf Sie eingeht und der ganz selbstverständlich von einem »Wir« ausgeht. Die Entscheide in der Partnerschaft werden gemeinsam getroffen. Auch wenn dieser Idealpartner oft einen sehr ausgefeilten eigenständigen Standpunkt hat, ist die Auseinandersetzung doch nie bitter, sondern im besten Sinne von Liebe und Partnerschaft geprägt. So können Sie beide sich ergänzen und gegenseitig bereichern. Mit ihm ist es eine Freude, als Paar durch die Welt zu gehen.

Deszendent Skorpion

Wenn in Ihrer Geburtsstunde der Skorpion im Westen unterging, dann gehört zu Ihrem inneren Ergänzungsbild der Wunsch nach dosierter Aufregung. Das Zusammenleben mit einem netten Menschen, das nett und harmlos verläuft, ist zuwenig für Sie. Aufregend wird es, wenn das Blut in Wallung kommt und gar keine Gelegenheit mehr ist für die Frage, ob das wohl nett sei oder nicht! Nein, es ist das volle aufregende Leben, und diese Frau hat Sie auf die lustvollste Weise da hineingerissen!

Was hat diese Idealpartnerin gemacht, dass es gelungen ist, Sie alle Vorsicht vergessen zu lassen? Und dies sogar zu Ihrem Besten? Natürlich müssen gewisse Voraussetzungen erfüllt sein, denn Aufregung allein ist noch keine Garantie für eine Partnerbeziehung. Was sind die Voraussetzungen dafür, dass Sie diese mitreißende Verführung als lustvoll und positiv empfinden können? Dass die Sache ernst gemeint ist! Diese Partnerin will nicht mit irgendjemandem etwas Aufregendes erleben, sondern speziell mit Ihnen, und Sie spüren, wie sie Ihre ganze Person meint und schätzt und bemüht ist, Ihnen Gutes zu tun. Sie ist auch bereit, sich auf das Abenteuer einer seelischen Begegnung mit Ihnen einzulassen. Gemeinsam genießen und gemeinsam die Herzen verbinden, dies ist das Motto.

Manchmal hat sie die Gabe, Ihre allertiefsten Wünsche aus Ihnen herauszukitzeln, und Ihnen ohne lange Worte ein Bedürfnis zu erfüllen, dessen Existenz Sie sich noch gar nicht bewusst gemacht hatten. Eine wahre Magierin der Liebe ist hier am Werk, und es ist so lustvoll, immer wieder diesen Zauber zu entdecken und sich von dieser Magie verführen zu lassen!

Mit ihr zusammen fühlen Sie sich stark. Sie verfügt über gewaltige psychische Energien und kennt sich in mancher Gefahr des Lebens aus. Sobald Verlust oder Schwierigkeiten drohen oder es sonst irgendwie ungemütlich wird, entfaltet sie ihre Kampfeslust und handelt instinktsicher richtig, um Sie und Ihre gemeinsame Beziehung zu schützen. In solchen Augenblicken wissen Sie, dass Ihre Partnerin damit einen Treuebeweis geliefert hat, der lange vorhält und ernst gemeint ist. Aufregend bleibt es trotzdem; bei der gemeinsamen Gestaltung der Tage möge die Aufregung wohl dosiert bleiben; und was nachts geschieht … – nun, das bleibe unter dem Schutz der Dunkelheit verborgen.

Deszendent Schütze

Wie faszinierend, einen wirklich freien Menschen zu finden! Wo alle sich von den Alltagszwängen herunterziehen lassen, da steht plötzlich er und nimmt sich die Freiheit, sich über all diese Trivialitäten zu erheben! Wenn Sie ihn kennen und lieben gelernt haben, werden Sie immer wieder aus dem Zweck- und Nutzdenken des Alltags herausgerissen, denn da gibt es noch die große Vision, die Freiheit, das ganz Andere! Irgendjemand hat einmal behauptet, es gäbe nichts Schöneres, als auf dem Rücken eines Pferdes, mit dem Sternenhimmel über sich, den frischen Wind zu spüren und den gegenwärtigen Augenblick zu feiern. Irrtum! Noch schöner ist das, wenn zwei Liebende dabei gemeinsam auf dem Pferd sitzen!

Dieser Traumpartner schafft es, Sie einfach auf eine große Reise mitzunehmen, Sie mitzureißen an einen Ort, wo Sie Ihr fast schon vergessenes aufregendes jugendliches Lebensgefühl wieder finden können. Von dieser Reise zurück, erscheint es Ihnen leichter möglich, Ihre Ideale umzusetzen, denn er hat Ihnen die Welt neu gezeigt. Sie sahen ganz andere Lebensstile und sahen auch Ihr eigenes Leben mit mehr Abstand. Durch diesen Wechsel der Optik werden die wesentlichen Punkte erkennbar. Kleinliche Selbstkritik wird unnötig, denn durch seine Augen betrachtet sind Sie völlig in Ordnung. Sie müssen sich nur getrauen und sich die Freiheit nehmen, zu tun, was für Sie wichtig ist. Wie befreiend!

Zu diesem Partnerbild gehört ein Liebhaber mit der Fähigkeit, Sie zu vitalisieren und wieder zum Wesentlichen zu führen. Vielleicht kreisen Ihre Gedanken immer wieder nutzlos um dasselbe Problem – da erscheint er, macht einen handfesten Witz, und schafft es, Ihnen den Optimismus wieder zu geben. Vielleicht rennen Sie anschließend gemeinsam durch den Wald oder raufen sich auf dem Teppich und reißen sich die Kleider vom Leib – jedenfalls finden Sie dadurch wieder Ihre Mitte, Sie spüren wieder Ihren Körper, Seele und Geist sind frisch wie nach einem reinigenden Gewitter.

Woher nimmt dieser Mensch sein klares Ja zum Leben? Dieser Liebhaber hat seine eigene Lebensphilosophie gefunden, verleiht allem Tun Sinn und Bedeutung und ist deshalb so überzeugt, dass auch Ihrem Leben und Ihrem Wesen eine tiefe und zusammenhängende Bedeutung innewohnt.

Deszendent Steinbock

Wenn der Steinbock an Ihrem Deszendenten steht, dann ist Ihr inneres Ergänzungsbild eine Persönlichkeit, die Ihnen Struktur und Halt gibt. Mit ihr wissen Sie, woran Sie sind. Das ist kein unsicheres Kind, das Sie fragend anguckt, ob es wohl zu Ihnen kommen will oder nicht, sondern eine ausgereifte Persönlichkeit, der Sie sofort vertrauen können, wenn sie Ihnen Liebe und Ehe anbietet. Das ist jemand, der es sich überlegt hat und deshalb weiß, dass Sie der gewünschte Partner sind. Und zwar ohne Wenn und Aber. Hier können Sie sich sicher fühlen, hier spüren Sie, dass Sie Schutz und Unterstützung erhalten.

Diese Liebhaberin erfüllt Ihren Wunsch nach Sicherheit. Mit ihr können Sie durch dick und dünn gehen. Sie vermittelt Ihnen nicht nur die Begeisterung des ersten Verliebtseins, in der man schnell einmal den Satz sagt: »Dir folge ich überallhin!« Nein, diese Frau ist auch nach langen Jahren der Partnerschaft unabänderlich für Sie da und steht in Treue zu Ihnen, gleichgültig, welche Wege Sie gehen müssen. Ihr folgen heisst, sich jemandem anvertrauen, der auch verantwortungsbewusst für Ihr Wohl sorgen kann. Umgekehrt wird diese Partnerin auch Ihnen folgen, was immer geschieht. Eine Charakterschwäche, eine Fehlentscheidung, eine scheußliche Laune an Ihnen wird sie zwar sowenig mögen wie alle andern auch, – aber das hat keinerlei Einfluss auf die Tatsache, dass sie sich für Sie entschieden hat und sich als Ihre Frau versteht. Sie steht auch in der Öffentlichkeit zu Ihnen und zeigt sich gerne und mit Stolz als Ihre Partnerin.

Ebensowenig wie Eltern aufhören, die Eltern ihrer Kinder zu sein, wenn es einmal Schwierigkeiten gibt, so selbstverständlich bleibt sie Ihre Partnerin. Daraus entsteht auch Arbeit und die Verantwortung für das Zusammenleben, vielleicht für die gemeinsamen Kinder, für ein Haus oder ähnliches. Aber das ist für diese Idealpartnerin kein Grund zum Klagen, sondern nur eine Gelegenheit, täglich neu zu beweisen, dass sie am Projekt der gemeinsamen Beziehung arbeitet. In dieser Umgebung spüren Sie, dass Ihre Seele aufblüht. Hier ist ein Rahmen, in welchem Sie Ihre Gefühle ausleben können und sich nicht zu verstellen brauchen. Sie bietet Ihnen Struktur und Halt als Boden, aus dem die gemeinsame Liebesbeziehung wachsen kann.

Deszendent Wassermann

Wenn der Wassermann bei Ihrer Geburt am Deszendenten stand, dann ist Ihr inneres Partnerbild geprägt von der Vision eines originellen, klugen Liebhabers. Wo alle Welt Ihnen ein paar oberflächliche Höflichkeiten serviert, da schweigt er vielleicht. Andererseits ist er aber intelligent genug, um jene Seiten Ihres Wesens zu erkennen, die wirklich ungewöhnlich sind, und die auch für Sie einen besonderen Wert darstellen. So erfahren Sie hier Anerkennung auf eine Weise, die Sie tief betrifft. Seine Liebe ist für Sie stets eine Ermunterung, zu sich selber zu stehen.

Dieser Idealpartner hat keinen falschen Stolz und ist auf eine souveräne Art und Weise unabhängig vom Klatsch der Leute. Es kann für ihn sogar lustvoll sein, aufzufallen und als ungewöhnlich zu gelten. Wie andere über einen denken, das interessiert nicht, sondern ob man mit sich selbst zufrieden ist. Er sagt immer wieder zu Ihnen: »Leb dein eigenes Leben! Du brauchst dich nicht zu verbiegen und nicht den Spießbürgern anzupassen! Du bist viel attraktiver, wenn du aus dir selbst heraus handelst.«

Seine Liebe ist eine enorme Unterstützung für die eigene freie Lebensgestaltung. Sie gibt Ihnen Mut zu tun, was Sie sich bisher aus falschen Rücksichten nur selten getrauten. Sie werden geliebt, nicht weil Sie wohlanständig sind, sondern weil Sie die Einmaligkeit Ihrer Persönlichkeit demonstrieren! Und wenn es manchmal nicht leicht ist, den eigenen Stil zu finden, dann bringt Sie das Gespräch mit diesem Partner stets weiter. Im gemeinsamen Gedankenspiel werden auch extreme Möglichkeiten einmal lustvoll durchdacht, wird eine modernere und menschlichere Welt entworfen. Dabei entstehen gemeinsame Ideale.

Das Ergebnis dieser Liebe ist, dass Sie die Gegenwart lebendiger genießen und dass Sie gleichzeitig auch gemeinsam die Zukunft planen. Dieser Traumpartner ist eine Quelle, aus der fast unendlich Ideen sprudeln, und immer wieder ist es eine Freude zu sehen, wie in Gedanken und Taten auch Tabus gebrochen werden können: Die bisherige Haltung von »das geht nicht…« wandelt sich in: »Das wäre doch gelacht, wenn man dies nicht auch einmal anders machen könnte!« Die Beziehung als Weg zu mehr Freiheit! Denn das Leben mit diesem Partner befreit Lebenskräfte in Ihnen, die bisher zurückgehalten wurden.

Deszendent Fische

Steht an Ihrem Deszendenten das Zeichen Fische, so ist Ihre innere Geliebte eine Person mit einem ganz besonderen Zauber. Ein gewisses Etwas umgibt sie, eine geheimnisvolle Besonderheit. Wann immer Sie zusammen sind oder auch nur aneinander denken, haben Sie das Gefühl, in Ihrer innersten Seele verstanden zu sein. Was hat diese Frau nur an sich? Vielleicht könnten Sie äußere Merkmale oder angenehme Charakterzüge aufzählen, aber darüber hinaus besitzt sie bestimmte seelische Qualitäten, die das eigentlich Liebenswerte ausmachen. Diese besondere Schwingung ist kaum zu beschreiben, rührt aber an die tiefsten geheimen Ideale, von denen Sie immer geträumt haben.

Auch wenn Sie sonst den meisten Menschen gegenüber viel Vorsicht und Abgrenzung benötigen – hier ist jemand, dem Sie jedes Geheimnis anvertrauen können, mit dem Sie verschmelzen könnten, vorbehaltlos hineinschlüpfen, denn die Liebe dieser Frau tut einfach nur gut. Ist es möglich, dass es Menschen gibt, die einen nicht kritisieren, sondern als Ganzes akzeptieren, ja einem sogar helfen, die eigenen Charakterzüge zusammenzufügen, so dass man sich heil, rund und ganz fühlt? Ja, das gibt es! Und sie ist so. In ihren Armen können Sie ausrufen: »Seit ich deine Liebe spüre, bin ich mit mir und der Welt versöhnt!«

Es ist nicht so, dass diese Traumpartnerin Sie besonders lobt oder Ihnen schmeichelt. Sie fühlen vielmehr ein stilles Angenommensein, als ob an Ihre besten Seiten appelliert würde, so dass diese endlich wachsen und sich entfalten können. Das ist eine Frau, die Sie mit all Ihren Stärken und Schwächen liebt und auf geheimnisvolle Weise die Kräfte Ihres Eros herausfordert. Mit ihr zusammen sich gemeinsam für eine gute Sache engagieren, das müsste herrlich sein!

Eine selbstlose Hilfsbereitschaft und Güte weht Ihnen hier entgegen. Ganz selbstverständlich betrachtet sie Ihre Nöte und Probleme auch als die eigenen und identifiziert sich mit Ihnen. Vielleicht wären Sie ja auch selbst damit fertig geworden, aber wie gut tut es, jemanden in der Nähe zu haben, mit dem Gedanken, Gefühle und die Aufgaben geteilt werden können!

»Es zieht mich an...«

Das Abenteuer der Liebe zieht uns immer wieder an. Der Gedanke an ein Liebesabenteuer geht bei den meisten Menschen mit einem ähnlichen Kribbeln einher, wie es wir auch im frisch verliebten Zustand empfinden. Allein der Gedanke an die Liebe hat eine große Attraktion. Diese Anziehungskraft lässt unsere Gedanken und Gefühle sehr stark um Liebe und Partnerschaft kreisen. Das Thema ist nicht umsonst das meistgefragte in astrologischen Beratungssitzungen.

Die Lust auf Abenteuer wird im Horoskop unter anderem am Deszendenten symbolisiert. Zu Beginn des vorigen Kapitels wurde aufgezeigt, dass der Deszendent der Punkt des Sonnenuntergangs ist, also den Abend darstellt, und so könnte man das Wortspiel machen: Das Abenteuer der Liebe beginnt am Abend. Natürlich können Sie sich auch am Vormittag verlieben und zu jeder anderen Tages- und Jahreszeit, aber im symbolischen Sinne beginnt das Abenteuer der Liebe am Abend, denn der Deszendent ist nichts anderes als der Blick nach Westen zum Sonnenuntergang. Genauer gesagt ist er der Westhorizont, wo Sonne, Mond und alle Gestirne untergehen, seit die Erde sich dreht.

Stellen Sie sich vor, wie im Osten die Sonne am Aszendenten aufgeht. Der Aszendent ist gleichzeitig der Beginn des Häusersystems und der Anfang des 1. Hauses (Abb. 5). Die zwölf Häuser sind in Analogie zum Tierkreis im Gegenuhrzeigersinn nummeriert. Die Sonne geht aber den umgekehrten Weg: Nach ihrem Aufgang steigt sie im Verlauf des Vormittags durch das 12. und 11. Haus empor, erreicht am Mittag ihren Höhepunkt im 10. Haus, genaugenommen am MC (Abkürzung für medium coeli, Himmelsmitte), um dann im Verlauf des Nachmittags nach rechts abzusteigen durch die Häuser 9, 8 und 7, wo sie am Deszendenten untergeht.

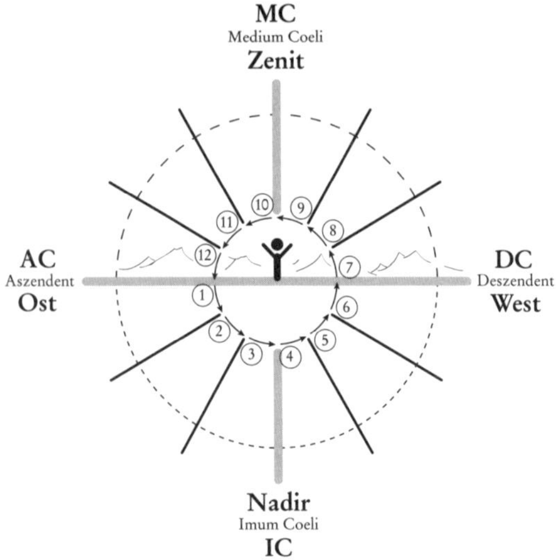

Abb. 5: Die 12 Häuser des Horoskops, beginnend mit dem Aszendenten

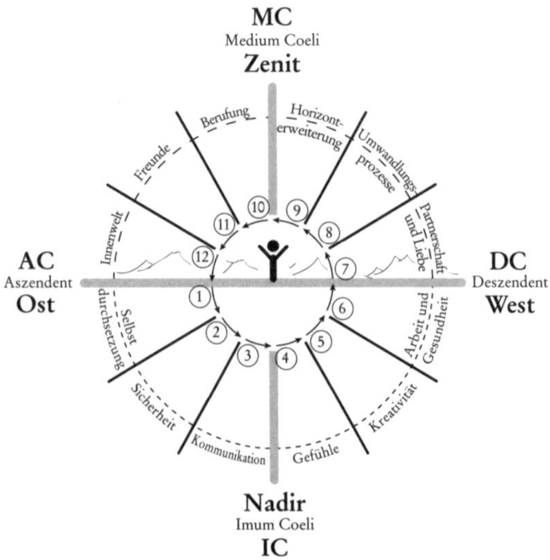

Abb. 6: Die Bedeutung der 12 Häuser

Abb. 7: Sonnenuntergang

Nachts bewegt sich die Sonne durch die sechs Häuser unter dem Horizont. Die Häuser sind also eigentlich Abschnitte des Raumes beziehungsweise der Himmelskugel rund um unseren Geburtsort. Diesen Feldern werden nun bestimmte Lebensthemen zugeordnet, die sogenannten Häuserthemen (Abb. 6).

Wie aber kommt das 7. Haus, das heißt der Westhorizont zu der Deutung »Begegnung, Liebe, Partnerschaft«? Wir wollen uns hier nicht mit der Antwort begnügen, dass dies eben Tradition sei, und die Astrologen seit über 2000 Jahren beobachtet haben, wie Planeten am Westhorizont die Partnerschaften einer Person anzeigen. Wir wollen versuchen nachzuvollziehen, wie vor Zeiten diese Symbolik entstanden ist. Im Unterschied zu anderen Symbolsystemen lassen sich die Symboldeutungen der Astrologie nämlich aus der Anschauung ableiten. Sie haben einen sichtbaren oder sinnlich wahrnehmbaren Hintergrund in der Natur, das heißt in Himmel und Erde.

Assoziieren Sie einmal zum Bild dieses romantischen Sonnenuntergangs (Abb. 7): Was fehlt hier? Richtig: Das Liebespaar, das vor der untergehenden Sonne eng umschlungen seinem abendlichen Glück entgegengeht! Abendlieder, Abendgedichte, Abendrot, einen schönen Feierabend gestalten – der Gedanke an all dies erzeugt eine besondere romantische Stimmung. Liebe braucht diese Stimmung, Liebe braucht Feierabend, Freizeit, Atmosphäre und Muße. Oder könnten Sie sich vorstellen, dass der verliebte Sänger unter dem Fenster seiner Angebeteten morgens um 8:30 Uhr zur besten Geschäftszeit zur Laute greift? Oder dass um 9 Uhr früh, gleich mit dem Postboten, Romeo vor dem Balkon seiner Julia auftaucht? Nein, die Liebe braucht den Abend!

Der Deszendent ist die Vorfreude auf eine schöne Begegnung, auf einen romantischen Abend. Er ist die Einstimmung dazu. Es ist jenes Herzklopfen und besondere Körpergefühl, das uns verrät: »Hier ist etwas, das mich anzieht! Ich weiß nicht, was es genau ist, aber es zieht mich an!«

Das Wort »Abenteuer« entstand zwar nicht aus dem Wort »Abend«, aber seine Herkunft ist für unser Thema trotzdem recht interessant: Als das deutsche Wort sich im Mittelalter aus »Adventura« entwickelte, stand das lateinische Wort »advenire« Pate. Das heißt ankommen, herankommen, es drückt also aus, »was sich ereignen wird, das zu Ereignende«[6]. In dem Wort steckt die Lust und Vorfreude, zum Beispiel auf einen aufregenden Abend, auf eine Nacht der Liebe.

Doch unsere Erfahrungen mit der Liebe beginnen nicht nur mit dieser Erwartung eines schönen Abenteuers, sondern ebenso mit Angst und Unsicherheit. Die astrologische Symbolik zeigt dies durch die Tatsache, dass nach dem Sonnenuntergang – und sei er noch so glühend und leuchtend – bald die Nacht hereinbricht.

Der Deszendent ist die Begegnung mit der einbrechenden Nacht. Das ist zwar für einen modernen Stadtmenschen nichts Besonderes. Die einzige Veränderung, die damit verbunden ist, besteht heute darin, das Licht anzuknipsen. Doch für naturnäher lebende Menschen hat der Einbruch der Finsternis etwas Beängstigendes, denn alles, was am Tag klar sichtbar ist, verschwimmt, nimmt in der Dunkelheit neue Formen an, und die Phantasie schafft daraus alle möglichen Gefahren.

Welches Lebensgefühl die Abenddämmerung und die folgende Nacht vermittelt, zeigt uns ein Gedicht des jungen Goethe. Es trägt den Titel »Willkommen und Abschied«. Goethe beschreibt darin ein Ereignis des Frühjahrs 1771. Er studiert in Straßburg und ist frisch verliebt. Seine Geliebte Friederike Brion wohnt in Sesenheim, Goethe reitet abends zu ihr und muss noch in derselben Nacht wieder zurück. Dazwischen liegt eine kurze, intensive Liebesnacht, die im Gedicht nicht geschildert wird, denn der 22-jährige Dichter will hier in einer rasanten Steigerung nur die stürmische Abfolge der Emotionen schildern: Furcht vor der Dunkelheit – Vorfreude – Lust – Abschiedsschmerz – Leidenschaft!

Willkommen und Abschied

Es schlug mein Herz, geschwind zu Pferde!
Es war getan fast eh gedacht.
Der Abend wiegte schon die Erde,
Und an den Bergen hing die Nacht;
Schon stand im Nebelkleid die Eiche,
Ein aufgetürmter Riese, da,
Wo Finsternis aus dem Gesträuche
Mit hundert schwarzen Augen sah.

Der Mond von einem Wolkenhügel
Sah kläglich aus dem Duft hervor,
Die Winde schwangen leise Flügel,
Umsausten schauerlich mein Ohr;
Die Nacht schuf tausend Ungeheuer,
Doch frisch und fröhlich war mein Mut:
In meinen Adern welches Feuer!
In meinem Herzen welche Glut!

Dich sah ich, und die milde Freude
Floß von dem süßen Blick auf mich;
Ganz war mein Herz an deiner Seite
und jeder Atemzug für dich.
Ein rosenfarbnes Frühlingswetter
Umgab das liebliche Gesicht,
Und Zärtlichkeit für mich – ihr Götter!
Ich hofft' es, ich verdient' es nicht!

Doch ach, schon mit der Morgensonne
Verengt der Abschied mir das Herz:
In deinen Küssen welche Wonne!
In deinem Auge welcher Schmerz!
Ich ging, du standst und sahst zur Erden
Und sahst mir nach mit nassem Blick:
Und doch, welch Glück, geliebt zu werden!
Und lieben, Götter, welch ein Glück! [7]

Der erste Teil des Gedichts macht deutlich, dass die Abenddämmerung Phantasien hervorruft, Phantasien der Unsicherheit, der Angst. Schon Kinder erfahren, dass der Zaun des Nachbarhauses und das kleine Gebüsch, am Tage wohlbekannt, in der Dämmerung sich zu bewegen beginnen. Sie wachsen, bilden Gesichter und Fratzen und greifen nach uns. Die eigenen Ängste greifen uns ans Herz.

Goethe glaubt Augen, Riesen und Ungeheuer zu sehen »... doch frisch und fröhlich war mein Mut.« In welchem Gedanken hat er Schutz und neuen Mut gefunden? Natürlich in der Liebe! Und das nicht nur, weil Goethe einen Stier-Deszendenten hat und damit die Vision einer Partnerin, die ihm Sinnlichkeit, aber auch Ruhe und Sicherheit vermittelt (Abb. 8). In der Abenddämmerung des Deszendenten entstehen in jedem Menschen Phantasien der Liebe, des Vertrauens, und er hofft, in den Armen eines geliebten Menschen Sicherheit zu finden.

Wer in der Liebe Schutz gefunden hat, ist vorerst sicher. »Vereint ist auch der Schwache mächtig«, heißt es, zumindest ist er dann nicht mehr allein. Allerdings sind wir nicht auf die Dauer sicher vor unseren eigenen Phantasien. Wo die äußere Sehnsucht gestillt ist, wo ein schützender Arm uns für eine Nacht die äußeren Alltagsnöte vom Leib hält, da öffnen sich Tore in unserer Seele. Das Unbewusste tritt hervor mit all seinem Reichtum, seiner Lust, Freude, Lebendigkeit, aber – wenn vorhanden – auch mit allem Misstrauen, mit seinen Ängsten und verdrängten Inhalten.

In der Kunst wird immer wieder dargestellt, wie in der Abenddämmerung geheimnisvolle Kräfte geweckt werden, vor allem in Gedichten oder auf den Gemälden der Romantiker: In der Dämmerung, an der Nahtstelle zwischen Wirklichkeit und Traum, belebt sich die Natur, Gnome entsteigen der Erde, Geister, Elfen und andere Phantasie-

Abb. 8: Johann Wolfgang Goethe[8]

gestalten erscheinen. Zwar sind es innere Bilder, aber in der Abenddämmerung glauben wir sie real in der Landschaft zu sehen.

So auch im Horoskop am Punkt des Sonnenuntergangs: Wir erleben immer wieder, wie der Deszendent in die Außenwelt projiziert wird. Im 7. Haus und bei den Planeten, die im Horoskop hier stehen, finden wir die Schattenthemen der Psyche, die wir in uns nicht wahrhaben wollen. Hier geraten wir außer uns und erleben die Deszendent-Themen im Außen – obwohl sie eigentlich aus unserem Innersten kommen.

Die Liebe ist eine so umfassende Erfahrung, dass sie jeden als ganzen Menschen fordert. Ähnlich wie ein Mensch, der in einer Extremsituation plötzlich Kräfte zur Verfügung hat, die er bisher nicht kannte, so greift auch in der Liebe die Psyche zu den bisher wenig genutzten Ressourcen. Sie legt die unbewussten Schichten der Seele frei. Da erscheinen also Fähigkeiten und Potentiale, die größer sind, als wir selber wussten. Aber gleichzeitig tauchen Unsicherheiten auf, die wir vorher nicht kannten.

In der Stunde der Abenddämmerung bleibt offen, ob anschließend gefahrvolle Dunkelheit folgt oder eine beglückende Erfahrung der Liebe. Und genauso ist es, wenn wir uns verlieben: Droht hier Selbstverlust, Ablehnung, Gefahr für unser bisheriges Leben? Oder lockt ein ungeahnter Reichtum an Gefühlen, Lust und Glück?

Sind die Kräfte des Deszendenten nun positiv oder negativ? Die Antwort kann nur lauten: Die Frage ist falsch gestellt! Genauso falsch wie die Frage: Ist es gut, sich zu verlieben? Eine solche Frage stellt sich nicht. Oder standen Sie bei der Terminplanung jemals vor der Entscheidung: Soll ich mich in der zweiten Monatshälfte verlieben? Nein, dies geschieht uns einfach, als eine Art Naturgewalt. Das Leben fragt uns nicht. Wir könnten uns auch schwerlich festlegen auf die Meinung, dass Anziehung und Liebe stets positiv oder stets negativ sei. Es handelt sich um ein »Sowohl – als – auch«. Wenn wir alle Konsequenzen bedenken, hat jede Partnerschaft ihre Schrecken und auch ihren Gewinn.

Und genauso beginnt bereits die erste Verliebtheit mit einer Mischung aus Furcht und Hoffnung, aus Faszination und Angst, aus Lust und Schmerz. Es zieht uns an, aber wir kennen das Ergebnis nicht. Schon mancher astrologische Anfänger hat gestutzt, wenn es im einen Lehrbuch heißt: »Deszendent und siebtes Haus zeigen Liebe und Ehe an«, im nächsten Lehrbuch las er jedoch: »Deszendent und siebtes Haus zeigen die Gegner und Feinde an.« Welche Übersetzung ist nun richtig? Beide treffen zu. Logisch ist das nicht: Wie kann etwas, das man liebt und etwas, das man hasst, mit demselben Symbol zusammengefasst werden? Dies ist doch paradox. Da die Astrologie jedoch nicht nur den logischen Teil der menschlichen Erfahrung abbildet, sondern auch die Lebendigkeit des Widersprüchlichen, ist sie eben oft paradox und verwirrend vieldeutig. Wie das Leben. Wie die Liebe.

Wir wollen den Prozess der Begegnung und Liebe einmal samt allen Konsequenzen durchdenken. Hierzu eignet sich eine Liebesgeschichte, in der viel Weisheit steckt. Es ist ein Märchen der Gebrüder Grimm. Darin kommt eine junge Frau bei Einbruch der Dunkelheit in Gefahr, sucht Schutz in einem Haus und findet dort ihren Partner. Wir wollen dieses Märchen schrittweise interpretieren.

Einerseits zeigt das Märchen, wie verunsichernd und gefahrvoll die Begegnung erlebt wird, denn die Heldin weiß ja im Augenblick des ersten Zusammentreffens in der Dunkelheit des Abends noch nicht, dass es um das Glück ihres Lebens gehen wird und zuletzt ein Happy End mit Liebe folgt. Außerdem ist es eine Geschichte, in der wir verfolgen können, wie ein Mensch »am Deszendenten«, das heißt am Punkt der Begegnung, sich in Frage stellen und wandeln muss. Dieses Motiv der Verwandlung durch Liebe wird immer wieder auftauchen. Es ist Gegenstand aller Geschichten, die in diesem Buch erzählt werden.

Um die Situation der Heldin im folgenden Märchen besser nachvollziehen zu können, sollten Sie sich bewusst machen, dass es in der archaischen Welt der Märchen und Mythen kein Vergnügen ist, in der wilden Natur allein unterwegs zu sein. Zur Zeit, als das Märchen entstand, war die Gefahr ganz nah, zum Beispiel im Wald hinter dem Dorf, wo tatsächlich Wölfe, Bären und manchmal auch Kriminelle hausten. Weite Teile des Landes waren unerforscht und nicht erschlossen. Heute ist das anders, aber vielleicht haben Sie trotzdem bereits einmal Ähnliches erlebt und sind – etwa auf einer einsamen Gebirgswanderung – vom Einbruch der Nacht überrascht worden, womöglich noch in einer kritischen Jahreszeit. Dann wissen Sie, wie dringend der Mensch in dieser Situation die Begegnung sucht. Die Augen suchen fieberhaft die Gegend ab: Wo ist ein Haus? Wo leuchtet ein warmes Licht aus einem Fenster?

Das Märchen, in welchem sich die Heldin so schicksalhaft verirrt, beginnt so:

Das Waldhaus

»Ein armer Holzhauer lebte mit seiner Frau und drei Töchtern in einer kleinen Hütte an dem Rande eines einsamen Waldes.

Eines Morgens, als er wieder an seine Arbeit wollte, sagte er zu seiner Frau: »Lass mir mein Mittagsbrot von dem (...) Mädchen hinaus in den Wald bringen, ich werde sonst nicht fertig. Und damit es sich nicht verirrt«, setzte er hinzu, »so will ich einen Beutel mit Hirsen mitnehmen und die Körner auf den Weg streuen.«

Als nun die Sonne mitten über dem Walde stand, machte sich das Mädchen mit einem Topf voll Suppe auf den Weg« [9].

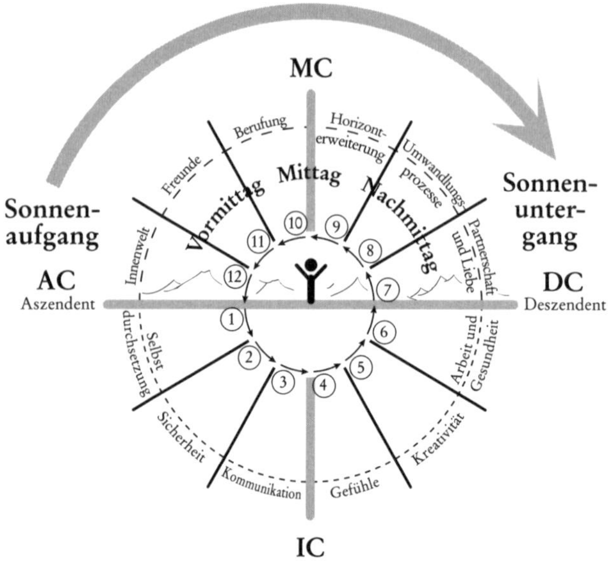

Abb. 9: Der Lauf der Sonne

So harmlos fängt die Geschichte an, als ob es nur um eine kleine Alltäglichkeit ginge! In Wirklichkeit ist dies der Beginn einer hochsymbolischen Entwicklungs- und Initiationsgeschichte. Es ist interessant, hier auf die Tageszeiten zu achten. Wenn wir den Gang der Zeit beachten, so verfolgen wir gleichzeitig die Sonne auf ihrer Reise durch die Häuser des Horoskops. Bitte benutzen Sie dazu die Abbildung 9.

Die Geschichte beginnt »eines Morgens«, die Sonne geht also am Aszendenten auf. Der Aszendent symbolisiert die Geburt des Ich und damit für unsere Heldin den Beginn ihres Erwachsenwerdens, ihrer individuellen Lebensgestaltung. Dann steigt die Sonne im Verlauf des Vormittags durch die Häuser 12, 11 und 10 zur Himmelsmitte empor. »Als nun die Sonne mitten über dem Wald« steht, verlässt das Mädchen das Haus mit der für das astrologische MC (medium coeli = Himmelsmitte) typischen Elternanweisung, etwas zu leisten, damit der Vater sich über seine Tochter freuen kann. In einer modernen Geschichte würden die Eltern das Mädchen hinausschicken, um nach Ausbildung und Lehre den eigenen Lebensunterhalt zu verdienen und damit auch die Eltern zu entlasten. Weil die astrologischen Symbole stets mehrdimensional gedeutet werden können, steht die Sonne am MC nicht nur für den Vater, sondern auch für Selbständigkeit. Das Mädchen wird zum Vater (Sonne) geschickt, um ihre eigene Identität (Sonne) zu finden.

Natürlich wird das Mädchen mit dem väterlichen Suppentopf nie ankommen. Aber es wird hinausgeschickt, und das ist auch die wichtigste und letzte Unterstützung, welche die Eltern uns geben können: Sie nabeln uns ab, schicken uns hinaus, so dass wir uns jetzt selbst um unser Leben kümmern müssen. Für einige Eltern ist diese letzte Erziehungsaktion die schwierigste: mit dem Erziehen wieder aufzuhören und die Kinder loszulassen. So viel zur Symbolik der Mittagsstunde und des astrologischen 10. Hauses.

Da es sich bei diesem Märchen vor allem um eine archetypische Liebesgeschichte handelt, muss dies auch so gedeutet werden: Mit dem Hinausschicken – auch wenn es wie eine Überforderung aussehen mag – leisten die Eltern einen wichtigen Beitrag für das spätere Liebesglück der Tochter, das heißt für ihre Fähigkeit, eigenständig Erotik, Sexualität und Partnerschaft zu entdecken und auf ihre Art zu gestalten. Wir können uns vorstellen, wie fröhlich die Märchenheldin ihr Elternhaus verlässt. Die anvertraute Verantwortung gibt ihr Freiheit und Selbstbewusstsein. In ihrem Bewusstsein beginnt hier eine großen Reise, und die Welt liegt ihr zu Füßen. Dies ist das Lebensgefühl des frühen Nachmittags, denn die Sonne bewegt sich jetzt durch das 9. Haus, das Haus der Freiheit und des Optimismus.

Doch je mehr die Sonne gegen das 8. Haus absinkt, desto unheimlicher und krisenhafter wird die Reise. Jetzt, am späten Nachmittag, nimmt das Mädchen wahr, dass es wohl Vaters Arbeitsplatz längst verfehlt und sich die Situation gewandelt hat. Da der Tag nicht mehr endlos dauert, muss es sein Tun neu bewerten. Es geht nicht mehr um Vaters Mittagsbrot. Die Heldin muss sich selbst einen neuen Auftrag geben. Dieser könnte zum Beispiel lauten: »Ich will aus dem Wald wieder herauskommen«, oder auch: »Ich will hier Menschen und einen sicheren Ort finden«. Die junge Frau ist also aufgerufen, selbständig zu überleben. Mit diesen Inhalten ist das 8. Haus verbunden, es ist der Bereich der Neubewertung und Veränderung.

Nun sinkt die Sonne gegen Westen ins 7. Haus hinunter zum

Deszendenten, und die für unser Thema entscheidende Stelle folgt: Das Mädchen hat die Begegnung mit dem Unbekannten, denn es muss in der Dämmerung Schutz suchen und findet ihn im Waldhaus.

> *»Aber die Feld- und Waldsperlinge, die Lerchen und Finken, Amseln und Zeisige hatten den Hirsen schon längst aufgepickt, und das Mädchen konnte die Spur nicht finden. Da ging es auf gut Glück immer fort, bis die Sonne sank und die Nacht einbrach.*
> *Die Bäume rauschten in der Dunkelheit, die Eulen schnarrten, und es fing an, ihm Angst zu werden. Da erblickte es in der Ferne ein Licht, das zwischen den Bäumen blinkte. Dort sollten wohl Leute wohnen, dachte es, die mich über Nacht behalten, und es ging auf das Licht zu.*
> *Nicht lange, so kam es an ein Haus, dessen Fenster erleuchtet waren. Es klopfte an, und eine rauhe Stimme rief von innen: »Herein.« Das Mädchen trat auf die dunkle Diele und pochte an der Stubentür. »Nur herein«, rief die Stimme, und als es öffnete, saß da ein eisgrauer Mann an dem Tisch, hatte das Gesicht auf die beiden Hände gestützt, und sein weißer Bart floß über den Tisch herab fast bis auf die Erde.«*[9]

Entsprechend der Symbolik des Deszendenten zieht das warme Licht der Fenster im Waldhaus das Mädchen an und wirkt wie ein Versprechen, hier Schutz und Geborgenheit zu finden. Es besteht aber auch eine gewisse Gefahr, denn der Bewohner ist ein Unbekannter. Der Alte ist natürlich ein verzauberter Königssohn, der am Ende des Märchens das Mädchen heiraten wird. Am Deszendenten begegnet es also tatsächlich seinem künftigen Liebespartner. Aber in welch' merkwürdiger Gestalt? Wenn wir uns erinnern, dass der Deszendent ja eigentlich das innere Partnerbild des Mädchens ist, so ist die Gestalt des eisgrauen Mannes als das Bild oder die Sichtweise des Mädchens zu interpretieren.

Prinz Tamino nahm vorerst auch nicht die wahre Gestalt der Pamina wahr, sondern projizierte seine Vorstellung des Weiblichen auf ihr Bild. Allerdings erschien es dort verständlicher, denn Tamino projizierte sein idealisiertes Traumbild auf die wirkliche Pamina. Aber ist es auch umgekehrt möglich, nämlich, dass die junge Holzhauerstochter einen realen Prinzen nicht erkennt, sondern zuerst einmal ein eisgraues Großvaterbild auf ihn projiziert? Dass hier die schönere Wirklichkeit von einem inneren Bild überlagert wird, das keine erotischen Freuden verspricht, sondern die Auseinandersetzung mit einem Alten, von dem wir noch nicht recht wissen, ob wir ihn als Gefahr oder nur als lästigen Pflegefall betrachten sollen? Ja, solche Partnerbilder gibt es!

Zur Erklärung müssen wir uns einige Punkte verdeutlichen: Erstens ist das Mädchen ja recht jung und hat noch einiges zu lernen, bevor es zu glücklicher Partnerschaft fähig ist. Zweitens hat es gerade seinen Vater verloren und sucht daher zuerst einmal eine Sicherheit vermittelnde Vaterfigur. Drittens wurde ihr Männerbild natürlich im Elternhaus geprägt. Später erfahren wir, dass es dort nur Schwestern gab, keine Brüder, so dass einzig Vater und Großvater als männliche Vorbilder dienen konnten. Vielleicht hat die Armut verhindert, dass das Mädchen je eine andere Umgebung gesehen hat, als ihr Elternhaus »am Rande eines einsamen Waldes«, deshalb kann es sich Männlichkeit nur eisgrau und alt vorstellen.

Das Märchen vom Waldhaus ist recht lang. Deshalb soll der weitere Verlauf hier nur in Kurzform nacherzählt werden:

Der Alte verlangt für seine Gastfreundschaft, dass das Mädchen auf ihn Rücksicht nimmt, für ihn kocht und auch seine drei hilfreichen Tiere versorgt. Das Mädchen erfüllt diese Pflichten aber nur ungenügend, es ist zu stolz zum Dienen. So sorgt es vor allem für sich selbst und legt sich dann schlafen. Als Strafe öffnet der Alte eine Falltür und lässt das Mädchen mitsamt dem Bett in den Keller sinken.
In einem komplizierten Prozess geschieht dies noch zweimal (der Märchenerzähler lässt dabei zwei Schwestern des Mädchens auftreten, die aber nur verschiedene Bewusstseinsstufen der Heldin darstellen). Schließlich lernt die junge Frau alles und sorgt auch liebevoll für die Tiere. Daraufhin verwandelt sich am dritten Tag um Mitternacht das Waldhaus in ein prächtiges Schloss. Der Alte wird zum jungen, schönen Mann und spricht: »Ich bin ein Königssohn und bin von einer bösen Hexe verwünscht worden, als ein alter eisgrauer Mann in dem Wald zu leben; niemand durfte um mich sein als mei-

ne drei Diener in Gestalt der Tiere. Und nicht eher sollte die Verwünschung aufhören, als bis ein Mädchen zu uns käme, so gut von Herzen, dass es nicht gegen die Menschen allein, sondern auch gegen die Tiere sich liebreich bezeigte, und das bist du gewesen, und heute um Mitternacht sind wir durch dich erlöst und das alte Waldhaus ist wieder in meinen königlichen Palast verwandelt worden.« Und als sie aufgestanden waren, sagte der Königssohn den drei Dienern, sie sollten hinfahren und Vater und Mutter des Mädchens zur Hochzeitsfeier herbeiholen.

Eine Gastfreundschaft und eine Begegnung mit erstaunlich weitreichenden Folgen! Wenn wir den Entwicklungsprozess wieder nach den astrologischen Häusern interpretieren, so ist die Übung des 6. Hauses das Dienen. Hier wird das Gefühl für Arbeit entwickelt, aber auch für das Zusammenwirken von Mensch und Kreatur. Im Waldhaus dient das Mädchen den Tieren, später stehen ihr diese dafür im Königsschloss als Diener zur Verfügung. Diese weit vernetzten Zusammenhänge sind das Thema des 6. Hauses. Doch dazu muss der Stolz überwunden werden, eine Gefahr des 5. Hauses, wo es darum geht, selbstbewusst das eigene Leben kreativ zu gestalten. Aber das heißt eben nicht, sich selbstzufrieden ins Bett zu legen und die anderen zu vergessen! Die Falltür befördert die Heldin in den Keller. Der Keller des Horoskops ist die Himmelstiefe (imum coeli) und das 4. Haus, das Haus der Gefühle. Gefühle wechseln bekanntlich schnell, sie haben eine enorme Wandlungskraft, und so beginnt an diesem Tiefpunkt der Entwicklung dann auch in der dritten Nacht die Erlösung, parallel zum beginnenden Aufstieg der Sonne nach Mitternacht.

In der Originalfassung des Märchens ist die Thematik der übrigen Häuser ebenfalls angedeutet, so der Rückgriff auf die Ressourcen des Elternhauses (Haus 4), das Aufarbeiten der Geschwisterthematik (Haus 3), das Thema Sicherheit, Werte und Erotik (Haus 2). Als das Mädchen zum dritten Mal aufwacht – die Sonne steht jetzt wieder im 1. Haus und am Aszendenten – , *»bei hellem Sonnenschein, was erblicken seine Augen? Es liegt in einem großen Saal, und rings umher glänzt alles in königlicher Pracht!«*

Dies alles begann am Deszendenten scheinbar ganz anders. Denken Sie an das ungute Gefühl zurück, welches auch uns Leser befallen hat, als das Mädchen nachts an dem unbekannten Waldhaus anklopfen musste: Wenn wir in der Begegnung am Deszendenten im Haus unseres Mitmenschen Schutz gefunden haben, sind wir auf dessen Wohlwollen angewiesen. Während der Gastgeber hier zu Hause ist, sich auskennt, den Ort gestaltet und die Hausregeln definiert, sind wir Gast. Vielleicht besonders ehrenvoll willkommen geheißen, aber doch im Fremden, nicht im Eigenen.

Im Märchen wie im Leben geschieht es aber manchmal, dass wir uns diesem Fremden ausliefern, es zuerst vielleicht fürchten, gar hassen, dann akzeptieren, bewundern, lieben, schließlich das Leben mit ihm teilen, uns das Fremde zu eigen machen und dadurch erst am dritten Tag, im dritten Anlauf sozusagen, uns selbst finden. Die wahre Liebe wäre dann eine Folge dieser Selbstfindung.

Wenn wir den Erlebniszyklus der Märchenheldin nochmals im Zeitraffer über Tag und Nacht abschreiten, dann folgt der Begegnung mit dem Anderen in der Abenddämmerung ganz natürlicherweise die Nacht, ein Gefühl, »im Keller« gelandet zu sein. Zwar wird die Sonne ebenso selbstverständlich wieder aufgehen, schöner als zuvor. Aber es ist doch ein unbekannter neuer Tag, und die Welt ist nicht mehr die alte.

Zusammenfassend sehen wir also, dass der Deszendent mit der Abenddämmerung auch Symbol ist für die Nahtstelle zwischen Tag und Nacht, zwischen Anziehung und Furcht, zwischen bewussten und unbewussten Anteilen in uns. Liebe weckt die Phantasie, wie auf Goethes nächtlichem Ritt, sie schafft Zugang zu den Bildern des Unbewussten. Das Märchen vom Waldhaus zeigt uns: Liebe gewährt Schutz vor äußeren Gefahren. Sie kann aber neue innere Gefahren bringen. Sie ist ein Einstieg in die Persönlichkeitsentwicklung. Liebe verwandelt.

Eroberung

Machen Sie einmal eine Reise zu Ihren Wurzeln und besuchen Sie Ihren Geburtsort! Wenn Sie das Haus oder die Klinik besuchen, wo Sie das Licht der Welt erblickten, sollten Sie einen Kompass oder eine Landkarte mitnehmen. Wenden Sie sich dann nach Osten und stellen Sie sich bildhaft vor, wo Ihr Aszendent-Zeichen in dieser Minute am Himmel stand. Osten und Aszendent sind in der Astrologie Symbol für das Ich, für Ihre unverwechselbare einmalige Persönlichkeit.

Was immer dort im Osten liegt – vielleicht ist es ein Hügel, ein Fluss, ein offenes Feld, vielleicht der Nachbarort –, wären Sie bei gutem Wetter auf freiem Feld geboren, so hätten Sie diese Gegend unmittelbar mit den Augen wahrnehmen können und Sie hätten auch den dahinter aufsteigenden Himmelsabschnitt gesehen, eben Ihren Aszendenten. Das wäre sozusagen der erste »kosmische Strahl« gewesen, der Sie getroffen hätte. Eine poetische Vorstellung, nicht wahr? Aber möglicherweise sind Sie irgendwo in Mitteleuropa geboren, und so wie wir hier die Wetterverhältnisse kennen, gab es vielleicht nicht viel zu sehen, und ich wünsche Ihnen von Herzen, dass Sie ein Dach über dem Kopf hatten am Tag Ihrer Geburt!

Heißt dies, dass Ihr Bezug zum Kosmos nur indirekt ist, durch Betonmauern gefiltert? Ich glaube nicht. Babies sind sehr intuitiv, zwar fehlen ihnen noch einige intellektuelle Fertigkeiten, aber sie haben dafür andere, unsichtbare Wahrnehmungskanäle. Ich vermute, dass ihr Unterbewusstsein schon gut aufgepasst hat, auch wenn im Osten vielleicht nur die Wand eines Zimmers zu sehen war. Vielleicht konnte das Neugeborene sogar auf seine Weise durch Wände hindurchsehen. Wenn Mütter berichten, in welch ungewöhnliche Körper- und Geisteszustände sie beim Gebären gekommen sind – um wieviel mehr muss dies für die Kinder gelten!

Stellen Sie sich vor, dass dort im Osten am Himmelsgewölbe eine unsichtbare Botschaft zu lesen war. Sie könnte ungefähr wir folgt gelautet haben:

»So findest du dich selbst!«

Oder auch:

»Unter diesem Zeichen kannst du dich selbst verstehen!«

Der Aszendent und die Osthälfte des Himmels enthalten die Symbole für Ihre Selbstfindung. Auf diese Weise können Sie immer individueller Ihr eigenes Leben gestalten.

Aber Sie sind natürlich nicht im luftleeren Raum geboren, sondern als Mensch unter Menschen, Sie brauchen auch die anderen. Wie die meisten Säugetiere ist der Mensch so angelegt, dass er von der ersten Stunde an auf seine Umwelt angewiesen ist. Erst viele Jahre später ist er körperlich fähig, ohne sie zu überleben. Wir brauchen also ein Du, nicht erst, wenn wir uns verlieben. Schon als Baby brauchen und erhalten wir von unserer Umwelt Nahrung, Liebe, Sicherheit und vieles andere.

Deshalb drehen Sie sich einmal um 180° und wenden Sie Ihren Blick von der Geburtsstätte aus nach Westen! Jetzt können Sie sich bildhaft vorstellen, dass damals hinter den Bäumen, Häusern oder was immer hier steht, der Deszendent war, also jener Himmelsabschnitt, der in Ihrer Geburtsminute gerade unterging. Stellen Sie sich vor, dass auch hier ein Orakel in unsichtbarer Schrift am Himmel erschien. Vielleicht hatte diese Botschaft im Westen etwa folgenden Inhalt:

»So findest du Liebe.«

Oder auch:

»Unter diesem Zeichen eroberst du die Welt!«

Wenn Sie einmal wirklich Gelegenheit und Zeit finden, an der Stätte Ihrer Geburt etwas über das Leben nachzudenken, dann können Sie diese Sätze auf sich wirken lassen. Vielleicht fallen Ihnen auch zusätzliche Botschaften ein, die damals »der Kosmos« zu Ihnen gesprochen haben könnte. So erhalten Sie ein Gefühl dafür, was Ihnen sonst noch in die Wiege gelegt wurde. Horoskopdeutung ist ja nichts anderes, als ein Versuch, zu lesen, was damals für Sie »am Himmel« geschrieben stand. Wenn Sie etwas Intuition besitzen, kann es jedoch spannend sein, auch einmal direkt an Ort und Stelle zu »lesen«.

Was bedeutet nun die Botschaft »unter diesem Zeichen eroberst du die Welt«? Die Qualität des Deszendenten hat unter anderem damit zu tun, wie jemand auf die Umwelt zugeht, sich Fremdes aneignet und die Welt erobert. Was am Deszendenten lockt, ist auch die Macht oder der Trieb, Neuland zu erobern und sich die Möglichkeiten dieses Lebens zu eigen zu machen.

Geboren werden wir – im übertragenen Sinne – im Osten. Er ist unser Ausgangspunkt. Die ersten Jahrzehnte des Lebens machen wir eine Reise nach Westen. Genau wie bei Prinz Tamino ist das eine Reise von innen nach außen, oder vom Elternhaus hinaus in die Welt, eine Abenteuerreise. Das Abenteuer des Westens ist nicht nur die Liebe, sondern auch die mögliche Eroberung, das Erschließen der westlichen Welt.

Naheliegende Assoziationen zum Stichwort »westliche Welt« sind Freiheit, Abenteuer, aber auch zivilisatorische Errungenschaften, die Fähigkeit der modernen Menschen, mittels Wissen und Technik die Welt in den Griff zu bekommen. Wenn Sie in Europa geboren wurden, so landen Sie bei einer Reise nach Westen schließlich in Amerika, dem »Land der unbegrenzten Möglichkeiten«. Natürlich sind die realen Möglichkeiten heute begrenzt, aber im symbolischen Sinne hilft uns diese Redensart, den Deszendent-Impuls zu verstehen: Macht zu erlangen über die Natur, die Umwelt, vielleicht auch über die Menschen!

Der Zusammenhang der Himmelsrichtung West mit Macht und Eroberung ist recht offensichtlich: Die meisten Eroberungszüge der Geschichte gingen von Ost nach West. In den USA hieß es in den Gründerjahren: »Go west, young man and grow up with your country!« Also: Geh nach Westen, dann kannst du mit deinem Land aufwachsen, dir Land und Zukunft erobern!

Macht ist sehr oft eine Folge von technischem und militärischem Fortschritt. Der zivilisatorische Fortschritt kommt aus dem Westen, heute sind das vor allem die USA. Vor der Entdeckung Amerikas waren uns oft die westlichsten europäischen Länder technisch voraus. Sie erlangten dadurch viel Macht, wie Frankreich, oder Spanien, das westlichste Land des Kontinents, von wo aus ja Kolumbus als Erster noch weiter nach Westen vorgestoßen ist und den neuen Kontinent entdeckt hat. Auch die Briten waren mächtige Eroberer und beherrschten ein Weltreich.

Westen und Deszendent sind demnach auch Symbol für Zivilisation und die Aneignung der äußeren Welt. Im sechsten Kapitel werden wir über diese Zusammenhänge nachdenken und die Symbolik von Ost und West erläutern. Dabei werden wir vor allem auf die Dialektik von weltlicher und geistiger Stärke kommen und auf die Bedeutung des Ostens für die Spiritualität.

Es gilt also die Gleichung »Deszendent = Westen = Macht und Eroberung.« Natürlich ist vorerst zu untersuchen, wie sich diese Gleichung auf Liebe und Partnerschaft auswirkt.

Partnerschaft kann leicht zum Machtspiel werden. Es gibt Menschen, die ganz gezielt die Liebe anderer für ihre egoistischen Zwecke ausnützen, die sogar bewusst Abhängigkeit schaffen, um ihr Opfer um so leichter für sich einzuspannen. Man kann sich fragen, warum immer wieder Menschen so dumm sind, dies mit sich machen zu lassen. Dies hat aber nichts mit Dummheit zu tun: Da die Liebe auch bei ganz nüchternen und unromantischen Menschen stets ein Gefühl von Totalität vermittelt, sind wir schnell bereit, uns ganz, mit Haut und Haaren, auf jemanden einzustellen. Es ist, als ob es in unserem Unbewussten ein Programm gäbe, das bei jeder Beziehung sofort blinkt: »Allein dieser Mann kann mich erlösen!« Oder: »Allein diese Frau kann mich erlösen!« Wie schnell rufen Liebende aus: »Du bist mein Leben, mein Alles!« Und sie sagen: »Ich brauche dich, denn ohne dich bin ich nichts. Wenn du mir fehlst, ist alles verloren.« Diese Sätze stimmen zwar objektiv nicht, aber unser Gefühl erlebt eine Beziehung oft genau so.

Wenn wir in diesen Gefühlen leben, dann sind wir leicht ausnutzbar. So kommt es, dass wir in der Partnerschaft oft lange mit uns spielen lassen, während wir in einer weniger emotionalen Situation, wie etwa im Beruf oder in der Politik, sehr schnell erkennen würden, dass es nötig ist, sich hier gegen Machtspiele zu wehren.

Gegen Menschen, die bewusst ihre Liebespartner unterdrücken und ausnützen, ist kein Kraut gewachsen. Sie werden wahrscheinlich auch dieses Buch nicht lesen. Im Folgenden soll ausschließlich die Rede sein von den »kleinen« Eroberungsspielen, die in jeder Partnerschaft vorkommen, die aber nicht auf bewusster Bosheit gründen.

Selbst in einer positiven Liebesbeziehung spielt die Eroberung eine Rolle. Die Liebenden kämpfen umeinander, und auch wenn es dabei sanfter zugeht, haben beide etwas erobert. Lieben heißt Neuland betreten. Das ist wirklich, als ob man sich bisher immer in seinem eigenen Garten bewegt hätte, und nun ist ein Tor aufgegangen! Neue Landstriche und Welten stehen uns zur Verfügung! Zumindest erstreckt sich unser Wirkungsbereich jetzt auch auf den Garten des Liebespartners. Kommt es zu einem Bündnis, so stehen beiden Partnern neue Räume zur Verfügung, doppelte Energie, doppelter Bewegungsradius, doppelte Macht.

Bestimmt haben Sie dies selbst schon erfahren. Sobald Sie verliebt sind, fließt ein zusätzlicher Strom von Energien. Nicht nur Ihr Liebesleben, sondern auch die ganze Umgebung verändert sich, und die Welt liegt Ihnen zu Füßen. Was vorher schwer und drückend war, packen Sie nun mit Leichtigkeit an. Die Probleme werden kleiner, die Möglichkeiten größer.

Psychologisch gesprochen erleben wir am Deszendenten auch unsere Fähigkeiten als Eroberer, unser Bedürfnis, Macht auszuüben. Dass es in vielen Ehen Täter und Opfer gibt, rührt nicht nur von der Bosheit der Menschen oder daher, dass wir Fehler machen, sondern es liegt in der Natur der Sache: Das Thema Macht und Ohnmacht gehört zum Menschsein, und die Liebe ist astrologisch gesehen einer der ersten Bereiche, wo wir damit in Kontakt kommen.

Wann immer wir mit einer psychischen Energie konfrontiert werden, haben wir natürlich die Freiheit, sie zu verdrängen oder zu akzeptieren. Falls wir sie akzeptieren, so stehen wir wiederum vor der freien Entscheidung, diese Energie konstruktiv oder destruktiv anzuwenden, ferner vor der Frage, ob wir sie direkt ausleben oder sublimieren wollen. Unsere Triebe sind uns zwar angeboren, und das Horoskop zeigt oft, mit welchen individuellen Besonderheiten diese verknüpft sind. Die Thematik und die spezielle Färbung der Triebe ist bei der Geburt schon festgelegt. Völlig offen ist jedoch die Frage, ob wir sie verdrängen oder ehrlich zur Kenntnis nehmen. Offen ist ferner die Frage, ob wir demokratisch oder diktatorisch damit umgehen. Darüber entscheidet unser erworbenes Bewusstsein und unser freier Wille.

Wer mit angeborenen Trieben und Bedürfnissen – zum Beispiel mit dem Machttrieb – diktatorisch umgeht, hat die Haltung »das geht niemanden etwas an«. Er macht es mit sich alleine aus. Er braucht niemanden, der ihm dabei hilft, er kann alles aus sich selbst heraus lösen. Sein Gesetz und seine Ethik bestimmt er selbst. Zwar ist dies vielleicht eine akzeptable Haltung für die Fragen des Aszendenten und der Selbstfindung oder für bestimmte spirituelle Qualitäten, die nur aus einem selbst heraus entstehen können. Bei einer Frage, die uns nicht allein betrifft, sondern unsere Mitmenschlichkeit, unser Partnerverhalten, also bei einem Deszendent-Thema wie dem Machttrieb, ist es natürlich Erfolg versprechender, diese Fragen mit anderen zusammen offen auszudiskutieren. »Dies sind meine Bedürfnisse und Forderungen; nenne mir die deinen!« So sähe ein demokratischer Anfang aus. Die Demokratie ist zwar eine zähe Sache, hat aber den großen Vorteil, dass nicht gleich zugeschlagen wird, sondern zuerst einmal miteinander gesprochen. Dazu gehören natürlich zwei. Im Gespräch beginnt dann das schöne Spiel des Abwägens: Wo vertragen sich unsere Bedürfnisse? Wo können wir Kompromisse eingehen? Welcher Punkt ist mir jedoch lebenswichtig, und wie kannst du mir hier entgegenkommen – und umgekehrt?

Außerdem sollten wir davon ausgehen, dass es in der menschlichen Psyche nebst dem Bedürfnis, Macht und Kontrolle auszuüben, also dem Bedürfnis, Täter zu sein, auch ein unterschwelliges Bedürfnis gibt, Opfer zu sein. Das hört sich zwar etwas pervers an. Aber allein der Genuss, den wir daraus beziehen, über die Ungerechtigkeiten zu jammern, die man uns antut, zeigt schon, dass die Opferrolle auch ihre positiven Nebenwirkungen hat. Wie angenehm ist es, manchmal die berühmte Klage des Opfers auszustoßen: »Ich habe hier ja nichts zu sagen, ich bin völlig unschuldig daran! Die Verantwortung hat der Täter, ich armer Wurm kann nichts dafür. Rein gar nichts…«.

Es ist natürlich nicht gerade unsere edelste Seite, aber tatsächlich haben wir latent sowohl das Bedürfnis zu unterdrücken, als auch das Bedürfnis unterdrückt zu werden, um uns dafür »völlig unschuldig« vorzukommen. Der demokratische Umgang mit unserem Erobe-rungs-Bedürfnis besteht also eigentlich darin, dass jeweils vier Bedürfnisse miteinander in Beziehung gebracht werden müssen: mein und dein Eroberungsbedürfnis sowie mein und dein Bedürfnis, erobert zu werden.

Zwei Lebenspartner, deren tägliches Zusammenleben von Machtspielen belastet ist, sollten lernen, die gegenseitigen Ansprüche offen und demokratisch zu klären. Der Deszendent und das 7. Haus gehören zur selben Symbolfamilie wie das Tierkreiszeichen Waage. Waage und Deszendent drücken unsere Fähigkeit aus, ein gerechtes menschliches Miteinander zu gestalten, das mit dem Offenlegen der unterschiedlichen Interessen beginnt und mit Respekt, Zuneigung und Liebe endet.

Aber darüber hinaus ist es auch nützlich, sich klarzumachen, dass die Notwendigkeit über Macht- und Ohnmacht-Themen zu reden, nicht nur der Versuch ist, angeborene Fehler wettzumachen. Diese klare Auseinandersetzung erzeugt nämlich auch eine Menge positiver Energie. Sie hat ihren biologischen Hintergrund ganz offensichtlich in der Naturgewalt der Sexualität. Im sexuellen Bereich kann es ja unbeschreiblich lustvoll sein, erobert zu werden, nämlich so aktiv begehrt zu werden, dass wir nichts mehr tun können, als nachzugeben und uns dem Genuss hinzugeben! In der Regel empfinden wir dies durchaus nicht als Opfer-Position, besonders dann nicht, wenn es auf Gegenseitigkeit beruht, und beide Partner mit den Rollen flexibel umgehen.

Auch beim Liebesspiel ist also Unterschiedlichkeit und Spannung zwischen beiden Partnern vorhanden. Spannung ist ein Schlüsselwort des Deszendenten und der Liebe. Aus ihr entsteht jene lebenserhaltende Energie, der wir alle unser Dasein verdanken. Diese Überlegungen zeigen, dass es in der Liebe auf jeden Fall spannend wird, und dass wir selber mitverantwortlich sind, ob sich im Ergebnis daraus negative Machtspiele entwickeln oder eine positive erotische Spannung.

Wir können also zusammenfassend festhalten: Der Deszendent ist mit der Himmelsrichtung West verknüpft. Dieser symbolisiert die Faszination der Macht. Der Ort der untergehenden Sonne weckt Sehnsucht nach dem Neuen, dem Anderen, dem Du. Die Liebe lockt – wie der Westen – zur Reise in die Außenwelt, steht für die Lust, zu erobern und Macht auszuüben. Daraus kann eine konstruktive sexuelle Spannung entstehen, aber genauso ein negatives Täter-Opfer-Spiel.

Die folgenden Abschnitte zeigen die individuellen Aspekte dieser Faszination der Macht. Hier lesen Sie, auf welche Weise die verschiedenen Aszendent-Zeichen ihre jeweilige Deszendent-Qualität erobern können.

Deszendent Widder

Er ist stets mit dem Aszendenten Waage verbunden. Die Formel lautet also »Waage erobert Widder«. Es sei hier nochmals darauf hingewiesen, dass daraus in keiner Weise der Schluss abgeleitet werden darf, eine Waage oder ein Mensch mit Waage-Aszendent müsste einen Partner mit Sonne im Widder finden, um glücklich zu werden, denn stets ist bei einem konkreten Individuum das vollständige Geburtshoroskop zu untersuchen, in welchem ja immer der gesamte Tierkreis enthalten ist. Menschen mit Waage-Aszendent können und müssen sich jedoch als Ergänzung einige Widder Eigenschaften aneignen. Das Land, das sie zu erobern haben, ist das Reich der Aggression.

Dies könnte man zum Beispiel so übersetzen, dass ein von Haus aus rücksichtsvoller Mensch als ergänzende Qualität Durchsetzungsfähigkeit braucht. Der Waage-Aszendent zeigt einen Menschen an, der als ersten Impuls von einem »Wir« ausgeht, vom Wunsch, in Beziehung zu sein und gemeinschaftlich Probleme zu lösen. Er ist ein Naturtalent im Rücksichtnehmen. Um damit in der Außenwelt und vor allem in der Liebe erfolgreich zu sein, ist es nötig, auch ein gesundes Ego zu entwickeln. Und gerade dies zeigt der Widder-Deszendent an: die Fähigkeit, für sich selbst zu sorgen. Menschen mit Waage-Aszendent ist also die Aufgabe gestellt, Willensstärke zu erobern, sich Entscheidungsfähigkeit anzueignen. Um nicht zu kurz zu kommen und Ziele durchzusetzen, ist es nämlich nötig, auch einmal kämpferisch und aggressiv zu sein.

Der tief sitzende Wunsch nach Harmonie und der Grundimpuls, alle Dinge friedlich zu lösen, ist nicht falsch, denn der Aszendent ist immer eine wichtige individuelle Eigenart. Wer jedoch ausschließlich diese Verhaltensweise kennt, dem wird es unmöglich sein, auch einmal laut zu werden und zu sagen: »Ich will!« Die an sich positive Friedfertigkeit würde dann zu einer feigen Haltung, welche Konflikte um jeden Preis vermeidet. Es ist übrigens eine Ironie des Schicksals, dass solche Menschen sich gerade dadurch in Situationen bringen, in welchen sie schließlich besonders verzweifelt kämpfen müssen, um nicht unterzugehen. Das ist ja auch verständlich. Stellen Sie sich einen Menschen vor, der hundertmal gute Miene zum bösen Spiel gemacht hat. Er hat eine riesige angestaute Wut, denn stets hatte er die Erwartung, dass seine Güte gewürdigt wird und ihm die Welt entgegenkommt, ohne dass er sein Recht fordern muss. Jetzt, wo es nicht mehr anders geht, und er – wie ein Widder – offen kämpfen muss, wird ihn niemand mehr ernst nehmen, wenn er nicht besonders laut schreit oder sieben Anwälte hinter seinem Gegner her hetzt.

Doch auch in weniger krassen Fällen können wir spüren, wie notwendig es ist, dass der Waage-Aszendent sich das Widder-Reich der Aggression erobert.

Sich Macht aneignen und etwas erobern fällt also gar nicht immer leicht. Um ewig die friedfertige Waage bleiben zu können und nie laut werden zu müssen, erobern sich einige Menschen mit diesem Aszendenten nun einen tatsächlichen Widdermann beziehungsweise eine Widderfrau, in der unbewussten Hoffnung, dass dann ein Spezialist im Haus ist, der ihnen das Kämpfen abnimmt. Doch wer einseitig das Waage-Prinzip betont, wird auch in jedem anderen Partner nach dem Gesetz der Anziehung der Gegensätze die aggressive Komponente hervorrufen. Jeder Mensch hat ja den ganzen Tierkreis in sich, folglich auch den Widder, oder falls dieser im individuellen Fall unbesetzt sein sollte, ersatzweise den Kämpfer-Planeten Mars oder andere Feuerzeichen.

Auf den ersten Blick könnte man denken: Nun ist die Welt wieder ausgeglichen, der Waage-Aszendent hat seinen Idealpartner Widder dazuerobert, die Einseitigkeit hat Ergänzung gefunden, und zusammen sind sie ein vollkommenes Paar. Das mag eine Zeit lang funktionieren, aber der Partner mit dem Waage-Aszendenten hat damit ja noch nicht gelernt, sich durchzusetzen. Er braucht jemand anderen dazu. Nun wird er früher oder später Angst bekommen, von diesem Menschen abhängig oder verlassen zu werden.

Um dies zu kompensieren, kann der Waage-Aszendent daraufhin – so nett er nach außen erscheinen mag – den Partner mit immer mächtigeren und gewaltsameren Mitteln dazu antreiben, für sich zu kämpfen. Wenn dies nicht funktioniert, so kämpft er gegen den Partner. Das beginnt meist mit dem Vorwurf: »Du enttäuschst mich, denn du tust nichts für mich, du bist egoistisch!« Wenn wir diesen Vorwurf analysieren, so merken wir, dass dem Partner eigentlich nur vorgeworfen wird, dass er Widder-Qualitäten besitzt! Gerade durch diese jedoch hoffte der arme Waage-Aszendent einst gerettet zu werden. »Und nun ist es soweit gekommen, dass du gegen mich kämpfst!«

In einigen Fällen mag dies stimmen, weil der Partner vielleicht tatsächlich ein Grobian ist. Aber auch ohne dies gilt die Regel: Ein Waage-Aszendent, der nicht in sich eine gesunde Selbstdurchsetzung entwickelt, erlebt den Partner als aggressive Schattenfigur. Der Vorwurf: »Du bist so aggressiv, du ärgerst mich bis aufs Messer«, wäre dann eine reine Projektion der unterdrückten eigenen Widder-Fähigkeit.

Wir projizieren alles mögliche auf unsere Mitmenschen. Besonders häufig findet dies statt bei den Themen des Deszendenten. Das ist schade, denn der Deszendent ist natürlich auch ein eigenes Talent. Je weniger aber – im vorliegenden Fall – die spontane Kampfkraft selbst gelebt wird, desto wahrscheinlicher tritt sie als Projektionsbild im Partner auf. Da es Projektion stets als Liebe oder als Hass gibt, ist zu erwarten, dass der Waage-Aszendent sich dann abwechselnd über aggressive Widder-Bosheit aufregt und von positiver Widder-Spontaneität fasziniert ist.

Hier folgen noch einige andere Projektions-Spiele. Die erste Gestalt bezieht sich jeweils auf die Person mit dem Waage-Aszendenten selbst, die zweite auf das polar ergänzende Widder-Thema:

Waage-sucht-Widder-Spiele

- Dompteur sucht Tiger zum zähmen
- Künstler erobert ein kraftstrotzendes Naturweib als Modell
- Edelfrau sucht einen wilden Tanzbären zum Spielen
- Zauderer erobert Tatmenschen
- Charme erobert die Kraft
- Unentschiedenheit sucht Klarheit.

Was ist zu erobern?

Empfehlung für Menschen, welche die Talente ihres Widder-Deszendenten unabhängig von Partnern in sich selbst kultivieren möchten:

Erobern Sie das Reich der Aggression!

Die Empfehlung lautet für Sie, sich Schritt für Schritt ein gesundes Ego zu erobern, das heißt, nein sagen zu lernen, und zwar rechtzeitig, bevor eine verbitterte Wut in Ihnen aufsteigt. Dazu gehört die Übung der Spontaneität und die Willensschulung. Lernen Sie direkt und fröhlich wie ein Kind zu sagen, was Sie wollen! Dies ist nicht unschön, sondern schafft schnelle positive Kontakte, und alles wird farbiger und lebendiger.

Haben Sie übrigens gewusst, dass das Wort Aggression ursprünglich nichts anderes hieß als »offen auf jemanden zugehen«?

Für astrologisch Fortgeschrittene

Diese gesamte Dynamik könnte teilweise auch für Menschen zutreffen, die zwar einen anderen Aszendenten haben, jedoch mit einer Venus-Stellung in Konjunktion zum Aszendenten geboren wurden. Steht Venus im 1. Haus, jedoch nicht in Konjunktion mit dem Aszendenten, ist das Thema weniger deutlich. Trotzdem sagt es im Horoskop von Frauen etwas über ihr Selbstbild aus, nämlich ein harmoniebedürftiges Wesen zu sein, was wieder nach der ergänzenden Aggressionsfreude des Widder-Prinzips verlangt.[10] Die beschriebene Thematik betrifft auf andere Weise auch den aufsteigenden Mondknoten im Widder oder im 1. Haus.

Die oft mit dem Waage-Aszendenten verbundene Entscheidungsschwäche ist auch Grund für viel Leid und Kummer in der Liebe. Der Ratschlag, Willensschulung zu betreiben und die Entscheidungsfreude zu trainieren, ist also naheliegend. In kleinen alltäglichen Schritten immer wieder spontane Entscheidungen schnell und ohne falsche Rücksicht auf die Folgen zu fällen, kann sehr befreiend wirken. Dieses Plus an Lebenskraft wiederum kann unmittelbar die Beziehungsfähigkeit erhöhen. Die Partnerschaft wird farbiger, da die eigenen Wünsche klarer artikuliert werden.

Besonders hervorgehoben ist das Thema, wenn zusätzlich zum Waage-Aszendenten Neptun im 1. Haus steht. Diese Kombination ist in der Generation der ab etwa 1943 bis in die 60-er Jahren hinein Geborenen häufig. Neptun im 1. Haus zeigt dann zusätzlich eine tiefe Scheu an, das eigene Ego in den Vordergrund zu stellen. Zwar kann dies eine hochsensible Persönlichkeit sein, oftmals mit spiritueller, künstlerischer oder sozialer Begabung; damit die Sensibilität nicht zur Identitätsschwäche führt, ist es jedoch um so nötiger, wie oben vorgeschlagen, einige ergänzende Widder-Qualitäten zu integrieren.

Ich habe zahlreiche Klientinnen mit Waage-Aszendent und Neptun in Haus 1 erlebt, die berichteten, wie sie – oft nach jahrelanger Zurückhaltung und Rücksichtnahme – es zum ersten Mal wagten, nein zu sagen. Sie sagten einfach, was ihnen passte und was sie nicht wollten. Es folgte eine Sekunde der Angst, als ob eine innere Stimme riefe: »Was machst du da? Du bist ja nicht mehr du selber. Jetzt hast du diesen Mann für ewig vor den Kopf gestoßen und wirst mutterseelenallein durchs Leben schleichen müssen ...«. Aber zu ihrem Erstaunen ging der Partner auf ihre Wünsche ein. Er erlebte es anders. Eine Frau, die er wegen ihrer sensiblen Ausstrahlung liebt, wird, wenn sie sagt, was sie will, enorm attraktiv und begehrenswert. Dies fühlt sich an wie eine Art Befreiung von Energien und ein Zustrom an sexueller Intensität, der vorher verdeckt war. Die Klientinnen erlebten dies fast wie ein Wunder. Es war aber im Grunde nur die natürliche Nutzung des eigenen Widder-Deszendenten.

Deszendent Stier

Dieser Deszendent ist stets mit dem Aszendenten Skorpion verbunden. Die Formel lautet »Skorpion erobert Stier«. Menschen mit Skorpion-Aszendent können und müssen sich demnach als Ergänzung einige Stier-Eigenschaften aneignen. Das Land, das sie zu erobern haben, ist das Reich von Sicherheit und Vertrauen.

Dies bedeutet, dass die Kunst des Genießens zu erlernen ist. Genuss führt ja leider oft zu Reue, und darum braucht dieser Mensch viel Sicherheit und Vertrauen, bevor er sich wirklich ohne Vorbehalt dem Genuss hingeben kann. Geboren mit einem Skorpion-Aszendenten ist seine erste angeborene Reaktion in der Partnerschaft nämlich wachsame Vorsicht. Die Fähigkeit des Zweifelns ist ihm in die Wiege gelegt und hat ihm schon oft geholfen, sich Schmerz und Leid zu ersparen.

In gewissem Sinne ist der Skorpion-Aszendent ein Spezialist im Erspüren von Machtspielen in der Beziehung. Es ist eine wirkungsvolle Konstellation, um solche Gefahren zu erkennen und rechtzeitig die nötigen Veränderungen einzuleiten. Daraus entstand die Gabe, mit Krisen und Schwierigkeiten fertig zu werden. Vielleicht hat sich der Skorpion-Aszendent schon früh gemerkt: »In Beziehungen muss ich immer wachsam sein und die Kontrolle behalten!« Da es seine Art ist, sich seelisch tief auf Partner einzulassen und, wenn er liebt, sich ganz hinzugeben, ist dies oft auch nötig, denn ein leidenschaftlich Liebender ist sonst auch leicht verletzbar.

Trotz der damit erworbenen Erfolge ist das eine einseitige Haltung, und deshalb sehnt sich der Skorpion-Aszendent danach, ergänzend auch Stier-Eigenschaften zu besitzen, das heißt, zu vertrauen, sich einfach hinzugeben und zu genießen! Der Zweifler ist aufgerufen, die Qualität der Sicherheit zu erobern.

Die mitgebrachte Fähigkeit, kritische Fragen zu stellen, ist natürlich kein Fehler. Mit dem Skorpion-Aszendenten ist ja das echte Talent verbunden, dem Schein zu misstrauen und zu erforschen, was die eigentlichen Motive der Menschen sind. In der mittleren Generation ist dieser Aszendent häufig mit einer Pluto-Stellung im 10. Haus verbunden. Dies bedeutet, dass ein unbewusstes Streben nach gesellschaftlicher Macht von Anfang an vorhanden war; gleichzeitig spiegelt das 10. Haus gewöhnlich die Erfahrungen mit der Mutter oder einer anderen früh prägenden Erziehungsfigur. Nun war die Persönlichkeit mit dem Skorpion-Aszendenten sehr hellhörig gegen Manipulationen und Ungerechtigkeiten, und so könnte sie früh gefühlt haben, dass es nötig ist, genau aufzupassen und sich selbst nicht in die Karten blicken zu lassen. Ein Impuls des Misstrauens und der Vorsicht gerade in intimen Beziehungen wäre in diesem Fall seit den Kindheitstagen eingespielt und vielleicht nicht einmal bewusst. Die positive Seite dieser Konstellation ist übrigens ein Instinkt für menschliche Interaktionen.

Der Skorpion-Aszendent ist also eine Art psychologisches Urtalent und nicht etwa eine »schlechte Eigenschaft«, die man sich abgewöhnen sollte. Er ist im Gegenteil notwendig und in vielen Situationen konstruktiv. Aber wenn er einseitig angewandt wird, bleiben immer nur Fragen und man findet nie seine Ruhe. Niemals wäre dann der Mensch mit diesem Aszendenten sicher, dass der Partner ihn wirklich echt und ernsthaft liebt, nie könnte er entspannen. Er müsste stets das Kontroll-Lämpchen des Verstandes brennen lassen, um jede Katastrophe rechtzeitig zu erkennen und ja schnell eifersüchtig zu werden... Doch auch in weniger extremen Fällen ist es notwendig, dass der Skorpion-Aszendent sich als Ergänzung das Stier-Reich des vertrauensvollen Genießens erobert.

Einige möchten allerdings lieber ewig vorsichtig bleiben, spüren jedoch, dass sie dann zur Ergänzung einen Partner brauchen, der nicht auch noch aus demselben Holz geschnitzt ist. Deshalb erobern sie sich einen wirklichen Stiermann beziehungsweise eine Stierfrau oder sonst eine sinnliche, schöne Person, welche ihnen auf die natürlichste Weise Liebe und Vertrauen entgegenbringt.

Da wird jetzt also der Skorpion-Aszendent treu geliebt. Auf den ersten Blick könnte man denken: Nun ist die Welt wieder ausgeglichen, der Skorpion-Aszendent hat seinen Idealpartner Stier dazuerobert, die Einseitigkeit hat Ergänzung gefunden, und zusammen sind sie ein vollkommenes Paar.

Das mag eine Zeit lang funktionieren, aber der Partner mit dem Skorpion-Aszendenten ist damit ja noch nicht selbst zum Genießer geworden. Er braucht jemand anderen dazu. Nun wird er früher oder später Angst bekommen, diesen Menschen zu verlieren oder von ihm abhängig zu werden, und die Fragen und Ängste beginnen von vorn.

Im positiven Fall wird jedoch diese selbstverständliche Stier-Zuneigung auf den Skorpion-Aszendenten heilend einwirken. Seine Angst, verletzt zu werden, verringert sich durch die schöne Erfahrung. Während er so geliebt wird, wächst auch aus ihm selbst heraus eine innere Ruhe, Gewissheit und Genussfähigkeit. Dann hat er nicht nur einen Stier-Partner erobert, sondern auch in sich die Stier-Deszendent-Fähigkeit zum Blühen gebracht und sein Leben doppelt bereichert.

Andernfalls gilt die Regel: Ein Skorpion-Aszendent, der nicht in sich ein gesundes Vertrauen entwickelt und lernt, den Augenblick zu genießen, erlebt den Partner als unkritische, genusssüchtige Schattenfigur. Der Vorwurf: »Du machst dir überhaupt keine Gedanken und sorgst nur für deine Bedürfnisbefriedigung!«, ist dann eine reine Projektion der unterdrückten eigenen Stier-Fähigkeit.

Wir projizieren alles mögliche auf unsere Mitmenschen. Besonders häufig findet dies statt bei den Themen des Deszendenten. Das ist schade, denn der Deszendent ist natürlich auch ein eigenes Talent. Je weniger aber – im vorliegenden Fall – die Gegenwart vertrauensvoll genossen werden kann, desto wahrscheinlicher tritt diese Gabe als Projektionsbild im Partner auf. Da es Projektion stets in doppelter Form gibt, als Liebe und als Hass, ist zu erwarten, dass der Skorpion-Aszendent sich dann abwechselnd über die sture Dummheit des Stier-Genusses aufregt und bald darauf wieder von dieser natürlichen Sinnlichkeit fasziniert ist.

Nun folgen noch einige Stichwörter zu anderen Projektionsspielen. Das erste Stichwort charakterisiert jeweils eine Personifizierung des Skorpion-Aszendenten selbst, das zweite ist das eroberte Stier-Ergänzungsstück:

Skorpion-sucht-Stier-Spiele

- Mächtige Magierin erobert schönen Naturburschen
- Verschlossener aber leidenschaftlicher Liebhaber sucht den Garten der Lust
- Gebranntes Kind erobert die ewige unerschütterliche Treue
- Faust erobert Gretchen
- Angst erobert Sicherheit
- Ironie sucht Natürlichkeit
- Skeptiker sucht ewige Werte.

Wenn Theaterhelden ein Horoskop hätten, so wäre Doktor Faust in Goethes Drama bestimmt mit einem Skorpion-Aszendenten auf die Welt gekommen, genau wie sein Schöpfer, dessen Geburtshoroskop wir aus Kapitel drei kennen (siehe Abb. 8). Die Funktion von dichterischen Figuren ist ja, bestimmte menschliche Qualitäten zu übertreiben, damit sie besonders deutlich hervortreten, und so hat Faust einen geradezu zerstörerischen Forscherdrang. Er kann nichts lassen, wie es ist und muss alles hinterfragen. Das Gegenprinzip des Stiers, nämlich die Fähigkeit, die Gegenwart zu genießen und den ewigen Augenblick festzuhalten, erscheint ihm als dumme Naivität. Obwohl er sich heimlich danach sehnt, hätte er dabei das Gefühl, seinen kritischen Forschergeist verraten zu müssen. Und so ergänzt er seinen Pakt mit dem Teufel aus eigenen Stücken mit folgender Bedingung:

»Kannst du mich mit Genuß betrügen –
Das sei für mich der letzte Tag! …
Werd ich zum Augenblicke sagen:
Verweile doch! du bist so schön!
Dann magst du mich in Fesseln schlagen,
Dann will ich gern zugrunde gehn!«[11]

Hier sagt also der Skorpion-Aszendent: »Sollte ich je die Stier-Qualität des sinnlichen Genießens in meinem Leben zulassen, dann möge mich gleich der Teufel holen.« Dennoch ist es ein unvermeidliches Gesetz der Theaterdramaturgie und auch des Lebens, dass man mit seinem abgelehnten Gegenpol im zweiten Akt besonders intensiv in Berührung kommt. Faust verliebt sich in Margarete, eine einfache, natürliche Stierfrau, die er in blinder Verliebtheit nur »Gretchen« nennt. Das dramatische Ende dieser Beziehung im ersten Teil des Faust könnte als Warnung an Skorpion-Aszendenten verstanden werden: Du kannst die Stier-Erfahrung von Genuss und Liebe weder vermeiden noch erzwingen. Lass sie dir schenken.

Was ist zu erobern?

Empfehlung für Menschen, welche die Talente ihres Stier-Deszendenten in sich selbst entwickeln möchten:

Erobern Sie das Reich von Vertrauen und Sinnlichkeit!

Vertrauen Sie Ihrer Fähigkeit, sich notfalls rechtzeitig zu schützen, und gehen Sie inzwischen mit positiver Erwartung auf das Leben zu! Vertrauen Sie sich und den Menschen. Achten Sie auf guten Kontakt zu Ihren natürlichen Bedürfnissen. Nehmen Sie Ihre körperlichen Wünsche ernst. Dazu gehört, sich einfache Dinge des Lebens wie Essen, Ruhe, Erotik in vollen Zügen zu gönnen. Halten Sie sich an den zufriedenen Bären Balu aus Walt Disneys Dschungelbuch-Film: »Probier's mal mit Gemütlichkeit…«.

Eine sinnvolle Übung besteht vielleicht darin, täglich mindestens eine Minute Ihres Lebens zu genießen und die Gegenwart voll auszukosten, ohne weiterführende Erwartung. Sie sind einfach da, atmen, leben und genießen.

Für astrologisch Fortgeschrittene

Falls Sie keinen Stier-Deszendenten haben, könnte Ihnen diese Thematik trotzdem vertraut sein, wenn Sie unter dominantem Pluto geboren wurden, besonders, wenn er im 1. Haus steht. Ähnliches gilt bei einer starken Besetzung des 8. Hauses und bei Venus/Pluto-Aspekten. Auch die Stellung des aufsteigenden Mondknotens im Stier oder im 2. Haus enthält eine vergleichbare Dynamik.

Skorpion oder Pluto im 1. Haus hat im Extremfall – der natürlich nicht allein aus dem Horoskop abzuleiten ist – eine etwas selbstzerstörerische Tendenz mit einer Verhaltensweise, die auch Partnerschaften schnell in Frage stellt. Der Mensch mit dieser Konstellation wird dann vielleicht vom Partner das Feedback erhalten: »Du zerstörst unsere Beziehung mutwillig.« Falls der skorpionische Partner dies anders empfindet und nur den Eindruck hat, für die Wahrhaftigkeit der Liebe zu kämpfen, so sollte er sich trotzdem bewusst sein, dass dies zerstörerischer wirken kann, als es gemeint ist. Grund dafür ist nicht zuletzt die intensive Ausstrahlung des Liebenden mit Skorpion-Aszendent oder Pluto im 1. Haus. Statt nun die eigenen Ideale einer falschen Harmonie zu opfern, was nicht im Sinne des Horoskops wäre, liegt die Lösung wie oben angedeutet in der Integration des Stier-Prinzips. Es ist bereits im eigenen Horoskop als Deszendent angelegt. Seine heilende Botschaft lautet: Ich äußere auch mein Bedürfnis nach Sicherheit und Stabilität und meine Bereitschaft, von den vorhandenen Paradiesfrüchten zu essen, ohne stets eine Rache des Schicksals zu erwarten, die mich aus dem Paradies vertreiben könnte.

Deszendent Zwillinge

Dieser Deszendent ist stets mit dem Aszendenten Schütze verbunden. Die Formel lautet »Schütze erobert Zwilling«. Menschen mit Schütze-Aszendent brauchen demnach als Ergänzung einige Zwillinge-Eigenschaften. Das Land, das sie zu erobern haben, ist das Reich der Diskussionen und der Sprache.

Dies bedeutet bildhaft gesprochen, dass ein Mensch, der gewöhnt ist, als einsamer Weltreisender durch das Leben zu wandern, sich irgendwo in einem Café niederlässt und alle Leute nach ihrer Meinung fragt, obwohl ihn diese eigentlich bisher nie interessiert hat.

Die Persönlichkeit mit Schütze-Aszendent besitzt – wenn nicht wichtige andere Horoskopfaktoren dagegen sprechen – ihre eigene Wahrheit und findet es unnötig, zweiflerisch alle möglichen Leute um Rat zu fragen. Der Schütze-Aszendent spürt es tief im Herzen, was das Wesen der Liebe sein könnte. Er will nicht darüber diskutieren, sondern ungeduldig losreiten, um seine Begeisterung in die Welt zu tragen! Er muss geeignete Orte und Menschen finden, welche das Ideal mit ihm teilen. Dazu braucht es keine langen Diskussionen.

Wer von einem tiefen Liebesideal beseelt ist, will nicht, dass es zerredet wird. Der Zwillings-Deszendent stellt jedoch diese ergänzende Qualität des Redens dar, hier wird alles nochmals diskutiert, hier werden interessante und auch unbequeme Fragen gestellt. Gerade das kann aber das Feuer der Schütze-Begeisterung auslöschen! »Willst du unsere Liebe in Frage stellen? Was zerredest du alles? Ich weiß inzwischen schon selbst nicht mehr, was ich will!«, ruft der Schütze-Aszendent und versucht, künftig nur noch dem Ruf seines Herzens zu folgen. Er nimmt sich vor, das Geschwätz zu meiden. Jetzt besteht er erst recht darauf, dass seine Liebe auch ohne Worte mitreißen muss. Er lebt nach der Einstellung: »Entweder man fühlt die Begeisterung spontan mit - und wenn nicht, nun, dann bleibe ich eben allein.«

Möglicherweise spürt der Schütze-Aszendent intuitiv, dass diese Einseitigkeit nach Ergänzung ruft, und sucht sich deshalb eine Frau, beziehungsweise einen Mann mit starken Zwillinge-Eigenschaften, das heißt einen geübten Kommunikator – in der unbewussten Hoffnung, dass dann ein Spezialist im Haus ist, der ihm die mühsame Formuliererei abnimmt.

Auf den ersten Blick wäre das ein guter Griff, denn die beiden ergänzenden Verhaltensweisen sind nun in einem Haushalt vereint, sie sind das ideale Ergänzungspaar. Vielleicht lieben sich die beiden wirklich so sehr, dass eins vom andern lernt und schließlich der Schütze-Aszendent seine Diskutierfreude in sich selbst entdeckt. Dann hätte er seine Deszendent-Qualität dazuerobert und wäre um eine wichtige Qualität bereichert worden.

Doch spielen wir einmal den umgekehrten Fall durch: Der Schütze-Aszendent stellt sich stur. Mit Schrecken stellt er fest, dass im Alltag seine Liebe nicht jederzeit mitreißt, sondern oft kritische Fragen zurückkommen. Doch je mehr er darauf besteht, dass alles leicht und unkompliziert zu laufen habe, desto lauter fordert der kommunikativere Partner: »Wir müssen miteinander reden!« »Schon wieder!« stöhnt der Schütze-Aszendent-Partner und ruft: »Was nicht da ist und nicht funktioniert, das kannst du auch nicht herbeireden!« Am liebsten möchte er auf und davon, um seine Freiheit wiederzuerlangen. Im Grund ist das schade, denn sein Herzensimpuls wird vielleicht geteilt, und es gäbe nur ein kleines Missverständnis zu klären. Auch Gefühle sind kommunizierbar. Wer das nicht erfahren hat oder nicht erproben will, wird bei jedem beginnenden Gespräch abblocken. Dahinter steht die Angst vor dem Verlust der eigenen Ideale, die man so tief in der Seele spürt. Der Schütze-Aszendent weiß, dass die Liebe unfassbar Großes leisten kann, dass mit Vertrauen und Optimismus Dinge zu schaffen sind, von denen der Alltagsmensch nicht einmal zu träumen wagt.

Gewiss. Aber was nützt es, wenn einem die Sprache fehlt, dies anderen mitzuteilen? Im Extremfall bleibt der Schütze-Aszendent unbeweglich, verteidigt seine Wahrheit fanatisch und bleibt lieber allein, obwohl er nur ein Wort sagen müsste. »... Soll ich alles verwässern und den trivialen Alltagsmenschen aufopfern?« ruft er und schimpft stundenlang auf das oberflächliche Geschwätz und die kleinlichen Zweifel des Pöbels. Für den Psychologen wäre dies ein klarer Fall von Projektion: Unfähig, die eigene Sprachkraft zu entwickeln, sieht er bei allen anderen Menschen nur, dass sie reden. Dabei betrachtet er sie durch die negativste Brille und wittert überall nur oberflächlichen Klatsch und Small-Talk. Projektion gibt es stets als Liebe und als Hass, und so wird er - solange er im unerlösten Zustand verweilt – die Sprachfähigen halb mit Faszination und halb mit Abscheu betrachten.

Hier beschreiben wir noch einige andere Projektions-Spiele. Die erste Gestalt bezieht sich jeweils auf die Person mit dem Schütze-Aszendenten selbst, die zweite ist das ergänzende Zwillinge-Thema:

Schütze-sucht-Zwillinge-Spiele

- Idealistin sucht Anschluss an den Alltag
- Weiser Professor sucht Journalistin, die ihn verständlich übersetzt
- Philosophin erobert Witze-Erzähler und Wortspieler
- Weltreisender erobert junge reizende Dolmetscherin
- Göttin sucht Seelenverwandtschaft mit fröhlichem Sterblichen
- Intuition sucht Sprachrohr
- Theoretiker sucht Praktiker.

Was ist zu erobern?

Empfehlung für Menschen, welche die Talente ihres Zwillinge-Deszendenten in sich selbst kultivieren möchten.

Erobern Sie das Reich der Diskussionen und der Sprache!

Äußern Sie Ihre Gedanken und bitten Sie anschließend Ihren Partner, zu sagen, wie er es verstanden hat; hören Sie genau zu und stellen Sie richtig, was nicht genau angekommen ist; machen Sie anschließend dasselbe Spiel umgekehrt.

Schreiben Sie Ihre Gedanken auf. Suchen Sie das Gute und Geistreiche auch in ganz konkreten Alltagsdingen. Erfreuen Sie sich an Literatur und Wortspielen. Suchen Sie Kontakt und Gemeinsamkeit ohne Worte, z.B. im gemeinsamen Theaterbesuch oder beim Tanzen usw. Meiden Sie Party-Geschwätz, wenn Sie keinen Spaß daran haben, suchen Sie jedoch gezielt Menschen, mit denen Sie über Themen, die Ihnen wichtig sind, die Meinung austauschen möchten.

Für astrologisch Fortgeschrittene

Die oben beschriebene Dialektik zwischen dem hohen Schütze-Ideal und der praktischen Formulierung für den Alltag ist ein generelles Thema auf der Achse Schütze-Zwillinge beziehungsweise 3. Haus und 9. Haus. Der Komponist Arnold Schönberg hat es in seinem unvollendeten aber grandiosen Bühnenwerk »Moses und Aron« aus der Optik des Schütze-Priesters Moses gestaltet. Moses zerstört zu letzt lieber das Ideal (Zerstörung der Gesetzestafeln), als zu akzeptieren, wie sein sprachgewandter Bruder Aron es in populistischer Kurzfassung verkauft (Tanz um das goldene Kalb).

Dieses Thema – ich nenne es den »Moses-und-Aron-Mythos« – finden wir unabhängig vom Schütze-Aszendenten auch bei Jupiter am AC, falls er verbunden ist mit einem Deszendenten in Luft- oder Erdzeichen. Eine ähnliche Dynamik kann auch die Stellung des aufsteigenden Mondknotens in Haus 3 oder in den Zwillingen hervorrufen. In gewissem Maße stellt sich die Frage nach Small-Talk oder echter Kommunikation zur Wahrheitsfindung allen Menschen mit einer betonten Häuser-Achse 3/9 sowie mit Jupiter-Aspekt zu Merkur.

Deszendent Krebs

Er ist immer mit dem Aszendenten Steinbock verbunden. Die Formel lautet also »Steinbock erobert Krebs«. Menschen mit Steinbock-Aszendent werden demnach gut tun, sich als Ergänzung einige Krebs-Eigenschaften anzueignen. Das Land, das sie zu erobern haben, ist das Reich der Privatheit und der persönlichen Gefühle.

Was für ein Genuss ist es, zu lieben und dabei ganz unverstellt seine Gefühle zeigen zu können! Überall sonst achten wir darauf, dass wir nicht aus der Rolle fallen. Auch wenn wir uns ganz locker unter Leuten bewegen, so fragt im Hintergrund doch stets eine innere Stimme: »Wie sehen mich die Menschen? Mache ich keine allzu schlechte Figur?« Meist ist es eben nicht angebracht, die Füße auf den Tisch zu legen, vor Freude in die Hände zu klatschen, sympathische Menschen abzuküssen oder ähnliches. Auch wenn eine Situation zum Heulen ist, so verbietet es sich zu heulen.

Die Persönlichkeit mit Steinbock-Aszendent hat vielleicht weniger Schwierigkeiten als andere, im Beruf oder sonst unter Menschen die Emotionen für sich zu behalten und Gefühlssachen mit sich selber auszumachen. »Es ist jetzt nicht die Zeit dafür; ich kann das später für mich allein erledigen«, denkt sie. Dies ist ein großer Vorteil, denn es wirkt positiv auf andere und macht gesellschaftsfähig. Trotzdem ruft gerade diese Zurückhaltung nach Kompensation. Wer einen Steinbock-Aszendenten hat, sollte sich früher oder später einen Freiraum erobern, wo er seinen Gefühlen unkontrolliert den Lauf lassen kann. Die Liebe wäre ein solcher Freiraum. Doch im Extremfall wird sich der Steinbock-Aszendent auch hier noch am Riemen reißen, um sich ja keine Blöße zu geben. Möglicherweise hat er sich das Lob des Geliebten oder der Geliebten gerade deswegen eingehandelt, weil er so unerschütterlich stark und kompetent wirkt und sich nicht von Launen treiben lässt. Nun versucht er in der Ehe die unerschütterliche Elternfigur zu spielen, die immer zuverlässig da ist und nie selber Probleme hat. Das ist dann äußerst praktisch für den Partner, der vielleicht schneller Gefühle zeigt und nun all seine Probleme in der Beziehung abladen kann, ohne selbst auch einmal Verantwortung für den Steinbock-Aszendent-Menschen zu übernehmen. Im negativen Fall würde der ‚arme' Partner mit dem Steinbock-Aszendenten gar nicht akzeptieren, dass auch er einmal bemuttert wird; seine Antwort darauf wäre höchstens ein trockenes: »Ich komm' schon selber zurecht – wenn du bloß nicht immer so kindisch wärst…«.

Wir erkennen, wie notwendig es ist, dass der Steinbock–Aszendent sich das Krebs-Reich der Gefühle erobert. Er braucht dringend eine Beziehung, in welcher er die anstrengende Selbstdisziplin einmal in Urlaub schicken und einfach er selbst sein kann, unbekümmert wie ein Kind, das keine Angst hat, verstoßen zu werden, bloß weil es seine spontanen Gefühle äußert. Ein Kind weiß ja im Idealfall, dass es in der Familie geborgen ist und von den Eltern fraglos akzeptiert wird, ohne vorher eine Leistung erbringen zu müssen.

Aber gerade das kann zum Problem werden. Vielleicht hat der Mensch mit Steinbock-Aszendent diesbezüglich nicht immer die besten Erfahrungen gemacht. In unseren Breitengraden ist der Steinbock-Aszendent meist mit einer Himmelstiefe im Zeichen Stier verbunden. Die Himmelstiefe und das 4. Haus symbolisieren die Kindheit und die Bedürfnislage am Beginn des Lebens. Das Zeichen Stier gibt uns das Bild eines ungewöhnlich sinnlichen Kindes. Es hat von seiner tiefsten Anlage her einen wahren Heißhunger auf das Leben. Es möchte alle Dinge und Menschen in seine Nähe ziehen und die natürliche Fülle des Daseins genießen. Sinnliche Babies werden von der Mutter oft nicht in ihrer vollen prallen Sinnlichkeit akzeptiert und geliebt. Die Gründe sind vielfältig, sei es, weil ein solches Kleinkind manchmal anstrengend sein kann, sei es, dass die Mutter selbst nicht gelernt hat, dass ihr Erotik, Lust und Fülle zustehen. Im negativen Fall wird das Kind dadurch frustriert oder überfordert.[12]

Aus diesen oder anderen Gründen wird sich der Erwachsene mit dem Deszendenten Krebs beim Gedanken, einmal gefühlvoll wie ein Kind zu sein, schnell kindisch vorkommen. Um ewig die Rolle des Beherrschten spielen zu können und nie mit der eigenen Emotionalität in Kontakt zu kommen, erobern sich einige nun einen Krebsmann beziehungsweise heiraten eine Krebsfrau, in der Hoffnung, dass dann ein Spezialist im Haus ist, welcher warmherzige Emotionalität stellvertretend für sie auslebt.

Hat der Steinbock-Aszendent in diesem Fall seinen Idealpartner dazuerobert? Ist das die ideale Ergänzung? Nein, denn der Partner mit dem Steinbock-Aszendent hat damit ja noch nicht gelernt, selbst zu seinen Gefühlen zu stehen. Er braucht jemand anderen dazu. Nun wird er früher oder später Angst bekommen, von diesem Menschen abhängig zu werden.

Außerdem dürfte der gefühlvollere Partner durch dieses Verhalten zu Übertreibungen gezwungen werden: Unbewusst wird er seine Subjektivität ganz in den Vordergrund stellen, und – schon um den Gegensatz auszugleichen – jede Selbstkontrolle ablehnen. Da hat sich der bedauernswerte Steinbock-Aszendent nun ein ewig pflegebedürftiges großes Kind eingehandelt. Der einzige »positive« Nebeneffekt besteht darin, dass er damit eine Rechtfertigung hat, zu jammern: »Ich selber kann unter diesen Umständen ja nicht auch noch Gefühle und Bedürfnisse haben, sonst wäre das Chaos perfekt!« Ein ziemlicher Teufelskreis! So war das Spiel nicht gemeint, das mit dem harmlosen Motto angefangen hat: »Edle Zurückhaltung erobert spontanes Gefühl«.

Psychologisch gesehen wird hier alles Weiche und Emotionale auf den Partner projiziert und dort bekämpft. Solange der Steinbock-Aszendent nicht in sich selbst eine gesunde Gefühlswelt entwickelt, erlebt er den Partner als emotionsgetriebene Schattenfigur. Der Vorwurf der Subjektivität ist dann eine reine Projektion der unterdrückten eigenen Krebs-Fähigkeit. So sehr er am Anfang vielleicht die Hoffnung hegte, bei diesem Partner die Krebs-Geborgenheit und das Zuhause-Gefühl zu erhalten, so sehr nerven ihn jetzt die häuslichen Launen.

Hier folgen noch einige andere Projektions-Spiele. Die erste Gestalt bezieht sich jeweils auf die Person mit dem Steinbock-Aszendenten selbst, die zweite ist das gegensätzliche Krebs-Ergänzungsstück:

Steinbock-sucht-Krebs-Spiele

- Arbeitstier sucht ein Zuhause zum Ausspannen
- Überlebenskämpfer braucht Geborgenheit
- Perfekte Elternfigur schafft sich bedürftiges Kind an
- Objektivität braucht Subjektivität (um sich drüber aufzuregen)
- Standhaftigkeit erobert erfrischende Launen
- Berufsmensch sucht Privatleben.

Was ist zu erobern?

Empfehlung für Menschen, welche die Talente ihres Krebs-Deszendenten in sich selbst kultivieren möchten:

Erobern Sie das Reich der persönlichen Gefühle!

Schaffen Sie sich einen Schutzraum, in welchem Sie ganz für sich und Ihre Gefühlsbedürfnisse sorgen können, ohne Angst, sich lächerlich zu machen. Nehmen Sie sich das Recht, Trauer, Wut, Lust, Zärtlichkeit auszudrücken, so wie es aus Ihnen herauskommt. Lassen Sie Ihre Gefühle fließen. Kuscheln Sie sich an etwas Warmes und Weiches an. Suchen Sie sich einen Menschen, den Sie ohne Angst um etwas bitten können. Beobachten Sie den positiven Effekt, wenn Sie offen sagen, was Sie brauchen. Lassen Sie sich verwöhnen, einfach so, weil es gut tut.

Für astrologisch Fortgeschrittene

Saturn in Konjunktion mit dem Aszendenten oder im 1. Haus ruft eine ähnliche Dynamik hervor, auch wenn der Aszendent nicht im Steinbock steht. Ferner bringt der aufsteigende Mondknoten in Haus 4 oder im Krebs eine ähnliche Notwendigkeit, Härte durch Gefühlsfluss zu ergänzen.

Auf der Krebs/Steinbock-Achse sind vielfach Eltern/Kind-Spiele zu erwarten. Dabei ist immer auch Rollentausch möglich, so dass es daneben Situationen geben kann, wo der Partner mit dem Steinbock-Aszendenten oder anderweitiger Steinbock-Betonung sich selbst wie ein Kind verhält und damit die Steinbock-, das heißt Eltern-Rolle dem Partner übergibt. Im Einzelfall müsste also auch weiter unten nachgelesen werden, im Kapitel »Deszendent Steinbock«. Es gibt wenige Beziehungen unter dem Insignum Krebs-Steinbock oder Steinbock-Krebs, in welchen sich nicht beide Partner wechselweise beklagen, und zwar sowohl, dass sie in die Kind-Rolle gedrängt werden, man sie bemuttert oder ihnen alles aus der Hand nimmt, nichts zutraut usw., und gleichermaßen auch, dass sie zuviel für den andern da sein müssen, also in die Elternrolle gedrängt werden: »Wenn ich es nicht selber tue, bleibt alles liegen, der Partner ist wie ein Kind.«

Bei den astrologischen Archetypen ist Saturn, der Herrscher des Steinbocks, eindeutig eine Eltern-Figur. Mond, Herrin des Zeichens

Krebs, ist das innere Kind und gleichzeitig auch die innere Mutter. Saturn ist eher das Sicherheit gebende und Regeln setzende Eltern-Ich; Mond mehr die emotional nährende und Geborgenheit gebende Eltern-Figur. So eng die Verknüpfungen zwischen nährender Mutter und saugendem Kind, so eng sind auch die Verknüpfungen bei Steinbock-Krebs-Partnerthemen. Damit ist auch klar, warum wir im Alltag so unmerklich zwischen der bemutternden Rolle und der des bedürftigen Kindes wechseln können.

Besonders bei Männern mit Steinbock-AC ist auch der Deszendent-Herrscher in die Deutung mit einzubeziehen. Es ist der Mond, der eine wesentliche Komponente des inneren Mutterbildes darstellt. Anhand seiner Aspekt-, Häuser- und Zeichenstellung kann mit dem Klienten besprochen werden, wie in der Kindheit die Mutter sein Bedürfnis nach Austausch und Ergänzung befriedigt oder frustriert hat, wie weit dieses Bild seine Erwartung an Frauen prägt usw. Bei Männern steht der Krebs-Deszendent also für eine dreifache Aufgabe, deren Teile eng verknüpft sind: erstens sich von der Mutter zu lösen und sich mit ihr zu versöhnen, zweitens die eigenen Gefühle wahrzunehmen und zu pflegen sowie drittens, sich mit der Gefühlsseite der Partnerin ohne Projektion auseinander zu setzen und ein befriedigendes Partnerverhalten entsprechend der Krebs-Symbolik zu erlernen. Diese Aufgabe ist nicht größer als die anderer Männer, die Besonderheit besteht nur darin, dass hier alle drei Teile enger verknüpft sind und durch ein einziges Symbol im Horoskop angezeigt werden.

Deszendent Löwe

Wer einen Löwe-Deszendenten hat, ist immer mit dem Aszendenten Wassermann geboren. Die Formel lautet also »Wassermann erobert Löwe«. Menschen mit Wassermann-Aszendent werden demnach bewusst oder unbewusst die Tendenz haben, sich als Ergänzung einige Löwe-Eigenschaften anzueignen. Das Land, das sie zu erobern haben, ist das Reich des leidenschaftlichen Engagements.

Da der Wassermann-Aszendent von Natur aus den Geschehnissen und Menschen zuerst einmal mit denkerischer Distanz begegnet, wird das unmittelbare herzliche Engagement der Löwe-Qualität eine wichtige Ergänzung für ihn darstellen. Wer stets klug vorausdenkt und auch in neuen Situationen kühlen Kopf bewahrt, wird in der Liebe allzu distanziert und unnahbar bleiben, falls er nicht den Mut findet, sich mit ganzem Herzensfeuer zu engagieren, um die Partnerschaft täglich neu schöpferisch zu gestalten. Für diesen Mut steht das Symbol des Löwe-Deszendenten.

Vorerst einmal tritt jedoch der Mensch mit Aszendent Wassermann als intelligenter Zeitgenosse auf, mit der ihm eigenen scharfen Beobachtungsgabe. Sein skeptischer Blick betrachtet fremdes und eigenes Balzgehabe kritisch und geht zur rechten Zeit auf ironische Distanz, wo dies angemessen ist. Er hat die Fähigkeit, auch in der Liebe sich selber treu zu bleiben und sich nicht von falschen Idealen verführen zu lassen.

Es ist jedoch für einen solchen Menschen notwendig, auch das Reich des Löwen zu erobern, Engagement und Herzenswärme zu zeigen. Dies wird besonders deutlich, wenn wir uns für einen Augenblick jemanden vorstellen, der die Qualität seines Wassermann-Aszendenten einseitig übertreibt: Er wird in jedwelcher menschlichen Begegnung ausschließlich darauf achten, cool zu bleiben. Damit erspart er sich in der Partnerschaft zwar anstrengende Szenen, mit der Zeit wundert er sich allerdings, dass die Liebe abkühlt. Cool sein und lieben sind eben in der Regel krasse Gegensätze! Was kann einen Menschen dazu bringen, gegen dramatische Szenen derart skeptisch zu sein, dass er sich lieber gar nicht mehr engagiert? Ist es ein falsch verstandenes Freiheitsbedürfnis, oder hat er früher negative Erfahrungen mit Menschen gemacht, die feuriger waren als er selber?

Es könnte auch die Angst dahinterstecken, Fehler zu machen, denn nichts wäre dem Wassermann-Aszendenten unangenehmer, als sich selbst bei einer Kopflosigkeit zu ertappen, wenn er nämlich hinterher feststellen müsste, dass er mit seinen Emotionen wie ein jungverliebter Trottel in eine völlig berechenbare Falle getreten wäre. Statt sich vor sich selbst zu schämen, täte er besser daran, zuzugeben, dass aus der angeblichen Dummheit der Liebenden der meiste Lustgewinn dieses Lebens herrührt. Intuitiv spürt er das, und möglicherweise wird sein unbewusstes Bedürfnis nach Dramatik ihn eine Löwefrau beziehungsweise einen Löwemann heiraten lassen. Natürlich ist diese Erfahrung auch mit Menschen mit starker Löwe- oder Feuer-Komponente durch Planeten- und Achsenbesetzung zu machen.

Sich leidenschaftliches Engagement anzueignen, fällt also gar nicht immer leicht. Da erscheint es auf den ersten Blick als Patentlösung, sich mit einer Löwe-Persönlichkeit wenigstens etwas Aufregung ins Haus zu holen und dabei selbst an seiner coolen Haltung festzuhalten. Zumindest kann man versuchen, emotional frei zu bleiben von dieser gefürchteten Leidenschaft. Aber längerfristig wird dies nicht zum Ausgleich der Gegensätze führen. Die Erfahrung ist eher, dass damit eine sehr einseitige Rollenverteilung etabliert wird: Je mehr der feurigere Partner den Wassermann-Aszendenten mitzureißen versucht, desto ängstlicher wird dieser auf Distanz gehen. In seiner Angst davor, sich kopflos in ein Gefühlsengagement zu stürzen, wird er ausrufen: »Du wirst mich nicht dazu kriegen, in der Liebe das Gehirn abzugeben!« Und heimlich denkt er: Mein Partner wird von Jahr zu Jahr subjektiver, alles dreht sich nur noch um seine Person, um die Inszenierung seiner Lust und Laune.

Es gilt die Regel: Ein Wassermann-Aszendent, der nicht aus sich selbst heraus Feuer und Engagement entwickelt, erlebt den Mitmenschen leicht als Löwe-Schattenfigur. Der Vorwurf, der Partner oder die Partnerin würde sich wie eine Diva nur nach den eigenen Leidenschaften richten, wäre dann eine reine Projektion der unterdrückten eigenen Löwe-Fähigkeit.

Wir projizieren alles mögliche auf unsere Mitmenschen. Besonders häufig beobachtet man dies bei den Themen des Deszendenten. Da es Projektion stets als Liebe und als Hass gibt, ist zu erwarten, dass der Wassermann-Aszendent sich dann abwechselnd über die scheinbare egozentrische Bosheit von Löwe-Persönlichkeiten aufregt und bald darauf doch wieder von der positiven Löwe-Fähigkeit zum Engagement fasziniert ist.

Natürlich besteht auch die Chance, dass der Liebende mit Aszendent im Zeichen Wassermann sich an dem feurigeren Partner ein Vorbild nimmt. Dann gälte es, Schritt für Schritt zu lernen, sich zu engagieren und eigene Bedürfnisse ins Zentrum zu stellen. Möglicherweise wird man dabei erkennen, dass die persönliche Ausstrahlung größer ist als vermutet. Sie zum Erreichen seiner Ziele einzusetzen, ist legitim und muss nicht in Angeberei ausarten wie der Wassermann-Aszendent vielleicht zuerst befürchtet. Hat er es aber einmal ausprobiert, so merkt er wahrscheinlich, wie viel Liebe ihm jetzt entgegenkommt, selbst wenn er dabei das eine oder andere falsch gemacht hat. Das ist viel menschlicher als auf persönliches Engagement zu verzichten, nur um aus der ironischen Distanz heraus im Nachhinein zu behaupten, man selbst hätte es eigentlich besser gewusst.

Hier folgen noch Stichwörter für Projektions- und Ergänzungs-Spiele. Die erste Gestalt bezieht sich jeweils auf die Person mit dem Wassermann-Aszendenten selbst, die zweite ist die ergänzende Löwe-Personifizierung:

Wassermann-sucht-Löwe-Spiele

- Intellektuelle erobert Naturburschen
- Freiheitskämpfer erobert Königin
- Kritiker liebt berühmte Künstlerin
- Drahtzieherin im Hintergrund erobert bekannten Publikumsstar
- Distanz sucht Leidenschaft
- Kühler Verstand sucht heißes Herz.

Was ist zu erobern?

Empfehlung für Menschen, welche die Talente ihres Löwe-Deszendenten unabhängig von Partnern in sich selbst kultivieren möchten:

Erobern Sie das Reich der Herzlichkeit!

Sprechen Sie aus, wie's Ihnen ums Herz ist! Verbergen Sie sich nicht hinter Konzepten und Begründungen, sondern sagen Sie ganz einfach: »Ich mache dies oder jenes, weil es mir gut tut.« Es ist Ihr persönlicher Stil, das reicht bereits als Begründung.

Engagieren Sie sich auch mal für Ihre ganz persönlichen Interessen, nicht nur für das Wohl einer besseren Welt.

Beginnen Sie, Ihre schöpferischen Impulse umzusetzen, ohne bereits an das Ergebnis zu denken. Üben Sie Ihre Kreativität nur für den Spaß am lustvollen Tun des Augenblicks.

Üben Sie sich im Tanzen, Theaterspielen oder sonst in lustvoller Selbstdarstellung.

Ein ähnliches Thema liegt oft auch bei Menschen vor, die zwar keinen Wassermann-Aszendenten haben, jedoch eine Uranus-Stellung in der Nähe des Aszendenten oder im 1. Haus. Auf andere Weise wird diese Dialektik auch auftreten, wenn der nördliche Mondknoten im Löwen oder im 5. Haus steht.

Der enorme Freiheitsdrang von Menschen mit Wassermann oder Uranus im 1. Haus verführt natürlich manche dazu, Beziehungen zu früh abzubrechen, auch wo mit einer engagierten Auseinandersetzung die Partnerschaft noch zu verbessern gewesen wäre.

Eine heimliche Angst hindert den uranischen Menschen daran, diesen Kampf um seine Geliebte oder um ihren geliebten Mann auszufechten. Es ist die Angst, den Kampf zu gewinnen. Dies würde ja bedeuten, sich dauerhaft für die Partnerschaft in praktischer Weise zu engagieren. Um dies zu verhindern, setzen abenteuerliche Rationalisierungen ein, die ungefähr folgende Argumente durchs Gehirn schießen lassen: »Vielleicht will der Partner ja auch nicht festgelegt werden. Es wäre mir ein Greuel, später zu merken, dass er nur bei mir geblieben ist, weil ich ihn dazu gedrängt habe! Die Freiheit des Menschen ist der höchste Wert, und nie soll jemand sagen, ich hätte seine Freiheit beschränkt. Gerade wen ich liebe, den lasse ich frei.« So lässt man den Partner frei, obwohl er dies vielleicht gar nicht gewollt hat. Weshalb ist es für den uranischen Menschen so schwer zu verstehen, dass es – wenn die Bedingungen stimmen – eine Lust ist, erobert zu werden? Mit Löwekräften offen zu kämpfen ist deshalb die gesunde Ergänzung zu der vornehmen Zurückhaltung des Wassermanns.

Aus ähnlicher Angst heraus verhindern manche Menschen mit Uranus oder Wassermann im 1. Haus auch den Durchbruch ihrer eigenen angelegten Löwe-Kreativität. So sehr diese Konstellation oft mit bedeutenden schöpferischen Gaben verbunden ist, so sehr scheuen sich diese Menschen manchmal, sich durch konkrete Werke festzulegen. Statt ihre Kreativität wie eine attraktive Geliebte zu erobern, schleichen sie um diese herum, kokettieren mit ihr, ohne ernst zu machen. Lieber umgeben sie sich mit anderen kreativen Menschen, die sie dann bewundern oder ihnen Tips geben, wie sie es noch besser machen könnten.

Wenn ein Wassermann- oder Uranus-betonter Mensch sich weigert, das Reich der eigenen Kreativität zu erobern, so lautet seine Ausrede meist: »Ideen hätte ich schon, aber ich habe keine Nerven, sie praktisch umzusetzen.« Manche setzen sich dann mit Löwekräften dafür ein, dass andere Menschen ihre Kreativität entfalten können und werden zu bedeutenden Wegbereitern für schöpferische Persönlichkeiten. Dies kann natürlich selbst wieder ein kreativer Akt sein, trotzdem sollte man sich in einer stillen Stunde fragen: Liebe ich die Künstler und Lebenskünstler nur stellvertretend, weil ich mir die eigene Kreativität nicht erlaube?

Frauen mit dem Deszendenten Löwe sollten sich auch Gedanken machen, welches Vorbild ihnen der eigene Vater gegeben hat: Wie definierte er seine Ehe? Wie verhielt er sich als Partner? Der Herrscher-Planet des Deszendenten ist in diesem Fall nämlich das Vatersymbol Sonne. Sonne steht in der psychologischen Astrologie für das Bild des Vaters und gleichzeitig für das Bild des Gatten. Da gibt es enge Zusammenhänge. Eine Frau mit Löwe-Deszendent könnte sich also auch fragen: »Konkurrierte ich mit der Mutter um die Gunst des Vaters? Wie weit prägt heute Konkurrenz meine Partnerschaften? Bestimmen meine Kindheitserfahrungen mit dem Vater mein heutiges Liebesleben? Wenn ja, trage ich den Vater eher als Idealbild oder als abschreckendes Beispiel mit mir herum?« Das Ziel wäre natürlich, sich darüber bewusst zu werden und daraufhin zu einer eigenen erwachsenen Definition des Partnerbildes zu kommen.

Deszendent Jungfrau

Er ist stets mit dem Aszendenten Fische verbunden. Die Formel lautet also »Fisch erobert Jungfrau«. Diese Formel ist natürlich nicht wörtlich zu nehmen; nur im Mythos oder im Märchen können sich Fische und Jungfrauen tatsächlich paaren. Das Ergebnis ist dann die Meerjungfrau mit dem Fischschwanz, welche die Phantasie der Dichter stets beschäftigt hat. Die Nixe oder Fischfrau ist halb Märchenfigur und halb real, halb Wasser- und halb Landwesen. In der Deutung des Mythos heißt dies: zur Hälfte Phantasie und zur Hälfte Wirklichkeit. Auf der Horoskop-Achse Fische-Jungfrau geht es stets um Wasser und Erde, um Gefühlsbedürfnisse und Realität, ein Gegensatz, der auch bei Menschen mit Jungfrau-Aszendent vorhanden ist, denn dann sind die Fische das ergänzende Deszendent-Thema. Mehr darüber erfahren Sie im entsprechenden Abschnitt weiter unten.

Menschen mit Fische-Aszendent jedoch können und müssen sich als Ergänzung einige Jungfrau-Eigenschaften aneignen. Das Land, das sie zu erobern haben, ist das Reich des Greifbaren und Begreifbaren.

Der Fische-Aszendent geht zuerst einmal davon aus, dass die Liebe ein Rätsel ist. Auch das Leben hat für ihn stets einen Hauch von Geheimnis; ja sogar er selbst bleibt sich oft ein Rätsel. Seine Spezialität besteht also darin, offen zu bleiben für die unnennbaren Schwingungen der Liebe. Vielleicht geht das Leben ganz alltäglich seinen Gang, aber dann plötzlich bricht wie die Ahnung von einem besseren Leben etwas Unsichtbares herein und verändert die Stimmung. Ein Hauch von Poesie weht nun durch die Welt, und die Persönlichkeit mit Fische-Aszendent hat es vielleicht als einzige bemerkt. Ein Kribbeln im Bauch kündigt etwas an, das vorerst nicht zu definieren ist; manchmal fühlt es sich an wie die Angst vor etwas Unheimlichem, manchmal wie der reine Zauber der Liebe.

Wer in dieser Stimmung einfach den Augenblick genießen will, braucht nichts weiter dazu: Vielleicht träumt er eine Sehnsuchts-Stunde lang der untergehenden Sonne nach, oder er schreibt ein Liebesgedicht … Wer allerdings eine Lebenspartnerschaft eingehen möchte, wird zusätzlich einige Jungfrau-Eigenschaften brauchen, denn diese rätselhafte Energie verschwindet im Alltag oft und taucht nur in Sternstunden wieder auf. Dazwischen brauchen die Liebenden eine Gewissheit, dass sie auch in den übrigen Stunden zusammengehören. Und Jungfrau ist Symbol genau für diese Fähigkeit. Sie kann begreifen und verstehen, was zwischen Menschen abläuft, sie gibt auch in ungewissen Momenten Gewissheit. Deshalb wird der Liebende mit Fische-Aszendent die Klarheit des Jungfrauprinzips dazuerobern, um zu begreifen, was mit ihm geschieht und sich seiner Partnerschaft sicher zu sein, auch in Augenblicken, wo die Gefühlsinspiration gerade schweigt.

Einige wehren sich jedoch dagegen, das Unbegreifliche greifbar zu machen. Schon der Gedanke, über Gefühle nachzudenken, weckt ihren Widerstand. »Nein, nein, man soll das nicht festhalten, sonst verflüchtigt sich der Zauber! Gefühle sind eben Gefühle!« sagen sie. Das ist zwar verständlich, aber keine sehr kluge Lösung für jene

Lebensphasen, wenn die Gefühle mehr in den Hintergrund rücken und das poetische Kribbeln nicht jeden Tag 24 Stunden lang in Hochform ist.

Vor allem, wenn auch sonst im Horoskop die Wasser- und Feuer-Zeichen[13] überwiegen, fällt es gar nicht leicht darüber nachzudenken, wie man Gefühle bewahren kann, auch im sogenannten grauen Alltag. Natürlich ist der Fische-Aszendent sensibel genug, um die Notwendigkeit der Ergänzung zu spüren. Einige Menschen mit dieser Konstellation erobern sich daher einen Jungfrau-Mann beziehungsweise eine Jungfrau-Partnerin, in der Hoffnung, dass dann ein Spezialist im Haus ist, der stellvertretend für sie Vernunft und Alltagsfähigkeit praktiziert, so dass sie selber ewig auf ihren unklaren Gefühlen sitzen bleiben können und nie zum Nachdenken gezwungen werden.

Zwar könnte man auf den ersten Blick meinen, nun sei die Welt wieder ausgeglichen, ja der Idealpartner gefunden, so dass die Einseitigkeit Ergänzung gefunden hätte. Sind sie zusammen das vollkommene Paar?

Spielen wir diesen Fall einmal durch und nehmen dabei an, dass der Partner mit Aszendent Fische weiterhin alles Greifbare ablehnt und darauf beharrt, dass Gefühle einfach da sind. Er stellt sich stur und sagt: »Darüber kann man nicht reden!« Da hat er die Rechnung aber ohne den Wirt gemacht. Jedenfalls wenn der Wirt, sprich der Partner, eine starke Jungfrau-Komponente hat! Um so energischer wird dieser nach dem Geheimnis der Liebe fragen! Denn wer verdrängt, der projiziert zuletzt das Verdrängte – ohne sich dessen bewusst zu sein – auf seinen Liebespartner. Vielleicht stellt dieser die einfache Frage: »Was gibt unserer Lebenspartnerschaft Sicherheit? Worauf kann ich mich bei dir verlassen?« Für den Partner mit Fische-Aszendent, der seine eigene Jungfrau-Komponente unterdrückt, ist diese Frage ernüchternd, ja empörend. Diese Frage klingt in seinen Ohren ungefähr so: »Ich will eine Versicherung auf deine Liebe abschließen, rechne deine Gefühle gefälligst in Mark und Pfennig um!« Das hat der Partner natürlich nicht gemeint, aber wir sehen daran, welche Missverständnisse entstehen können, wenn der Aszendent Fische seine Angst vor Festlegung übertreibt.

Es gilt die Regel: Ein Fische-Aszendent, der nicht in sich einen gewissen Realitätssinn entwickelt, erlebt den Partner als kritisierende und einengende Schattenfigur. Der Vorwurf: »Du willst alles mit Händen greifen und beweisen können«, ist dann eine reine Projektion der unterdrückten eigenen Jungfrau-Fähigkeit, denn der Mensch mit Jungfrau-Deszendent hat selbst das Talent, kritisch zu sein. Wenn er das Reich des Greifbaren und Begreifbaren nicht bekämpft, wird er fasziniert sein von den Möglichkeiten, die Gefühle und Geheimnisse des Lebens zu analysieren. Psychologische, wissenschaftliche, medizinische Themen und das Studium der Natur bereichern sein Leben durch anregende Ideen und Bilder. Je weniger aber diese Jungfrau-Qualität selbst gelebt wird, desto wahrscheinlicher tritt sie als Projektionsbild im Partner auf. Projektion gibt es stets als Bewunderung oder als Hass, und so wird der Fische-Aszendent, wenn er unbelehrbar bleibt, abwechselnd über die Klugheit der Jungfrau staunen, um sich bald danach wieder drüber aufzuregen und sich angegriffen zu fühlen.

Hier folgen noch einige andere Projektions-Spiele. Die erste Figur bezieht sich jeweils auf die Person mit dem Fische-Aszendenten selbst, die zweite ist die gegensätzliche, aber polar ergänzende Jungfrau-Figur:

Fisch-sucht-Jungfrau-Spiele

- Träumerin sucht Techniker
- Poet sucht Sekretärin, die ihn füttert und ihm die Welt vom Leib hält
- Meeresnixe erobert Kaufmann
- Sphinx wartet auf Naturwissenschaftler, der sie analysiert
- Sensibelchen erobert Hilfskraft für den Alltagskampf
- Rausch sucht Nüchternheit.

Was ist zu erobern?

Empfehlung für Menschen, welche die Talente ihres Jungfrau-Deszendenten unabhängig von Partnern in sich selbst kultivieren möchten:

Erobern Sie das Reich des Greifbaren und Begreifbaren!

Kommen Sie aus der Passivität heraus und beginnen Sie das Leben so zu gestalten, wie Sie es sich wünschen! Entdecken Sie Ihr praktisches Geschick. Schulen Sie Schritt für Schritt Ihre Lebenstauglichkeit.

Nutzen Sie Ihren Verstand, um psychologische Mechanismen zu durchschauen und die Gesetzmäßigkeit des Handelns bei sich und anderen zu verstehen. Fürchten Sie sich nicht, den Mitmenschen und sich selber einige Schleier zu entreißen. Es wird mehr Licht in die Sache kommen, ohne dass das Leben seine großen positiven Geheimnisse verliert.

Für astrologisch Fortgeschrittene

Unabhängig vom Aszendent-Zeichen wird eine Neptun-Stellung im 1. Haus auf ähnliche Weise bedeuten, dass die irdischen und alltäglichen Dinge als ergänzende Qualität gebraucht werden und entsprechend als Projektionsthema auftauchen oder selbst erobert werden sollten. Vergleichbares gilt für Menschen mit einem aufsteigenden Mondknoten im Zeichen Jungfrau oder im 6. Haus.

Fische oder Neptun im 1. Haus bedeuten im negativen Fall eine gewisse Unsicherheit über die eigenen Standpunkte oder führen zur Willens- und Identitätsschwäche. Da ist die Jungfrau-Qualität als Ergänzung natürlich ein wahrer Segen, denn Jungfrau ist die Fähigkeit, autark zu leben und das praktische Leben zu gestalten, ohne fremde Hilfe zu brauchen. Eines der denkbaren Projektions-Spiele besteht daher in der Opferhaltung des Fische- oder Neptun-Aszendenten. Er nutzt die Hilfsangebote der praktischen Jungfrau, um sich nicht verändern zu müssen. Hinter der Hilfsbedürftigkeit versteckt sich jedoch der Neid und die Botschaft: »Du machst mich unselbständig!«, obwohl die Opferhaltung natürlich das ihre dazu beiträgt, überaktive Helfer anzuziehen.

Andererseits ist mit dieser AC-DC-Achse die Fähigkeit verbunden, sich selbst zu helfen und auch ein Stück Einsamkeit zu ertragen. Starke Selbstheilungs- und Regenerationskräfte könnten genutzt werden, um seelisch mit sich und der Welt ins Reine zu kommen, und damit auch die Grundlage zu schaffen für körperliches und materielles Wohlergehen aus sich selbst heraus und ohne Abhängigkeitsverhältnisse.

Steht allerdings Neptun im 1. Haus kombiniert mit dem Aszendent-Zeichen Jungfrau, wie es bei Geburten ab den späten Zwanziger

Jahren bis etwa 1950 häufig vorkommt, so müssen wir differenzieren: Zwar wird das oben beschriebene Rollenspiel »Opfer sucht Helfer« beziehungsweise »Träumer sucht Realisten« teilweise auch bekannt sein. Hinzu kommt aber stärker der eigene Jungfrau-Impuls zu helfen, so dass die Rollen auch einmal vertauscht sein könnten. Dann wird für schutzbedürftige Menschen gearbeitet und organisiert, im Extremfall unter Missachtung eigener Bedürfnisse. In einigen Fällen mit Neptun im 1. Haus bei gleichzeitigem Jungfrau-Aszendent ist auch zu beobachten, dass die kritische Vernunft jedes undefinierbare Gefühl, jede spirituelle oder künstlerische Offenheit verdrängt. Bei sich und beim Partner wird dann Gefühl als Schwäche und Lebensuntauglichkeit abgewertet. Mehr dazu steht unten im Absatz über den Deszendenten Fische.

Deszendent Waage

Wer mit dem Deszendenten Waage geboren wurde, hat immer einen Widder-Aszendenten. Die Formel lautet also »Widder erobert Waage«. Menschen mit Widder-Aszendent sollten sich demnach als Ergänzung einige Waage-Qualitäten aneignen. Das Land, das sie zu erobern haben, ist das Reich der Rücksicht, Diplomatie und Gemeinsamkeit.

Der Mensch mit Widder-Aszendent muss handeln. Wenn er längere Zeit nicht aktiv sein kann, spürt er sich selbst nicht mehr. Und ohne sich selbst zu spüren, kann er verständlicherweise auch nicht lieben oder sonst irgendetwas Gutes vollbringen. Also stürzt er sich mit seiner Aktivität zuerst einmal auf den geliebten Menschen. Und was kommt zurück? Nicht selten die Antwort: »Warum stürzt du dich so auf mich, du Trampel!« »Wie? Soll ich etwa auf Zehenspitzen schleichen und mich selbst verleugnen?«, fragt empört der Widder-Aszendent, und schon ist Leben in die Bude gekommen. Was allerdings nicht jeder schätzt …

Wenn der Widder-Aszendent mit seiner Spontaneität erfolgreich bei den Mitmenschen ankommen möchte, so braucht er also ergänzend eine Portion Rücksicht und Diplomatie. Falls Sie selbst eine Persönlichkeit mit Widder-Aszendent sind und dies lesen, so bleibt offen, ob Sie sagen, ja das ist eine schöne Ergänzung, oder ob sie sich über ein solches Ansinnen empören. Diese Reaktion ist im individuellen Fall teilweise aus dem übrigen Horoskop zu ersehen. Zu einem weiteren Teil ergibt sich die Reaktion aus Ihrer Kindheitsgeschichte, aus gemachten Erfahrungen sowie Ihrer persönlichen Denkweise, was natürlich nicht astrologisch festgelegt ist.

»Muss ich meinem Partner wirklich mit dauernder falscher Rücksichtnahme und verlogener Diplomatie begegnen? Soll das Liebe sein!?« Natürlich nicht, das Problem dieser Sichtweise ist jedoch, dass jedes Eingehen auf andere Menschen als Unehrlichkeit verstanden wird. Zugegeben, es ist für einen Widder-Aszendenten schwerer als für andere, sich auf lange Strategiediskussionen einzulassen, ohne dass ihm nach und nach alle Motivation abhanden kommt. Wenn er stundenlang Feinheiten abwägen und diskutieren muss, so verliert er den Handlungsimpuls und damit das Ureigenste, was seine Ausstrahlung und seine Liebe ausmacht. So weit darf es natürlich nicht kommen.

Das Ideal des Widder-Aszendenten besteht darin, dass beide Partner spontan gemeinsam handeln. Wo dies nicht klappt, wird er den Partner überzeugen und mitreißen wollen, und wenn selbst dies keine Früchte trägt, glaubt der Widder-Aszendent jede Möglichkeit ausgeschöpft zu haben. »Ich hab alles versucht,« ruft er, »Schluss damit!« Stellen wir uns einmal vor, dass ihm daraufhin eine Waage Folgendes erklärt: »Jetzt wird es doch erst spannend, mein Süßer, denn jetzt braucht es ein Gespräch, wo beide Teile in kultivierter Weise ihre Ideen aussprechen. Vielleicht könntest du mich zu einem gemeinsamen Abendessen einladen, das wäre der richtige Rahmen dazu. Wir wollen rücksichtsvoll aufeinander hören und dann einen gerechten Kompromiss finden. Schon das Verhandeln selbst wird eine Freude sein, denn gibt es etwas Interessanteres, als sich selbst und andere besser kennen zu lernen, indem wir unsere Meinungen sorgfältig gegeneinander abwägen?«

Möglicherweise geht dem Widder-Aszendenten jetzt so richtig das Herz auf, weil er spürt, dass sich ihm hier das Land der Diplomatie und Rücksichtnahme eröffnet, das er so dringend als Ergänzung braucht, damit seine Spontaneität auch angenommen werden kann.

Es wäre aber auch der andere Fall denkbar: Je länger diese Rede dauert, desto mehr spürt er, wie seine Lust vergeht. Er beginnt zu vergessen, was er überhaupt vorgeschlagen hat, und merkt nur: Ich habe etwas vorgeschlagen und nun soll es zerredet und auseinander gedröselt werden. Ginge er darauf ein, so käme er sich vor wie einer, der seinen Stolz und seine Persönlichkeit verkauft, wenn er jetzt noch weiter feilschen und betteln würde. Das hat er nicht nötig. Lieber macht er es allein. Wenn diese Haltung übertrieben wird, gibt es bald nur noch schwarz und weiß: Entweder klappt es hundertprozentig oder gar nicht. Und so wartet man weiterhin auf »den Richtigen« oder »die Richtige«.

Falls er sich selbst nicht ändern und nichts dazulernen will, so ahnt er dennoch instinktiv, dass ihm etwas fehlt, und so erobert er vielleicht eine wirkliche Waagefrau beziehungsweise einen Waagemann, in der Hoffnung, dass dann ein Spezialist im Haus ist, der ihm den Beziehungskleinkram abnimmt. Diesen Zweck erfüllt natürlich auch ein Mensch, der nicht im Zeichen Waage geboren ist, aber sonst eine starke Luftkomponente oder Planeten und Achsen in der Waage hat. Nun ist die Welt wieder ausgeglichen, scheint es. Der Widder-Aszendent hat seinen Idealpartner Waage dazuerobert, die Einseitigkeit hat Ergänzung gefunden, und zusammen sind sie ein vollkommenes Paar. Das mag bis zum Ende der Flitterwochen funktionieren, aber der Partner mit dem Widder-Aszendenten hat damit ja noch nicht gelernt, selber abzuwägen und seine Impulse situationsgerecht zu modifizieren. Sogar wenn das Spiel: »Mach du das für mich«, reibungslos klappen sollte, wird er früher oder später Angst bekommen, von diesem Partner abhängig oder von ihm verlassen zu werden.

So erlebt er den diplomatischeren Partner bald als Schattenfigur, die er abwechslungsweise für ihre Kultiviertheit bewundert und bald darauf wieder verachtet, weil sie ewig hin und her schwankt. Dabei hat er im Guten wie im Schlechten seine eigene Waage-Qualität auf den Partner projiziert. Mit dem eigenen Waage-Deszendenten im Horoskop hat er sehr wohl selbst eine schwankende, unsichere Seite, aber auch die Fähigkeit zum mitmenschlichen Gespräch und das Talent, sich in der Gesellschaft angenehm und erfolgreich zu präsentieren.

Hier folgen noch Stichwörter zu einigen anderen Projektionsspielen. Die erste Gestalt bezieht sich jeweils auf den Menschen mit dem Widder-Aszendenten selbst, die zweite ist das polare Waage-Gegenteil:

Widder-sucht-Waage-Spiele

- Powerfrau erobert Zauderer
- Krieger sucht Mädchen aus gutem Hause
- Ehrlichkeitsfanatiker sucht Anpassungskünstlerin
- Urwald-Amazone erobert kultivierten Jüngling aus der Stadt
- Urkraft sucht Zivilisation
- Neinsager braucht Jasager.

Was ist zu erobern?

Empfehlung für Menschen, welche die Talente ihres Waage-Deszendenten unabhängig von Partnern in sich selbst kultivieren möchten:

Erobern Sie das Reich der Ästhetik!

Achten Sie bei allem, was Sie tun, auch auf die ansprechende Form. Pflegen Sie Ihr Äußeres und beobachten Sie, wie Ihre Umwelt darauf reagiert. Geben Sie im Alltag kleine Zeichen der Verbindlichkeit und Achtsamkeit anderen Menschen gegenüber.

Üben Sie sich gedanklich in der Kunst des Abwägens, indem Sie nach einem aktiven Tag ein Gedankenspiel machen: Nehmen Sie eine Entscheidung, die Sie heute getroffen haben, und überlegen Sie, was geschehen wäre, wenn Sie genau gegenteilig entschieden hätten. Denken Sie diese Variante genau zu Ende. Was wären die Folgen gewesen für Sie und für andere? Bewerten Sie keine der Varianten als besser. Üben Sie rein gedanklich das Spiel der Möglichkeiten.

Für astrologisch Fortgeschrittene

Diese Thematik könnte auch bei Menschen auftreten, die zwar keinen Widder-Aszendenten, jedoch eine aktive Marsstellung in der Nähe des Aszendenten haben sowie bei Persönlichkeiten mit dem aufsteigenden Mondknoten im Zeichen Waage oder im 7. Haus.

Manche Persönlichkeiten mit Widder-Aszendent mögen sich in obigen Beschreibungen nur teilweise erkennen. Das liegt am gesellschaftlichen Umfeld, denn die Qualitäten der spontanen Entscheidungsfreude sind zwar in einigen Berufen, vor allem in Führungsfunktionen, gefragt, im mitmenschlichen Verhalten jedoch weniger. Die meisten Menschen erhalten bereits in der Erziehung mehr Lorbeeren für vorsichtiges Abwarten und Anpassen als für spontane Widder-Power. Da Menschen mit diesem Aszendenten oft erlebt haben, wie ihnen ganz zu Unrecht Aggression unterstellt wurde, setzte früh eine Art Selbsterziehung ein, so dass einige vielleicht die Freundlichkeit der Waage häufiger praktizieren als ihre Aszendent-Energie. In einem solchen Fall wären die obigen Tips sinnlos. Je nach Erziehungssituation gilt besonders für Frauen: nicht noch mehr auf andere zu hören, sondern auf sich selbst! Dann muss in der astrologischen Beratung darauf hin gearbeitet werden, wieder zu lernen, den eigenen Willen direkt auszudrücken und zur Anlage des Widder-Aszendenten ja zu sagen: Ich habe das Recht, spontan zu handeln. Mein Charme liegt gerade in der Unmittelbarkeit. Ich darf mich zeigen, ich darf auch einmal laut sein und zu meiner Power stehen.

Deszendent Skorpion

Er ist stets mit dem Aszendenten Stier verbunden. Die Formel lautet also »Stier erobert Skorpion«. Menschen mit Stier-Aszendent können und müssen sich demnach als Ergänzung einige Skorpion-Eigenschaften aneignen. Das Land, das sie zu erobern haben, ist das Reich der Intensität.

Ein Mensch mit Stier-Aszendent versucht es sich zuerst einmal gemütlich zu machen. Was mit Hektik und Druck anfängt, kann zu nichts führen, also ist es wichtig, sich gut einzurichten und dann vom sicheren Standpunkt aus zu schauen, was das Leben so bringt. Gerade in der Liebe gilt es, nichts zu überstürzen. Mit kopfschüttelnder Befremdung blickt der Stier-Aszendent auf andere Zeitgenossen, welche sich aus erster Verliebtheit heraus sofort in tödliche Dramatik verstricken und ihr ganzes Leben umkrempeln, so dass nach kürzester Zeit kein Stein mehr auf dem anderen ist. Und was ist dann, wenn der Betreffende nach zwei Wochen merkt, dass er sich im Partner getäuscht hat? Nein, nein, gut Ding will Weile haben, sagt sich der Stier-Aszendent. Und doch wäre die Intensität des Skorpion-Prinzips für ihn die ideale Ergänzung. Gemütlichkeit ist zwar gewiss eine schöne Qualität, aber stellen wir uns hundert Liebesnächte vor, die alle ausschließlich »gemütlich« verlaufen. Fehlt da nicht etwas?

Je mehr sich jemand in seiner Burg gemütlich einrichtet, desto uneinnehmbarer wird er auch. Stellen wir uns eine Geschichte oder ein Filmdrehbuch vor, in dem eine schöne Frau - natürlich mit Aszendent Stier – auf einer wirklichen Burg haust, umgeben von wertvollen Dingen aus kostbarem Besitz. Hier erblüht sie, genießt das Leben und wird zu einer begehrten Prinzessin. Ihre natürliche Schönheit fällt auf, und wie Männer nun mal sind, möchte jeder an ihr herumgrapschen. Das soll aber nicht sein, denn nur der Beste verdient es, sie zu lieben! Um sich vor Belästigungen zu schützen, lässt sie die alten Wehranlagen wieder instand setzen, und die Wachen dürfen niemanden unangemeldet zu ihr lassen. Nun hat sie wieder ihre Ruhe.

Dies alles hat jedoch einen ungewollten Nebeneffekt, denn wer sich so einrichtet, macht es natürlich potentiellen Partnern nicht leicht, zu sich zu gelangen. Um in diese schöne, aber abgeschlossene Welt einzudringen, braucht es einen eisernen Willen, die Schöne zu erobern. Nur eingefleischte Skorpion-Persönlichkeiten dringen hier durch! In unserem Film wäre dies ein Liebhaber, der sich mit einer geradezu fanatischen Intensität auf die ferne Geliebte fixiert, der – durch den Widerstand angeheizt – auf Tod oder Leben zu seinem Ziel kommen muss und dabei alle magischen und psychologischen Machtmittel einsetzt. So steht zuletzt ein Mann da, der aller Gemütlichkeit ein Ende macht, denn wer sein ganzes Leben dafür eingesetzt hat, bringt auch enorme Erwartungen mit. Da es ein Film ist, sind künstlerische Übertreibungen erlaubt, und so packt der Held seine Eroberung und ruft: »Liebe mich oder stirb!«

Auch wenn es im Leben meist weniger dramatisch zugeht als im Film: Diese Totalität beängstigt den armen Stier-Aszendenten. Jedenfalls ist die Ruhe dahin. Aber gerade mit seinem übertriebenen Bedürfnis nach Ruhe hat er einiges dazu beigetragen, das extreme Gegenteil anzuziehen, das Alles-oder-Nichts. Je sturer einer Gemütlichkeit zelebriert, desto ungemütlicher erscheint jede – sogar positive – Veränderung. Je sicherer und berechenbarer einer sein Leben eingerichtet hat, desto dramatischere Katastrophen sind notwendig, um ihn aus seiner Festung herauszulocken.

Jede Qualität wird erst vollkommen, wenn sie auch ihre Gegenqualität integriert, und so sollte der ruhige Genießer als Ergänzung das Reich der Intensität erobern.

Viele Menschen mit Aszendent im Zeichen Stier sagen zwar: »Ja, tiefgründige und leidenschaftliche Menschen faszinieren mich; ich sehe auch ein, dass mehr Intensität in mein Leben kommen sollte – aber ich will nicht selbst so werden. Das ist mir zuviel Stress.« Weil sie sich nicht selber verändern wollen, sondern ewig in der Burg der Gemütlichkeit sitzen bleiben möchten, holen sich einige nun den Skorpion ins Haus, indem sie sich in einen Partner mit einer starken Pluto- oder Skorpion-Komponente im Geburtshoroskop verlieben. Damit ist die unbewusste Hoffnung verbunden, dass dann ein Spezialist für Intensität im Haus ist und man selber diesen Teil in sich nicht entwickeln muss.

In gewissem Sinne stimmt das auch, denn beide Pole, Ruhe und Veränderung, sind nun zu einem Ganzen geworden. Schwierigkeiten ergeben sich jedoch aus der strikten Arbeitsteilung, falls die Person mit Stier-Aszendent sich gegen die eigene Veränderung sträubt. Dann ergibt sich nämlich das Rollenspiel: der Partner bringt Aufregung, ich versuche die Ruhe in Person zu bleiben. Sinnvoller wäre es, das Reich der Intensität auch in sich selbst zu suchen: Wo ist die eigene Lust zur Weiterentwicklung? Wo steckt die verborgene Leidenschaft in einem selber? Dem Liebenden mit Aszendent Stier stellt sich durch seinen Skorpion-Deszendenten die Frage: Wird dein Leben nicht farbiger, wenn du den Mut findest, Neues auszuprobieren, dich auch einmal auf eine Extremerfahrung einzulassen?

Wer andererseits nur auf Gewohnheit und Sicherheit beharrt, wird Intensität in der Projektion erleben und seinen Partner – vielleicht sogar zu Unrecht – als Herausforderung und Unruhestifter sehen. Eine Projektionsgestalt kann stets in doppelter Form wahrgenommen werden, als Liebe und als Hass; und so ist anzunehmen, dass der Stier-Aszendent sich abwechselnd über die zerstörerische Skorpion-Bosheit des Partners aufregt und dann wieder von der positiven Skorpion-Leidenschaft und -Stärke fasziniert ist.

Der nächste Abschnitt beschreibt einige andere Projektions-Spiele. Die erste Gestalt bezieht sich jeweils auf die Person mit dem Stier-Aszendenten selbst, die zweite ist die polar ergänzende Skorpion-Gestalt:

Stier-sucht-Skorpion-Spiele

- Bauernmädchen erobert Magier
- gutmütiger Genussmensch erobert Amokläufer
- Venus sucht Pluto, den Gott der Unterwelt
- satter Wohlstand braucht Extremsituation als Herausforderung
- Stabilität braucht Veränderung
- Erotik sucht leidenschaftliche Sexualität.

Was ist zu erobern?

Empfehlung für Menschen, welche die Talente ihres Skorpion-Deszendenten unabhängig von Partnern in sich selbst kultivieren möchten:

Erobern Sie das Reich der Intensität!

Lassen Sie sich von Ihrer Faszination für Hintergründiges leiten und suchen Sie die starken Triebe und Bedürfnisse in Ihrem Inneren. Fragen Sie nach der Natur und der Herkunft Ihrer Leidenschaften. Wenn Sie dabei Verdrängungen und Ängste entdecken, so ergründen Sie auch diese! Beschäftigen Sie sich mit Psychologie oder ähnlichen Techniken. Denken Sie darüber nach, dass das Leben aus ständigen Veränderungsprozessen besteht, machen Sie auch vor den großen Fragen von Wandlung und Tod nicht Halt.

Gestalten Sie Ihre Sexualität zum Abenteuer der Selbstentdeckung. Ergründen Sie vorsichtig auch die Grenzen zwischen Genuss und Askese, zwischen Lust und Schmerz. Beschäftigen Sie sich mit dem Mysterium der Einheit von Schatten und Licht.

Für astrologisch Fortgeschrittene

Eine ähnliche Dynamik ist – auch bei anderer Deszendent–Stellung – zu erwarten, wenn der Drachenkopf (aufsteigender Mondknoten) im Skorpion oder im 8. Haus steht.

Pluto im 7. Haus des Radix ist ebenfalls mit einer vergleichbaren Neigung verbunden, sich durch leidenschaftliche oder anderweitig herausfordernde Partnerschaften aus der Ruhe reißen zu lassen. Je näher Pluto am Deszendenten steht, desto deutlicher ist die Aufforderung des Horoskops, die Intensität nicht zu verdrängen, sondern auch zu den eigenen Trieben zu stehen. Falls solche Menschen darüber klagen, dass ihre Partner sie an den Rand der Verzweiflung bringen, so würde ein kluger Psychologe oder Astrologe zurückfragen, ob dahinter nicht ein unbewusster Wunsch stecke, an extreme Gefühle heranzukommen. Solche Menschen sollten einmal den Satz ausprobieren: »Ja, ich brauche Extremerfahrungen, ich zeige auch meine leidenschaftliche Seite!«

In der älteren Generation ist diese Pluto-Stellung meist mit einem Steinbock- oder Wassermann-Aszendenten verbunden. Solche Menschen zeigen ungern nach außen ihre Emotionen. Dann wird Pluto in Haus 7 besonders leicht auf den Liebespartner projiziert, später zusätzlich auf Kinder und andere Mitmenschen. Trotzdem ist emotionale Tiefe und Intensität auch ein eigenes Bedürfnis, falls Pluto nahe am Deszendenten steht, also dominant gestellt ist, sogar ein Hauptbedürfnis. Dann könnte die obige Übung nützlich sein, denn andernfalls klammert man sich allzusehr an die eigene Rolle des »Fels in der Brandung«; es hilft ja wenig, wenn einer besonders kontrolliert und vernünftig bleiben will, aber dafür über unbewusste Kanäle dauernd emotional extreme oder gar zerstörerische Partner anzieht.

Ist jedoch der Reichtum der eigenen Emotionalität aus der Verdrängung gehoben, so fällt es leichter, Gefühle zu zeigen und angstfrei Bedürfnisse zu äußern. Gleichzeitig wächst das Verständnis für die Besonderheiten in der Psyche anderer Menschen. Da Gleiches stets mit Gleichem oder zumindest Ähnlichem geheilt wird, erleichtert das auch dem leidenschaftlichen Partner, von seiner Fixierung loszukommen; er muss nicht mehr zwanghaft den Gegenpol einnehmen, sondern kann die ruhigere Seite in sich selbst mobilisieren.

Deszendent Schütze

Er ist im Geburtshoroskop stets mit einem Zwillinge-Aszendenten verbunden. Die Formel lautet also »Zwilling erobert Schütze«. Sicherheitshalber muss hier nochmals betont werden, dass es nicht im Geringsten darum geht, einen wirklichen Schützen zu erobern, das heißt einen Partner, der mit der Sonne im Zeichen Schütze geboren wurde. Jeder Mensch hat den ganzen Tierkreis in sich. Es gibt durchaus Steinböcke, Skorpione und viele andere, die eine überwiegende Schützebetonung aufweisen. Entscheidend ist immer die vollständige Auswertung des gesamten Geburtshoroskops. Menschen mit Zwillinge-Aszendent können und müssen sich jedoch als Ergänzung einige Schütze-Eigenschaften aneignen. Das Land, das sie zu erobern haben, ist das Reich der großen eindeutigen Wahrheiten.

Vorerst ist für den Aszendenten in den Zwillingen alles offen. Die Welt ist voll von neuen Anregungen. Immer wieder taucht ein neues Buch auf, neue Ideen oder neue anregende Menschen. Auch in der Liebe ist vieles möglich und denkbar. Es gibt Tage, da fühlt sich der Zwillinge-Aszendent ganz wohl mit seiner Vielseitigkeit und ist gerade froh, nicht festgelegt zu sein. »Alles ist offen – gut so!« denkt er. Aber es gibt auch Augenblicke, da spürt er die Lust, das Land der Eindeutigkeit zu erobern, eine Beziehung zu haben, die mehr ist als »auch noch eine interessante Begegnung«. Dann wünscht er sich, eines Tages »die Richtige« zu erobern oder »den Richtigen«.

Was aber, wenn ein selbstsicherer Liebhaber käme und sagen würde: »Ich bin der Richtige für dich« oder »ich bin die Richtige für dich«? Freund Zwilling wäre der erste, der zurückfragte: »Wer sagt denn das? Warum? Wieso? Und wenn das Gegenteil wahr wäre, was dann? Und überhaupt müssen wir zuerst zusammen reden...«.

Nun ist diese Kunst des Fragenstellens nicht etwa ein Charakterfehler, sondern eine sehr notwendige Begabung. Wahrscheinlich könnte jede Persönlichkeit mit Aszendent Zwillinge Situationen in ihrem Leben finden, wo das genaue Nachfragen zum Erfolg geführt hat. Wofür hat man schließlich ein Gehirn? Jede Medaille hat zwei Seiten, und es kann nicht schaden, jeweils auch die Kehrseite anzusehen. Umgekehrt gab es vielleicht die eine oder andere Lebenslage, wo man zu gutgläubig war, sich naiv das scheinbar »Richtige« hat servieren lassen und sich im Nachhinein sagt: »Hätte ich doch rechtzeitig ein paar neugierige Fragen gestellt!«

Eine beispielhafte Geschichte über Wahrheitssuche und über das Fragenstellen erzählt der mittelalterliche Dichter Wolfram von Eschenbach: Parzival hat in jungen Jahren eine Erfolgschance vertan, weil er sich auf der Gralsburg falsch verhalten hat. Alle Zeichen wiesen darauf hin, dass hier etwas im Schwange ist, ja man hatte eigentlich nur auf ihn gewartet, um ihm den Chefposten anzubieten, nämlich die Führung der Gralsritterschaft. Aber Parzival stand wie ein

Tölpel da, staunte nur, verstand nicht ganz - und fragte nichts! Wer nicht fragt, kommt zu nichts, und so wurde er aus der Gralsburg wieder hinausgeworfen. Dies ist nicht nur ärgerlich, weil ihm durch sein Schweigen die wichtige Information entging, dass hier ein Posten frei wird. Auch aus der Sicht der Gralsritter ist der Ärger verständlich, denn was soll man mit einem potentiellen Gralskönig anfangen, wenn ihm – um es in der Sprache unserer Zeit auszudrücken – die elementarste Fähigkeit fürs Management fehlt, nämlich der Wille, den Laden zu verstehen, um gestaltend eingreifen zu können? Er stellt keine Fragen, er will uns nicht verstehen, er ist nicht kommunikationsfähig, so mussten die Gralsritter es bewerten.

Während seinen folgenden Irrfahrten durch lange Kapitel des Romans fragt Parzival sich tausendmal: »Warum habe ich dort nicht den Mund aufgemacht, wo ich doch sonst immer neugierig alles wissen will?« Parzival ist zwar eine mythologische Figur, aber wenn er ein Mensch wäre, hätte er mit Sicherheit einen Zwillinge-Aszendenten. In diesem Fall wäre die Antwort einfach: Weil es bei der Gralsgemeinschaft um keine alltägliche Situation ging, wo das Fragen leicht fällt, sondern um eine philosophische, ja heilige Angelegenheit, das heißt um ein Schütze-Thema. Hier wird Parzival mit seinem ergänzenden Deszendent-Thema konfrontiert, einer ihm zunächst fremden Welt. Es geht um die schützetypische Erlösung, um die Suche nach einem eindeutig guten Menschen.[14]

Die Offenheit des Menschen mit Zwillinge-Aszendent, sein Gespür für das jeweils ergänzende Gegenteil lässt es nicht zu, sich dogmatisch auf eine Seite zu schlagen. Hell und Dunkel, Gut und Böse gehören zusammen, gerade die schillernden Zwischentöne sind für ihn interessant. Mit seinen Fragen tanzt er auf der Verbindungslinie zwischen den Gegensätzen. Das Reich des Schützen zu erobern, bedeutet für ihn, einen Partner zu finden, den er eindeutig liebt und zu dem er vorbehaltlos steht. Das ist nicht leicht, und so hat er möglicherweise eine Art Hassliebe zu Frauen bzw. Männern, die eindeutig wissen, was sie wollen. Um der ewig fragende und zögernde Zwillings-Aszendent bleiben zu können und nie verbindlich werden zu müssen, erobert er sich jetzt vielleicht einen wirklichen Schützemann beziehungsweise eine Schützefrau, in der Hoffnung, dass dann die Einseitigkeit Ergänzung gefunden habe.

Da die Schütze-Qualität jedoch im eigenen Horoskop als ergänzende

Fähigkeit durch den Deszendenten angezeigt ist, bedeutet dies, die Klarheit zu projizieren. Man bewundert daraufhin die großen eindeutigen Wahrheiten des Partners, den mitreißenden Schwung, vielleicht auch die religiöse oder ethische Klarheit, zieht sich aber bald wieder zurück und kreist um die eigenen Zweifel: Wie kann man nur so naiv verbohrt sein? Jetzt wird der eigene Schütze-Anteil, der Optimismus, unterdrückt. Darauf taucht er in der Projektion beim Liebespartner auf, aber diesmal natürlich als negative Gestalt, als Karikatur. Im schlimmsten Fall meckert der Zwillinge-Aszendent nur noch über die Schütze-Seiten seines Partners: »Wie kannst du so naiv immer nur von dir ausgehen? Außer deinem Erfolg ist dir nichts wichtig, du bist unfähig zum Gespräch. Es regt mich auf, wie du so überzeugt sein kannst von deiner subjektiven Wahrheit! Und du willst mich auch noch dazu missionieren, deine Dogmen zu glauben! Du bist einfach zu wenig intelligent, um deine Eingleisigkeit überhaupt zu bemerken.«

Das Tragische ist, dass in diesem extremen Fall der Partner mit dem Zwillinge-Aszendenten ursprünglich genau diese Eigenschaften gesucht hat. Ein - vielleicht unbewusstes – Bedürfnis hat ihn getrieben, einen Menschen zu finden, der ihn motiviert, mitreißt und überzeugt! Eindeutig und zweifelsfrei überzeugt. Die Sehnsucht nach Ergänzung führt eben schnell dazu, diese ergänzende Eigenschaft wieder zu kritisieren, wenn sie uns in Gestalt eines Mitmenschen entgegentritt.

Es geht nun nicht darum, die eigene Vielseitigkeit zu verleugnen. Auch die Fähigkeit, intelligente Fragen zu stellen und ein konstruktiver Zweifel sollten erhalten bleiben. Interessanterweise muss Parzival zwar die eindeutige Wahrheit des Grals akzeptieren (Schütze-Prinzip), aber gleichzeitig auch eine Frage stellen (Zwillinge-Prinzip). Eine Schwäche des Zwillinge-Aszendenten besteht übrigens darin, nicht zur Entscheidung zu kommen, weil man Angst hat, Fehler zu machen. Zu unserer Beruhigung sehen wir, wie Parzival seine Geliebte und spätere Frau nur deshalb gewinnt, weil er am Anfang einen Fehler gemacht hat: Ohne diesen Fehler gäbe es keine Irrfahrt, ohne Irrfahrt kein Kennenlernen seiner Frau. Was wie eine Irrfahrt aussieht, ist manchmal eine gute Methode, um Liebe zu finden.

Ein erkenntnisfördernder Zweifel darf also beibehalten werden. Aber zusätzlich gälte es, auch die optimistische Schütze-Seite in sich zu erobern und sich selbst zur Eindeutigkeit zu motivieren. Was spricht dagegen, die einmal erkannte Wahrheit ohne Wenn und Aber zu vertreten? Gegen die Angst vor Kritik hilft das innere Schütze-Feuer der Begeisterung: Was aus ganzem Herzen vertreten wird, hat seine Berechtigung und wird zuletzt von den Menschen auch anerkannt werden. Je mehr die Persönlichkeit mit Zwillinge-Aszendent sich diese Einstellung erobert, desto beziehungsfähiger wird sie auch, und der Partner muss nicht mehr übermäßig bewundert und ebensowenig mit ewigen Zweifeln in Frage gestellt werden.

Hier folgen noch einige andere Projektions-Spiele. Die erste Gestalt bezieht sich jeweils auf die Person mit dem Zwillinge-Aszendenten selbst, die zweite ist die ergänzende Schütze-Figur:

Zwillinge-sucht-Schütze-Spiele

- Zweiflerin verliebt sich in Guru
- Kleinstädter erobert eine internationale Größe
- Journalistin sucht Philosophen als Interviewpartner
- Intellektueller erobert weise Indianersquaw
- Untreue sucht wahre Liebe
- Wortwitz sucht Weisheit
- Frage sucht Antwort.

Was ist zu erobern?

Empfehlung für Menschen, welche die Talente ihres Schütze-Deszendenten unabhängig von Partnern in sich selbst kultivieren möchten:

Erobern Sie das Reich der Eindeutigkeit!

Nehmen Sie sich die Freiheit, klare Entscheidungen zu treffen. Sie brauchen Menschen, die anders entschieden haben, deshalb nicht abzuwerten, aber stehen Sie zu Ihrer Variante!

Orientieren Sie sich an Idealen! Setzen Sie sich Ziele und blicken Sie in die Zukunft! Gerade in konkreten Alltagsdingen kann es hilfreich sein, den Blick aus den gegenwärtigen Kleinigkeiten zu erheben, um eine Richtung zu erhalten. Suchen Sie Ihre längerfristigen Ziele in sich und stellen Sie diese nicht allzu früh zur Diskussion.

Lesen Sie Biographien von wertvollen Persönlichkeiten oder orientieren Sie sich sonst an Vorbildern und Persönlichkeiten, die etwas Aufbauendes geleistet haben. Lassen Sie sich von deren Ideen und Lebensphilosophien anstecken.

Ein ähnliches Thema ist bei folgenden Konstellationen zu erwarten: aufsteigender Mondknoten in Haus 9 oder im Schützen; Merkur in Konjunktion mit dem Aszendenten; Jupiter im 7. Haus. Wenn eine dieser Planeten-Konstellationen mit dem Schütze-Deszendenten zusammenfällt, ist diese Dynamik besonders verstärkt. Bei einem anderen Deszendenten ist sie abgeschwächt und muss entsprechend mit der individuellen Beziehungs-Achse kombiniert werden.

Ein Beispiel für die kombinierte Deutung: Im Radix des Filmschauspielers Sean Connery[15], den die meisten aus den James Bond Filmen, aus ‚Der Name der Rose' oder ‚Highlander' kennen, steht Jupiter im 7. Haus, nahe am Deszendenten. Demnach wird er in der Beziehung – wie im obigen Kapitel beschrieben – ein Ideal suchen. Er wird sich gerne von ungewöhnlichen Schütze-Frauen, Abenteurerinnen oder Ausländerinnen, motivieren und begeistern lassen. Zusätzlich steht sein Aszendent jedoch im Steinbock. Wir werden also vermuten, dass sein Rückzug auf sich selbst nicht so sehr den Charakter des unentschiedenen Zweiflers hat, wie das bei einem Zwillinge-Aszendent der Fall wäre – sondern eher Selbstschutz ist, Rückzug auf Status und Rollenverhalten. Sean Connery hat verstärkend einen dominanten Saturn genau auf dem Aszendenten und wirkt damit sehr abgegrenzt. In solchen Fällen kommt schnell die Botschaft herüber: »Ich kann alles allein und brauche niemanden.« Im Film »Der Name der Rose« spielt er den Franziskaner »William«, eine Figur, die den erlösten Jupiter am Deszendenten sehr ideal repräsentiert: Obwohl er früher Inquisitor war, tritt er im Film für eine angeklagte Frau ein, um sie davor zu bewahren, als Hexe verbrannt zu werden. Er verteidigt auch die heidnischen Wissenschaften aus Griechenland und übt Toleranz gegenüber dem Fremden, akzeptiert die Wahrheit anderer Menschen.

Deszendent Steinbock

Wer einen Steinbock-Deszendenten hat, besitzt stets auch einen Krebs-Aszendenten. Die Formel lautet demnach »Krebs erobert Steinbock«. Menschen mit Krebs-Aszendent sollten sich somit als Ergänzung einige Steinbock-Eigenschaften aneignen. Das Land, das sie zu erobern haben, ist das Reich der Objektivität.

Doch schon hört man den Krebs-Aszendenten reklamieren: »In der Liebe geht es doch ums Gefühl! Was soll ich da objektiv sein?« Langsam, lieber Krebs, es will Ihnen ja niemand zu nahe treten. Gewiss haben Sie das Recht auf Ihre persönlichen und subjektiven Gefühle. Diese spontane Gefühlsreaktion zeigt uns aber, dass für die Persönlichkeit mit Krebs-Aszendent die Liebe zuerst einmal etwas ganz Privates und Intimes ist. In ihren besten Stunden fühlt sie von der ersten Sekunde an, mit wem sie zusammengehört und kann sich hundertprozentig auf ihr Gefühl verlassen. Die Alchemie von Sympathie und Antipathie regelt ihre Kontakte mit fließender Selbstverständlichkeit, ohne dass sie sich mühsam überlegen müsste, ob es zweckmäßig ist, sich auf jemanden einzulassen oder nicht. Um dem geliebten Mensch zu begegnen und ihn zu erwählen, ist dies auch eine sehr angemessene Methode. Das Geheimnis der Liebe lässt sich ja nicht planen und trotzt – wie bekannt – allen objektiven Kriterien der Vernunft.

Doch in einer späteren Phase ist es gewiss sinnvoll, auch einmal einen kritisch-realistischen Blick auf das »Objekt« seiner Liebe zu werfen. Meistens verweigert dies der Krebs-Aszendent, denn er will seine innere Gewissheit nicht verlieren, dass diese Beziehung vom Herzen her richtig ist. Dieser an sich positive Impuls übersetzt sich dann aber in seinem Inneren automatisch in die Hoffnung, dass alles an der geliebten Person in Ordnung sei und dass jede ihrer Verhaltensweisen ideal und liebenswert sein möge. Die nötige Objektivierung hilft jedoch, eine solche Idealisierung zu vermeiden. Die Folge ist dann eine tiefe emotionale Bindung im Grundsätzlichen, verbunden mit einer realistischen Auseinandersetzung erwachsener Partner im Einzelnen. Damit sind Krebs-Qualitäten, nämlich die gefühlsmäßige Akzeptanz, mit der Steinbock-Qualität der objektiven Bewertung versöhnt; in diesem Sinne wird der Krebs bereichert, wenn er das Land der Objektivität dazuerobert. Was spricht dagegen, dass zwei Liebende auch einmal darüber diskutieren, wo jeder seine Schwächen und seine Talente hat? Dies hilft, die Aufgaben sinnvoll zu verteilen, so dass jeder sich an seinem Platz wohlfühlt und die Rolle übernimmt, für die er objektiv geeignet ist.

Manchen Menschen mit Krebs-Aszendent wird aber sofort mulmig, wenn der Partner auch nur vorschlägt, eine objektive Bewertung ihrer Ehe zu unternehmen. Möglicherweise aufgrund von schlechten Erfahrungen in der Kindheit glauben sie jetzt, dass ihnen ein strafendes Gericht alle Sicherheit rauben will. Nun reagieren sie so emotional wie ein Kind, dem man mitteilen will, dass es aus dem Nest hinausgeschmissen wird. Unbewusst werden jetzt alle Existenz- und Autoritäts-Ängste auf den Partner projiziert. Doch wahrscheinlich wollte dieser in keiner Weise die Beziehung oder die Gemeinsamkeit in Frage stellen, sondern hatte nur die Absicht, ein Gespräch zu beginnen. An einem solchen Fall können wir die Gefahr des Krebs-Aszendenten studieren, die oftmals in einem Missverständnis besteht: Ein sachlich und oft sogar konstruktiv gemeinter Vorschlag löst tiefe Emotionen aus.

Es könnte auch sein, dass diese Reaktion ihren Grund in Schul- oder Berufs-Erfahrungen hat. In diesen Bereichen werden ja Menschen bewertet, leistungsorientiert und objektiv – jedenfalls besteht dieser Anspruch. Kriterien sind dabei der Vergleich mit anderen und der gesellschaftliche Nutzen eines Menschen. Im Idealfall sind solche Bewertungen gerecht und von den Gefühlen des Bewertenden unabhängig, also bewusst objektiv, nicht subjektiv. Das erzeugt einigen Stress für den sensiblen Krebs-Aszendenten, und so möchte er wenigstens im Privatleben in Ruhe gelassen werden und nichts mehr von »nützlich« und »realistisch« hören. Falls er früher »objektive« Bewertungen durch Autoritäten erlebt hat, die ihrerseits subjektiv und ungerecht waren, wird er noch stärker auf Abwehr gehen. Kommt ihm nun der Partner mit so einfachen Tatsachen wie der Bemerkung, dass zwei Menschen doppelt so viel kosten wie einer, so hört der Krebs-Aszendent: Man liebt mich nicht, man will mich berechnen und buchhalterisch verwalten! Im Extremfall ist kein sachliches Abwägen mehr möglich, weil alles emotional betrachtet wird, zum Beispiel ausschließlich unter dem Aspekt: »Bist du für mich oder gegen mich?« Gefühle neigen nun einmal zu Schwarz-Weiß-Malerei.

Natürlich spürt der Krebs-Aszendent in seinem Innersten, dass er als Ergänzung dringend Steinbock-Qualitäten braucht, nämlich Realitätssinn sowie Sicherheit für die Existenzbewältigung. Vielleicht hat er Angst davor, diese Qualitäten in sich entwickeln zu müssen, und so erobert er sich am Ende einen tatsächlichen Steinbockmann beziehungsweise eine Steinbockfrau, oder einen anderen Partner mit einer starken Steinbock- oder Erd-Komponente im Horoskop. Damit ist die unbewusste Hoffnung verknüpft, dass dann ein Spezialist im Haus ist, der ihm alles abnimmt, was die Gefühle belastet. Nun ist die Welt wieder ausgeglichen, der Krebs-Aszendent hat seinen Idealpartner Steinbock dazuerobert, die Einseitigkeit hat Ergänzung gefunden, und zusammen sind sie ein vollkommenes Paar. So scheint es zumindest. Aber der Partner mit dem Krebs-Aszendenten hat damit ja noch nicht gelernt, selbst etwas lebenstüchtiger und objektiver an die Beziehung heranzugehen. Er braucht jemand anderen dazu. Nun wird er früher oder später Angst bekommen, von diesem Menschen abhängig zu werden oder ihn zu verlieren, worauf ihm »seine bessere Hälfte« fehlen würde.

Bleiben die beiden aber zusammen, so wird in allen Situationen, die nicht aus dem spontanen Krebs-Gefühl heraus zu bewältigen sind, der Partner die Sache allein übernehmen müssen. Er wird dann dazu gezwungen, der Vernünftigere zu sein und Strukturen zu schaffen, die auch für schlechte Tage den Bestand der Gemeinsamkeit garantieren. Manchmal wird er hart sein müssen gegen sich und andere, damit Ehe oder Familie weiterbestehen können. Der Partner mit dem Krebs-Aszendenten wird jedoch so reagieren wie ein Kleinkind, welches böse auf die Eltern ist, weil es noch nicht verstehen kann, dass diese nur auf eine objektive Situation reagieren und das Übel nicht selbst verursacht haben.

Es gilt die Regel: Ein Krebs-Aszendent, der nicht in sich selbst die nötige Härte zum Existenzkampf entwickelt, erlebt den Partner als einschränkende Schattenfigur. Der Vorwurf: »Du bist stur und hart«, ist dann eine reine Projektion der nicht gelebten eigenen Konsequenz. Diese Fähigkeit ist ja vorhanden und durch den Steinbock-Deszendenten als zu eroberndes oder zu weckendes Talent angezeigt. Je mehr dieses unterdrückt wird, desto wahrscheinlicher tritt es als Projektionsbild im Partner auf. Da es Projektion stets als Liebe und als Hass gibt, ist zu erwarten, dass der Krebs-Aszendent sich dann abwechselnd über die gefühllose Härte aufregt und von der positiven Steinbock-Qualität der Objektivität fasziniert ist und die davon ausgehende Sicherheit sucht und bewundert.

Je mehr die Person mit Krebs-Aszendent jedoch den Partner als konstruktives Vorbild nimmt oder sonst an sich arbeitet, wird sie sich bereichert fühlen durch die bisher ungeahnte Konsequenz und Klarheit, zu der sie fähig ist. Damit entlastet sie auch den Partner davon, die undankbare »Elternrolle« zu übernehmen und ermöglicht es ihm, auch einmal seine Gefühle fließen zu lassen. Wie entspannend kann dies für die Beziehung sein!

Die folgenden Stichwörter geben Hinweise auf weitere Projektions-Spiele. Die erste Figur bezieht sich jeweils auf die Person mit dem Krebs-Aszendenten selbst, die zweite auf das ergänzende Steinbock-Thema:

Krebs-sucht-Steinbock-Spiele

- Kind braucht Ersatz-Vater oder Ersatz-Mutter
- Mäuschen sucht Dickhäuter
- Sensible Seele braucht harte Schale
- Mutter braucht Ernährer für ihre Kinder
- Poetischer Jüngling erobert angesehene Gönnerin
- Sensibilität sucht Standfestigkeit
- Häuslichkeit sucht Geschäftssinn.

Was ist zu erobern?

Empfehlung für Menschen, welche die Talente ihres Steinbock-Deszendenten unabhängig von Partnern in sich selbst kultivieren möchten:

Erobern Sie das Reich der Objektivität!

Interessieren Sie sich für die Welt, für den Beruf, für das menschliche Zusammenleben. Studieren Sie, wie verschieden die Bedürfnisse und Meinungen der Menschen sind und wie faszinierend das Zusammenspiel all dieser Kräfte sein kann. Möglicherweise können Sie dabei Ihre Einfühlungsgabe oder Ihren Gerechtigkeitssinn mit einbringen, um die Gemeinschaft etwas sinnvoller zu organisieren. Entdecken Sie Ihre Lust, etwas zu leisten und fordern Sie ruhig auch die berechtigte Anerkennung für Ihre Leistung.

Sorgen Sie mit Konsequenz für Ihre Lebensgrundlagen und schaffen Sie sich die Sicherheit, welche Sie brauchen. Achten Sie aber darauf, dass Sie sich dabei von niemandem materiell oder emotional abhängig machen.

Für astrologisch Fortgeschrittene

Auch Personen mit einem anderen Deszendenten können die oben beschriebene Thematik kennen, falls der Mond in Konjunktion mit dem Aszendenten steht oder Saturn in Konjunktion mit dem Deszendenten. Auch die Stellung des aufsteigenden Mondknotens in Haus 10 oder im Steinbock schafft eine ähnliche Polarität.

Das Umsorgen und Umsorgtwerden ist ein zentrales Krebs-Thema. Die Gefahr des Krebs-Aszendenten ist jedoch die Tendenz, Eltern/Kind-Spiele auch in eine erwachsene Beziehung zu übertragen. Naheliegend wäre nun die Vermutung, dass der Liebende mit Krebs am Aszendenten sich manchmal wie ein bedürftiges Kind verhält, um die Steinbock-Qualität zu projizieren, das heißt, sich von einem strengeren Partner bemuttern oder auch maßregeln zu lassen, so wie es oben beschrieben wurde. Die Erfahrung zeigt jedoch, dass dabei häufig ein Rollentausch stattfindet. Nur ein Gespräch mit dem Klienten über seine konkrete Situation erlaubt es, festzustellen, wer in welcher Situation die Elternrolle übernimmt und wer die Rolle des bedürftigen oder auch rebellischen Kindes. Siehe dazu weiter oben die Bemerkung am Ende des Abschnitts über den Deszendenten Krebs.

Krebs sucht Steinbock, das heißt ja, eine sensible Seele sucht eine harte Schale. Es besteht also ein tiefes Bedürfnis nach Schutz und Verlässlichkeit. Erst in diesem Rahmen können die Krebs-Gefühle gefahrlos sprudeln. Eine Persönlichkeit mit Krebs-Aszendent, welche die Steinbock-Seite in sich unterdrückt hat, wird also automatisch die Verlässlichkeit in der Projektion suchen und in der ersten Verliebtheit jeden Partner für den wahren zuverlässigen Fels in der Brandung halten, unabhängig davon, ob er es wirklich ist oder nicht. Die Tragik liegt in der Unfähigkeit, objektiv zu untersuchen, wie weit dies zutrifft, denn das Steinbock-Talent, einen Charakter sachlich anhand seiner Taten zu überprüfen, wird ja verdrängt. Je mehr allerdings diese Fähigkeit erworben wird, desto weniger dringlich wird sie gebraucht, weil dann eine gesunde Skepsis von vornherein verhindert, dass sich der Krebs-Aszendent in subjektiver Blauäugigkeit einem unpassenden Partner an den Hals wirft.

Herrscher-Planet des Aszendenten Krebs ist der Mond, der in diesem Fall für die Selbstfindung wichtig ist. Seine Lage im Geburtshoroskop zeigt an, wie der Mensch seinen eigenen Standpunkt findet und sich als erwachsenes Individuum definiert. Gleichzeitig repräsentiert der Mond jedoch das innere Bild der Mutter. Es besteht also eine Tendenz, sich zuerst einmal über die Mutter zu definieren, sei es durch Anlehnung oder durch Abgrenzung an sie. Im Verlauf der astro-psychologischen Arbeit sollte dies bewusst gemacht werden, vielleicht mit differenzierenden Fragen, etwa in folgender Art: »Wie definierte Ihre Mutter sich als Individuum? Wie tun Sie es? Wie grenzte sich Ihre Mutter in der Ehe ab? Wie tun Sie es?« Oder bei Frauen auch: »Welches Frauenbild hat Ihnen Ihre Mutter vorgelebt? Welches Bild haben Sie von sich als Frau und – potentieller – Mutter?«

Deszendent Wassermann

Er ist stets mit dem Aszendenten Löwe verbunden. Die Formel lautet also »Löwe erobert Wassermann«. Menschen mit Löwe-Aszendent sollten sich demnach als Ergänzung einige Wassermann-Eigenschaften aneignen. Was sie zu erobern haben, ist unter anderem die Fähigkeit, über sich selbst zu lachen.

Die große Gabe des Löwe-Aszendenten besteht darin, sich selbst ernst zu nehmen. Ein Mensch mit diesem Aszendenten wird geboren, um wahrgenommen und gewürdigt zu werden. Da Löwe das Symbol für individuelle Eigenart ist, sollte dieser Mensch auch einen gesunden Stolz mitbringen, denn die Einmaligkeit des Individuums ist in der Tat etwas Erhebendes und Großartiges.

Das zu erobernde Reich des Wassermannes kennt jedoch keinen persönlichen Stolz. Das Wassermann-Symbol steht für die Fähigkeit, sich distanziert zu sehen und die eigene Person ebenso objektiv zu betrachten wie alle anderen. Es ist die Gabe, sich selbst von außen zu betrachten, fast wie eine Versuchsperson, deren merkwürdiges Verhalten man auf einer Videoaufzeichnung studiert und sich dabei über menschliche Unzulänglichkeiten halb totlacht. Die Gefahr des Löwen besteht darin, sich und die Liebe allzu selbstbezogen zu betrachten. Wassermann für sich allein genommen könnte zwar kalt und unmenschlich werden, als Beigabe zum warmherzigen Löwen jedoch ist er äußerst nützlich. Aus der Sicht eines Menschen mit Löwe-Aszendent wäre es also ideal, sich das Reich des Wassermannes zu erobern, als Ergänzung und Bereicherung des eigenen Wesens.

Nun wird mancher Inhaber eines Löwe-Aszendenten vielleicht sagen: »Was soll ich derart künstliche Verrenkungen machen, um mich selbst von außen zu betrachten? Entweder man akzeptiert mich, wie ich bin, oder man hat eben Pech gehabt!« Er ist viel zu stolz, um sich einmal aus Distanz kritisch zu betrachten. Wahrscheinlich fürchtet er, sich dabei zum Narren zu machen und seine Würde zu verlieren.

Ist der Löwe wirklich so humorlos, wenn es um sein Ego geht? Nein, aber erschwerend kommt hinzu, dass viele Persönlichkeiten mit Aszendent Löwe sich gar nicht getrauen, zur Großartigkeit ihrer Person zu stehen, weil sie sich ihre Löwe-Qualitäten abgewöhnt haben. Vielleicht haben sie einmal eine Situation erlebt, wo sie mit ihrem natürlichen Temperament und ihrer Ausstrahlung nicht akzeptiert wurden; es wurde ihnen Machtgehabe und Bosheit unterstellt, und daraufhin haben sie sich geschworen, in Zukunft Zurückhaltung zu üben, eine Verhaltensweise, die im Leben zwar oft notwendig erscheint, aber für den Löwe-Aszendenten letztlich eine Selbstverleugnung darstellt. Falls nun jemandem ein solches Erlebnis in den Knochen sitzt, wird er natürlich zwanghafter als andere wenigstens seinen inneren Stolz aufrecht erhalten wollen. Das Wassermann-Ansinnen, über sich selbst zu lachen, wird dann missverstanden, und das gebrannte Löwe-Kind fürchtet, dass es schon wieder um eine schwere Abwertung der eigenen Person geht.

Andere wiederum mussten ihren Stolz nie unterdrücken, denn sie waren von Anfang an stets bescheiden und anpassungsfähig. Von Anfang an? Wenn Sie einen Löwe-Aszendenten haben, so müssen Sie als kleines Kind zumindest einige Male diese Power gezeigt und Ihren Selbstdarstellungstrieb mit kindlicher Direktheit ausgelebt haben. Die Menschen in Ihrer Umgebung haben dies vielleicht unterdrückt, nicht ausgehalten, abgewertet oder sonst eine negative Reaktion gezeigt, worauf das Unbewusste des Kindes beschlossen hat, sich nie mehr in den Vordergrund zu stellen. Falls dies in den allerersten Lebensjahren geschehen ist, wäre es möglich, dass die erwachsene Person keine Erinnerung mehr an diesen Vorgang hat und sich mit dem Löwe-Aszendenten überhaupt nicht identifizieren kann. Sie verhält sich dann so, als ob alle anderen Menschen wichtiger wären als sie selber. Die oben beschriebene Wassermann-Idee, zu sich selbst auf Distanz zu gehen, um das Allgemeinmenschliche zu sehen, ruft dann aber einen irrationalen Widerstand hervor. Es ist, als ob das Unbewusste wütend schreien müsste: »Zum Teufel, das tue ich ja die ganze Zeit! Ich kann jetzt wirklich nicht über mich lachen, sondern will endlich einmal ernst genommen werden! Ursprünglich war ich als Löwe-Aszendent geplant! Wisst Ihr das nicht? Ich sollte die Hauptrolle in meinem Leben spielen! Eine Persönlichkeit, die aufhorchen lässt!« - Wie wahr!

Wir haben es bei diesem Aszendenten also mit einem Individuum zu tun, das viel Konzentration auf sich selbst braucht, gleichgültig, ob es offen gelebt, kompensatorisch überspielt oder gerade durch Verdrängung wichtig geworden ist. Vielleicht spürt diese Person, dass es gut wäre, etwas lockerer mit dem eigenen Ego umzugehen, fürchtet sich aber vor den damit verbundenen Veränderungen. Und so erobern sich einige nun einen wirklichen Wassermann beziehungsweise eine Wassermann-Frau, in der Hoffnung, dass dann der ergänzende Gegenpol im Hause ist, ohne dass man sich selbst in Frage stellen muss. Auf den ersten Blick könnte man dabei annehmen, der Löwe-Aszendent hätte seinen Idealpartner Wassermann erobert, die nötige Ergänzung gefunden und die Bedingungen für eine ideale Ehe geschaffen.

Je mehr jedoch der Partner mit dem Löwe-Aszendenten an seiner Fixierung auf die eigene Person festhält, desto mehr wird er die Wassermann-Qualitäten auf den Partner projizieren und dort wahrscheinlich als unangenehm erleben. Selbst wenn der Partner keine gewichtige Wassermann-Komponente in seinem Horoskop hat, wird er den Gegenpol zur einseitigen Löwe-Qualität darstellen müssen. Dies geschieht ja fast unbewusst nach dem Gesetz der Polarität. So wird das Leben immer wieder Wassermann-Übungen verlangen, die den Löwen zwingen, eine Objektivierung der eigenen Person vorzunehmen, zum Beispiel wird Teamfähigkeit gefordert, das heißt, ganz sachbezogen nur jene Ideen einzubringen, die für das Gelingen des Projekts nötig sind, und dabei den Beitrag der andern Mitglieder als gleich wichtig zu würdigen.

Vielleicht wird der Wassermann-Partner als Rebell erlebt, der stets provozieren und anders sein muss als die andern. Aber es gibt tatsächlich Situationen, wo es besser ist, sich dem allgemeinen Anpassungzwang zu entziehen, und da ist es nötig, auf Distanz zu sich selbst zu gehen, auch zum eigenen Bedürfnis, anerkannt zu werden und Applaus zu erhalten. Natürlich geht es nicht darum, sich lächerlich zu machen. Aber wer stets nur auf die eigene Würde und Anerkennung bedacht ist, wird sich irgendwann abhängig machen, denn sobald das positive Echo der Umwelt fehlt, zweifelt man an sich selber und tut alles dafür, wieder positiv wahrgenommen zu werden. Wassermann symbolisiert das Talent, gegen den Strom zu schwimmen, die Spießbürger zu provozieren und bei der eigenen Wahrheit zu bleiben, auch wenn vorerst nur eine Minderheit zustimmt.

Nun hat der Löwe-Aszendent die Wahl, in diesem Punkt den wassermännischen Partner als Vorbild zu nehmen oder sich stur zu stellen. Diese zweite Variante führt in der Regel dazu, dass sich die Person mit dem Aszendenten im Löwen vom Ehepartner provoziert fühlt und ihn ohne es zu wollen selbst dazu bringt, auf Distanz zu gehen und den Löwe-Stolz zu beleidigen, im schlimmsten Fall, indem er sich aus dem Staube macht, denn die einfachste Art, Distanz zu schaffen, ist die Trennung. Sollte es soweit kommen, so kann das natürlich am Partner liegen, und vielleicht haben die beiden wirklich nicht zusammengepasst. Der Verlassene selbst hätte dann aber auch seinen Anteil an der negativen Entwicklung, indem er nicht bereit war, seinen Standpunkt zu verlassen und in sich die Talente seines eigenen Wassermann-Deszendenten zu entwickeln. Wer auch einmal über sich lachen und zu sich selbst auf Distanz gehen kann, nimmt nämlich manchem verbissenen Streit den Wind aus den Segeln.

Der Löwe-Aszendent geht davon aus, dass er einmalig ist. Die ergänzende Wassermann-Idee ist jene der Brüderlichkeit und Gleichwertigkeit aller Menschen. Falls es dem Löwe-Aszendenten gerade an Selbstwert mangelt, wird er diese Idee rasch missverstehen und heraushören: »Ich bin also nicht wichtig, du nimmst dir die Freiheit, alle andern gleichermaßen zu lieben«, obwohl dies nicht unbedingt die Absicht war. Es gehört aber zu den Besonderheiten der Wassermann-Komponente, die wir ja alle in uns haben - und der Mensch mit dem Löwe-Deszendenten hat diese besonders deutlich –, dass man gern über Beziehungskonzepte diskutiert. Gesellschaftliche Zwänge und Gewohnheiten prägen unser Partnerverhalten. Es stellt sich also die Frage, wie sich in einer freieren Gesellschaft auch die Liebe leichter entfalten könnte. Der Wassermann-Deszendent sehnt sich im Grunde nach einer Partnerschaft, in der Zuneigung gezeigt werden kann, ohne gesellschaftliche Regeln erfüllen zu müssen.

Wir sehen: Ein Löwe-Aszendent, der unfähig ist, die eigene Person zu relativieren, erlebt den Partner als kalte, distanzierte Wassermann-Schattenfigur. Der Vorwurf: »Du betrachtest mich von außen wie einen toten Gegenstand«, wäre dann eine reine Projektion. Er ist die verzerrte Karikatur der unterdrückten eigenen Wassermann-Fähigkeit, nämlich selbstbewusst zu sein und sich dennoch mit Humor sehen zu können.

Nun noch ein paar Hinweise auf andere Projektions-Spiele. Die erste Gestalt beschreibt jeweils eine Seite des Löwe-Aszendenten selbst, die zweite eine polar ergänzende Wassermann-Seite:

Löwe-sucht-Wassermann-Spiele

- König sucht Hofnarr
- Glänzende Diva erobert intellektuellen Außenseiter
- Strahlender Held liebt kritische Emanze
- Berühmte Dame erobert Spötter
- Prominente Persönlichkeit liebt respektlose Studentin
- Monarch sucht Revolutionär
- Würde sucht Frechheit.

Was ist zu erobern?

Empfehlung für Menschen, welche die Talente ihres Wassermann-Deszendenten unabhängig von Partnern in sich selbst kultivieren möchten:

Erobern Sie sich neue Blickwinkel!

Betrachten Sie Ihre Beziehungsgewohnheiten einmal so, wie Sie ein Buschneger sehen würde, der zum ersten Mal das Balzverhalten des westlichen Menschen studiert. Fragen Sie sich einmal: Wie würde ich mein Partnerverhalten ändern, wenn ich völlig neu und von vorn anfangen könnte, ohne psychologische oder moralische Einschränkungen und ohne falsche Sicherheitsbedürfnisse?

Orientieren Sie sich an Menschen, die ihr Glück machen ohne falsche Rücksichten auf die Meinung der Leute. Studieren Sie Biographien von Erfolgreichen, die auf billigen Applaus verzichtet haben, um ihre eigenen Wege gehen zu können.

Üben Sie im Alltag und in kleinen Aktionen die Kunst, gegen den Strom zu schwimmen. Verblüffen Sie sich und andere einmal mit einem neuen Verhalten. Stehen Sie zu Ihrer Originalität.

Für astrologisch Fortgeschrittene

Wer zwar keinen Wassermann-Deszendenten hat, jedoch Uranus in Haus 7 oder den aufsteigenden Mondknoten in Haus 11 beziehungsweise im Wassermann, dürfte einen Teil dieser Problematik ebenfalls kennen.

Oben wurde der Fall eines Menschen mit Löwe-Aszendent angesprochen, der aufgrund von Erziehungseinflüssen nicht gelernt hat, zu seinem feurigen Aszendenten zu stehen. Dies kann hier noch differenziert werden. Einerseits müsste die Stellung der Sonne untersucht werden, denn sie ist in diesem Fall sowohl Vater-Symbol als auch Herrscherin des Aszendenten und damit Symbol für die eigene Individualität. Beide Themen gehen ineinander über. Für einen Menschen mit Löwe-Aszendent ist es zentral wichtig, das Verhältnis zum Vater zu klären, da dieser sonst unbewusst die Identität der Tochter oder des Sohnes mit beeinflusst.

Dazu kommt noch etwas anderes. In unseren Breiten ist mit dem Löwe-Aszendenten stets eine Himmelstiefe (IC) verbunden, die entweder in der Waage oder im Skorpion steht. Der IC steht oftmals für die inneren Erlebnisse mit dem Vater oder anderen männlichen Erziehungsfiguren. Handelt es sich um die Waage, so kommt das Erziehungsideal der Mitmenschlichkeit zum Zug, der freundlichen Anpassung an andere Menschen sowie der Wunsch, Temperamentsausbrüche und Streit zu vermeiden. Ob dies die ausdrückliche Erziehungsidee des Vaters war oder erst später bei der Selbsterziehung eine Rolle gespielt hat, ist natürlich offen. Jedenfalls besteht ein gewisser Widerspruch zwischen dem Naturtalent zur kraftvollen

Selbstentfaltung (Löwe-Aszendent) und der Notwendigkeit zu innerer Rücksichtnahme (IC in der Waage).

Ist der IC im Skorpion, so waren vielleicht in der Kindheit unterschwellige Kräfte am Werk. Manchmal gibt es ein Familien-Tabu oder eine zerstörerische Tendenz, die bekämpft werden musste, manchmal handelt es sich einfach um besonders tiefe Bindungen an den Vater oder ein anderes Familienmitglied, oder es ist sonst ein Grund vorhanden, der es erschwert, die starken Eigenimpulse des Löwe-Aszendenten sofort auszuleben. Auch wenn die Eltern ein klares Ja zum kindlichen Löwe-Impuls gegeben haben, muss diese Aszendent-Botschaft: »Ich will mich zeigen!« kombiniert werden mit der Skorpion-Botschaft: »Ich will mich zurückhalten!«, denn die skorpionische Leidenschaft ist zu intensiv, um stets ungeschützt ausgelebt werden zu können. Bei der mittleren Generation steht dabei Pluto oftmals zusätzlich in Aszendentnähe oder im 1. Haus. In diesem Fall ist über die Formel »Herrscher des IC am AC« das Vaterbild besonders bestimmend für das Selbstbild. Die Individualität wird sich dann stärker als bei anderen Personen in der Auseinandersetzung mit dem Vater herausbilden. Natürlich ist es für die astro-psychologische Praxis dann ein großer Unterschied, ob der tatsächliche Vater dem leidenschaftlichen Skorpion-Prinzip entsprochen hat. Wenn ja, ergibt sich die Frage: Wurde er als fördernd oder einschränkend erlebt, oder gab es Vermischungen und versteckte Übergriffe? Wenn nein: Was geschah mit der inneren Sehnsucht nach einer starken Elternfigur, mit dem Bedürfnis, ein Vorbild oder Objekt der Auseinandersetzung zu haben?

Deszendent Fische

Mit diesem Deszendenten ist immer der Aszendent Jungfrau verbunden. Die Formel lautet also »Jungfrau erobert Fisch«. Menschen mit Jungfrau-Aszendent können und müssen sich demnach als Ergänzung einige Fische-Qualitäten aneignen. Das Land, das sie zu erobern haben, ist das Reich des Unbewussten.

Der Jungfrau-Aszendent bemüht sich im Kontakt mit anderen Menschen um Klarheit. Es wäre ihm peinlich, für unberechenbar oder gar chaotisch gehalten zu werden, und wenn jemand ihn als »ein Buch mit sieben Siegeln« bezeichnen würde, so empfände er dies wahrscheinlich nicht als Kompliment. Nein, er verhält sich in der Regel so vernünftig, dass die Mitmenschen sich auf ihn verlassen können. Zum Ausgleich verliebt er sich ab und zu in Partner, deren Seelenleben ein Buch mit mindestens sieben Siegeln ist. Wahrscheinlich gibt es etwas in seinem Inneren, das diese Erfahrung als Ergänzung braucht. Manchmal sieht es so aus, als ob er in der Liebe ein bestimmtes Quantum an Chaos bräuchte, um dieses dann wieder ordnen zu können.

Doch auch ohne Ironie betrachtet ist das Fische-Prinzip eine ideale Ergänzung zur Klarheit und Vernunft des Jungfrau-Pinzips. Der Fische-Deszendent repräsentiert den Zugang zur Welt des Unbewussten mit seiner schillernden Vielfalt. Natürlich ist der Wunsch des Jungfrau-Aszendenten nach bewusster und kontrollierter Lebensgestaltung nicht falsch, sondern die für diesen Menschen vorgesehene und sinnvolle Erstreaktion auf die Herausforderungen des Lebens. Das Wissen um Zusammenhänge erleichtert die Analyse der Situation und ermöglicht es, aus Fehlern zu lernen. Aber was ist mit Dingen, die sich der Analyse entziehen, weil sie nicht zu verstehen sind? Wie ist es mit dem Geheimnis der Liebe, das uns berührt, ohne dass wir es letztlich verstehen können, so sehr wir auch fragen mögen: »Warum? und warum jetzt? und warum gerade ich?«

Es gibt ein französisches Lied von Mozart über den unberechenbaren Vorgang des Verliebens; Mozart musste es schließlich wissen, denn er war selbst unter einem Fische-Deszendenten geboren, wie sein Horoskop zeigt, das im zweiten Kapitel abgebildet ist (Abb. 3). In diesem Lied spaziert nichtsahnend ein Mann durch die Landschaft. Dabei stolpert er beinahe neben einem Gebüsch über ein Paar Beine. Diese gehören »zufällig« dem Gott Amor, der hier im friedlichen Schlummer liegt. Der Mann schaut Amor ins Gesicht, das ihn schlagartig an seine Geliebte erinnert. Von dieser hat er sich längst getrennt, da waren damals unsaubere Dinge gelaufen. Der Mann im Lied hat vermutlich einen Jungfrau-Aszendenten und damit die Gabe, geordnete Verhältnisse zu schaffen: »Vergangen, vergessen, verarbeitet«, so sagt er sich - bis er ihr Gesicht in Amors Gestalt wieder sieht! Obwohl der Spaziergänger nichts tut, schreckt der Gott auf und schlägt zu: Schon ist der Mann wieder schicksalhaft verliebt.

Amor verdammt ihn dazu, die ungetreue Geliebte bis ans Lebensende nicht mehr zu vergessen. Seine bisher so klug geplante Biographie wird mächtig durcheinander gewirbelt, denn die Liebe ist zwar eine Himmelsmacht, aber sie folgt bekanntlich keinem Plan und ist einer der irrationalsten Faktoren des Lebens. Für den Liebenden in Mozarts Lied ist nicht einmal ein gutes Ende mit Sicherheit absehbar, alles ist offen und ungewiss.

Was den Jungfrau-Aszendenten dabei am meisten ärgert: »Amor erwacht ungeweckt!« So heißt es in der deutschen Übersetzung des Liedes. Das französische Original ist noch drastischer, da erwacht Amor »de rien«, also wegen nichts, gerade mal so nebenbei. Diese zwei Wörter kann man doppeldeutig auch so verstehen, dass die Liebe aus dem Nichts heraus aufwacht, also verursacht durch eine ungreifbare Instanz, die es eigentlich nicht gibt und deren Tun und Lassen unerklärbar bleibt.[16]

Natürlich könnte uns modernen Menschen so etwas nicht passieren, denn nur in einem märchenhaften Hain des antiken Griechenland schläft Amor körperlich im Gebüsch ... Und doch enthält diese Szene eine tiefe Wahrheit. Mozart komponiert die Schrecksekunde von Amors Erwachen mit punktierten Rhythmen und plötzlichem Tempowechsel sehr dramatisch. Er drückt noch etwas aus von der panischen Furcht, welche die alten Völker vor Gott Amor hegten. Eros, so hieß er in Griechenland, wurde stets als unbezähmbare und grausame Schicksalsmacht geschildert.

Stellen wir uns einmal einen Menschen vor, der den Jungfrau-Aszendenten übertreibt und alles Metaphysische aus seiner Existenz verbannt. Jeder Schritt wird bewusst analysiert und abgesichert. Wird dieser Mensch – bei aller Leistungsfähigkeit – nicht irgendwie zur Maschine? Bräuchte er nicht als Ergänzung etwas Poesie in seinem Leben? Nach dem Gesetz von der Anziehung der Gegensätze wird er, ohne dies zu wollen, folgerichtig Menschen an sich ziehen, die ihn mit dem Zauberreich des Unbewussten konfrontieren. Mit dem Deszendenten in den Fischen ist das Mittel dieser Konfrontation meist die Liebe.

Führen wir unser Gedankenspiel weiter und nehmen an, dass die Person mit Jungfrau-Aszendent weiterhin alles Unkontrollierbare aus dem Leben verdrängt, sich jedoch in eine Fische-Frau beziehungsweise in einen Fische-Mann verliebt oder, was gleichbedeutend ist, in einen anderen Partner mit einer starken Fische- oder sonstigen Wasser-Betonung im Horoskop. Nun hat er Gelegenheit, seine eigene Fische-Anlage auf diesen Partner zu projizieren. In der ersten Phase wird ihn gerade die Faszination des Unbekannten wie eine wunderbare Welt berühren. Natürlich ergreifen viele Menschen mit Jungfrau-Aszendent diese Gelegenheit, um sich mit ihrer eigenen irrationalen Seite zu versöhnen. Sie haben jetzt gemerkt, dass das Unbewusste nicht nur unberechenbar, sondern auch bereichernd und erfüllend sein kann.

Aber wir wollen einmal den negativen Fall zu Ende denken. Es wird nichts dazugelernt. Bald erscheint dagegen der oder die Geliebte nur noch als das wandelnde Chaos. Jetzt wird der Partner mit dem Jungfrau-Aszendenten – ob es nötig ist oder nicht – helfend eingreifen, um das Chaos einzudämmen. Als geborenes Organisationstalent gibt er wirklich sein Bestes und kann es nicht verstehen, dass der Partner sich seinen Heilungsversuchen widersetzt, um immer wieder in jenen Gefühlszustand zu verfallen, der beide hilflos macht. Daraufhin gibt ihm ein seelenkundlich bewanderter Freund den Rat: »Akzeptiere den Schatten, lass deine eigenen Gefühle fließen und gib Kontrolle auf!« Die Antwort lautet wahrscheinlich: »Was für ein schlechter Rat! Wenn ich auch noch aufgebe, können wir gleich beide in die Klapse gehen. Einer muss doch hier noch ein Minimum an Vernunft aufrechterhalten, damit uns nicht alle Felle davonschwimmen!« Solange sich der Jungfrau-Aszendent aber derart gegen Emotionales wehrt, ist schwer zu entscheiden, ob sein Partner objektiv Hilfe braucht oder nur Projektionsträger der jungfräulichen Chaos-Ängste ist.

Auch in weniger krassen Fällen können wir spüren, wie notwendig es ist, dass der Jungfrau-Aszendent das Reich des Unbewussten erobert. Vielleicht beginnt dies mit einem Interesse an spirituellen oder psychologischen Themen. Natürlich ist hier darauf zu achten, dass nicht nur der Schatten anderer Menschen analysiert wird, sondern auch die eigenen unbewussten Anteile ins Visier rücken.

Es gilt die Regel: Ein Jungfrau-Aszendent, der nicht die eigenen irrationalen Seiten akzeptiert, erlebt den Partner als Fische-Schattenfigur. Der Vorwurf: »Du entziehst dich jeder vernünftigen Lebensbewältigung«, ist dann eine reine Projektion der unterdrückten eigenen Fische-Fähigkeit des Loslassens. Je deutlicher bei der Persönlichkeit mit dem Jungfrau-Aszendenten Perfektionismus und Leistungsfähigkeit ausgebildet sind, desto wichtiger wird es auch sein, dass er sich in der Kunst der Faulheit trainiert. Mehr darüber unten im Abschnitt mit dem Titel »Was ist zu erobern?«.

Zusammengefasst besteht also die Gefahr, dass an den im Alltag bewährten Jungfrau-Methoden auch dann zwanghaft festgehalten wird, wenn diese nicht mehr greifen, nämlich angesichts der emotionalen Prozesse der Liebe. Die zweite Gefahr besteht darin, alles Unbewusste in sich zu verdrängen und auf den Partner zu projizieren. Das beste Mittel gegen diese Projektion ist der Jungfrau-Aszendent selbst, nämlich das vorhandene Talent der Selbstbeobachtung und Selbstkritik. Wird dieses Talent genutzt, dann können solche Mechanismen schneller erkannt und geändert werden.

Hier folgen noch einige andere Projektions-Spiele als Anregung für die Beobachtung im Alltag an sich und an anderen. Die erste Gestalt bezieht sich jeweils auf die Person mit dem Jungfrau-Aszendenten selbst, die zweite ist das zu erobernde Fische-Ergänzungsthema:

Jungfrau-sucht-Fische-Spiele

- Perfektionistin verliebt sich in chaotischen Träumer
- Suchtbetreuer sucht Süchtige
- Analytikerin erobert Mystiker
- Rationalist verliebt sich in eine Zauberfee
- Helfer braucht Opfer
- Logiker sucht Rätsel zum Lösen
- Ungläubiger sucht Wunder.

Was ist zu erobern?

Empfehlungen für Menschen, welche die Talente ihres Fische-Deszendenten unabhängig von Partnern in sich selbst kultivieren möchten:

Erobern Sie das Reich des Unbewussten!

Erforschen Sie die Mechanismen der Seele. Beschäftigen Sie sich mit Grenzbereichen der Wissenschaft. Investieren Sie auch Zeit für »Nebensachen« wie Musik, für ein einfühlsames Gespräch, für das Verwirklichen von Visionen.

Suchen Sie bewusst Entspannung und Rückzugsmöglichkeiten zum Träumen. Üben Sie sich in der hohen Kunst der Faulheit! Ist die Faulheit – richtig dosiert – nicht der Anfang aller entspannten Problemlösung? Ist sie nicht gleichzeitig eine Quelle von Gesundheit, Humor und die Mutter aller schönen Künste? Verbringen Sie täglich einige Minuten bewusst mit etwas Nutzlosem aber Lustvollen!

Für astrologisch Fortgeschrittene

Ein ähnliches Thema ist – auch ohne den Fische–Deszendenten – vorhanden, wenn Neptun am Deszendenten oder sonst im 7. Haus steht, außerdem auch bei aufsteigendem Mondknoten in den Fischen oder in Haus 12.

Wie bei allen Erde/Wasser-Zeichenpaaren auf der Begegnungsachse geht es auch hier um eine individuelle Synthese zwischen Liebesgefühl und Alltagsrealität. Wer sich einseitig an erfolgreicher Realitätsbewältigung orientiert, macht die Liebe zur reinen Geschäftspartnerschaft. Er wird den Partner gesetzmäßig in die Oppositionsrolle drängen und den Vorwurf hören: »Wo bleiben die Gefühle?« Wem andererseits ausschließlich die Pflege der Seelenharmonie am Herzen liegt, wird den Partner ebenso gesetzmäßig zwingen, die Gegenposition einzunehmen, und muss sich die Frage gefallen lassen: »Haben wir nicht beschlossen, auch das konkrete Leben zu teilen; wo bleibt dein Beitrag dazu?« In der Beratung wäre darauf hinzuweisen, dass dieser Klient beide Bedürfnisse in sich trägt und damit auch die Fähigkeit hat, beide Seiten zu entwickeln.

Die angedeuteten Rollenspiele »Opfer und Helfer« beziehungsweise »Süchtiger und Co-Abhängiger« sind oft austauschbar, insbesondere, wenn im Horoskop nebst dem Jungfrau-Aszendenten auch das ergänzende Thema vorhanden ist. Dies wäre zum Beispiel der Fall bei deutlicher Wasser-Komponente, bei Planeten im 12. Haus oder bei einem Venus-Schattenthema, weil Venus oft ebenfalls Suchtprobleme anzeigt.

Eine Gemeinsamkeit des Jungfrau- und des Fische-Prinzips ist das Thema Heilung. Wer diese Zeichen auf der Horizont-Achse stehen oder sonst besetzt hat, spürt zwischen diesen beiden Polen besonders sensibel den Zusammenhang von psychischer Verfassung und Körperzustand. Widersprüche zwischen Psyche und Soma können dabei schnell zu Erkrankung führen, aber gleichzeitig kann diese Sensibilität auch zur Heilung und Wiederherstellung des Gleichgewichts von Geist und Körper genutzt werden. In der Partnerschaft ist die Erfahrung, dass Probleme krank machen, schnell zu durchschauen. Dem Liebeskranken muss in der Beratung – nicht anders als seinem Partner – geholfen werden, dieses Leitsymptom zu erkennen, um Heilung zu finden. Beide Partner sollten auch auf Machtspiele aufmerksam gemacht werden, die bei Krankheit und psychosomatischen Störungen stets im Hintergrund lauern: Der Gesündere kann reale Macht ausüben durch seine Hilfe, der Kränkere eine oft weit stärkere psychologische Macht, indem er als Opfer Mitleid fordert.

Die Liebe als Ort des Gerichts

Der Deszendent ist auch der Ort des Gerichts. Die Himmelsrichtung West kann mit Gerechtigkeit und Gericht in Verbindung gebracht werden. Hier folgen einige Assoziationen zu diesem Thema, die auf den ersten Blick wie Zufälle erscheinen mögen:

Ab den dreißiger Jahren unseres Jahrhunderts flohen viele Menschen vor der Ungerechtigkeit der Hitler-Diktatur in den Westen. Am Ende des Krieges waren es wiederum die Westmächte, welche mit Entnazifizierung und den Nürnberger Prozessen versuchten, das Recht wieder in Deutschland zu etablieren.

Durch die Teilung des Landes wurden Bundes- und Verfassungsgericht verlegt, und zwar nach Karlsruhe, an die westliche Grenze der Republik. Auch die Schweizer haben übrigens ihr Bundesgericht in den Westteil des Landes gelegt.

Noch ganz andere Bereiche zeigen den Zusammenhang von Westen und Gerechtigkeit. Im Mythos vom wilden Westen Amerikas spielt der Gerechtigkeitssinn des Helden eine zentrale Rolle, die Frage »Faustrecht oder Legalität« zieht sich durch alle Cowboygeschichten.

Immer wieder treffen wir also auf die merkwürdige Verbindung von Westen und Gerechtigkeit. Das Kirchenasyl hat seinen Ursprung ebenfalls am Deszendenten, das heißt am Westeingang der Kirche. Einem Fremden oder Flüchtling – und manchmal auch einem Verbrecher –, der es im Mittelalter schaffte, eine Kirche zu erreichen, durften seine Verfolger nicht an den Kragen, sobald er die Kirchenpforte berührte. Da bei Kirchen der Altar im Osten ist, zeigt die Eingangstür stets nach Westen, und so kann man sagen: Am Deszendenten garantierte die Kirche, dass dem Individuum Gerechtigkeit

Abb. 10

widerfahren solle und er nicht Opfer von Verfolgung und Lynchjustiz werde. Der Deszendent ist also auch der Ort von Gericht und Gerechtigkeit. Weiterführende Gedanken über das Zusammenspiel von Westen und Recht lesen Sie im nächsten Kapitel.

Die Liebe ist nun ein besonders sensibler Bereich, in welchem Ungleichheit und Ungerechtigkeit sehr schnell die Harmonie stören. Es zeigt sich dabei, dass Einseitigkeit oder Unrecht nicht nur dem jeweiligen Opfer, sondern der Beziehung insgesamt Schaden zufügen. Für beide Teile ist nur dann eine echte Partnerschaft möglich, wenn Geben und Nehmen gerecht ausgeglichen ist. Die Verbindung des 7. Hauses mit dem siebten Tierkreiszeichen, der Waage, ist ganz offensichtlich.

Wo der Mensch sich auf ein Du zubewegt, wird zwischen beiden Partnern genau unterschieden, abgewogen und gerecht verteilt. Dazu braucht man die Waage. In diesem Zusammenhang mag es gut sein, sich die Herkunft dieses Tierkreissymbols nochmals gegenwärtig zu machen: Wenn die Sonne in der Waage steht, ist in der ursprünglichen bäuerlichen Gesellschaft die Ernte eingefahren, Bauer und Bäuerin fahren damit zum Herbstmarkt. Dort tritt die Waage als Messinstrument in Aktion.

Sie ermöglicht den gerechten Tausch der Güter. Das interessante daran ist, dass genau wie in einer guten Ehe nicht unbedingt Gleiches mit Gleichem getauscht wird. Der Bauer dürfte kaum einen Zentner Weizen wiegen lassen, um ihn gegen den Zentner Weizen eines andern Bauern einzutauschen. Der komplizierte Mess- und Bewertungsvorgang der Waage ermöglicht es im Zusammenhang mit Geld oder einem anderen Äquivalent, dass Weizen gegen Kleider oder Äpfel gegen die Produkte eines Handwerkers eingetauscht werden können. Jeder gibt her, was er mit seinen spezifischen Fähigkeiten hergestellt hat, und bekommt dafür, was er von seinen Mitmenschen braucht, nämlich die Produkte anderer Spezialisten. Das Abwägen ist dabei die Grundlage für gerechten Austausch. Dass es bei diesem Energie-Austausch nicht jedes Mal liebevoll und gerecht zugeht, ist menschlich, aber insgesamt ist dieses gesellschaftlich vermittelte Geben und Nehmen eine der größten Kulturleistungen der Menschheit. Die Waage ist so gesehen nicht einfach eine technische Erfindung, sondern ein Symbol für Gerechtigkeit beim Geben und Nehmen, und zwar in einer differenzierten arbeitsteiligen Gesellschaft.

Auf die Astrologie übertragen symbolisiert Waage das Bemühen um Gerechtigkeit, wenn zwei Ungleiche sich begegnen. Und in der Liebe begegnen sich definitionsgemäß Ungleiche. Dies hat – wenn wir einmal von homosexuellen Neigungen absehen – seine Basis im biologischen Unterschied der Geschlechter. Die Natur hat es so eingerichtet, dass wir im Grund unser Gegenteil lieben, also von Anfang an mit einer Spannung konfrontiert sind. Vielleicht hatte Loriot deshalb Recht, als er mit der ihm eigenen Ernsthaftigkeit beteuerte: »Ich finde, Männer und Frauen passen einfach nicht zusammen.« Es sei denn, sie nutzen die Waage, das heißt die Kräfte des Tierkreiszeichens Waage und des Deszendenten! Dies müssen wir in unseren Beziehungen auch täglich tun. Im positiven Fall diskutieren wir, wägen ab und einigen uns auf so gerechte Weise wie es nur irgendwie geht; im negativen Extremfall schreien wir nach dem Anwalt, und zuletzt entscheidet das Gericht. Wie sehr es am Deszendenten um Gerechtigkeit geht, weiß eigentlich jeder.

Im Tarot gibt es eine wichtige Karte, welche die Symbolik des Tierkreiszeichens Waage aufgreift. Sie heißt »die Gerechtigkeit« (Abb. 11).

Wer dieses Symbol zum ersten Mal sieht, dem wird – falls er sich nicht gleich an das Tierkreiszeichen erinnert – die Steinfigur »Justitia« einfallen, wie sie in jeder Stadt zu sehen ist, manchmal am Gerichtsgebäude oder Rathaus, ein andermal auf einer Säule oder einem alten Brunnen. Doch halt: Da stimmt etwas nicht! Haben wir nicht in der Schule gelernt, dass sie sich die Augen verbinden muss? In der Tat

Abb. 11: Die Gerechtigkeit, Tarot-Karte Nummer 8
aus dem Oswald-Wirth-Tarot

unterscheidet sich diese Tarotfigur von der üblichen Gerechtigkeitsgöttin. Jene hat die Augen verbunden, weil sie öffentliches Recht spricht. »Justitia« will keinen Unterschied sehen zwischen dem Armen und dem Reichen, dem Professor und dem Dorftrottel. Alle sind politisch gesehen vor dem Gericht gleich viel wert. Die Gerechtigkeit – wenn sie funktioniert – handelt ohne Ansehen der Person.

Doch in Liebesbeziehungen beobachtet die Dame Gerechtigkeit die Personen sehr wohl! Mit klarem offenem Blick schaut sie beiden Partnern in die Augen und registriert ihre unterschiedlichen Bedürfnisse, Hoffnungen und Möglichkeiten. Hier geht es nämlich meist nicht um eine politische Frage von Bürgerrechten, sondern um die Tatsache, dass zwei Menschen sich lieben, auch und gerade angesichts ihrer Verschiedenheit.

Wenn wir manchmal sehen, wie – von Amors unberechenbarem Pfeil getroffen – zwei Seelen beginnen, sich zusammenzuraufen und zu vertragen, obwohl sie vielleicht so unterschiedlich sind, dass der gesunde Menschenverstand von jedem Kontakt abgeraten hätte, dann könnte der Gedanke aufkommen, das Leben hätte die Liebe gerade deshalb erfunden, damit die Extreme zusammenfinden. Wenn wir lieben, so sagen wir ja: »Du magst noch so anders sein als ich, hier zählt nur eins: Ich liebe dich und will mit dir zusammen sein.«

Ähnlich wie der offene Blick von Frau Gerechtigkeit so verweist auch ihr Schwert auf die klare Unterscheidungsfähigkeit. Während ihre Kollegin im Justizpalast das Schwert benutzt, um Recht durchzusetzen, mittels des Gewaltmonopols des Staates, wenn nötig auch mit Macht, früher sogar mit Hinrichtungen, so hat unsere Tarotfigur das Schwert des Denkens in der Rechten. In der Welt des Tarot ist das Schwert Symbol für das Luftelement, denn es zischt durch die Luft, um haarscharf zwischen Dein und Mein zu teilen, zwischen dem, was einem Partner zusteht, und dem, was ihm nicht zusteht. Das Schwert ist die Fähigkeit zur genauen und gerechten Analyse der Situation, das Schwert ist die Schärfe des Gedankens.

Wer hätte gedacht, dass es in der Ehe um das Denken geht! Wo wir die Liebe doch als eine derart emotionale Geschichte erleben...

Eben, gerade deshalb!

Die Liebe ist auch der Ort des Gerichts. Dabei spielen die beiden Partner natürlich selbst alle Rollen vom Verteidiger bis zum Richter. Misslingt die Ehe, so werden – lange bevor die wirklichen Anwälte auftreten – Mann und Frau selbst verteidigen, klagen, plädieren, Zeugen zitieren, aburteilen.

Versuchen wir aber auch einmal das Symbol des Gerichts von seiner besten Seite her zu deuten: Hier unternehmen wir den Versuch, beide Seiten zu hören und die Probleme objektiv zu betrachten. Hier diskutieren wir gemeinsam über die Folgen unseres Tuns und Lassens. Der Richter entscheidet nicht nach den Kriterien der einen oder anderen Partei, sondern nach allgemeinen menschlichen Gesetzen.

Bei einem guten privaten »Ehegericht« sitzen sich zwei Menschen gegenüber, die nicht stur auf ihren eigenen Standpunkten beharren, sondern sich auch über gemeinsame Kriterien einigen. Jede Beziehung hat ihre ungeschriebenen Gesetze. Diese müssen von Zeit zu Zeit erneuert oder bekräftigt werden. Partner, die einander versprechen, dass beide sich an bestimmte selbst gesetzte Regeln halten wollen, schaffen dadurch eine unschätzbare Vertrauensgrundlage. Es wird daraufhin möglich, der anderen Partei in vielen Fragen Freiheit und ein neues Verhalten zuzubilligen, weil über die Hauptpunkte Einigkeit und Sicherheit besteht.

Das Ringen um Werte und Gerechtigkeit hat noch einen anderen Vorteil, denn es braucht dazu die offene Aussprache. Wir werden dabei unseren Lebenspartner auffordern, zu sagen, was er empfindet, zu erzählen, wie er uns sieht und werden ihn nicht unterbrechen, denn wir wissen ja, dass hier beide ausreden können. Ein Partner, der uns offen und ehrlich sagt, wie er uns erlebt, hält uns einen Spiegel vor und kann uns helfen, uns selbst gerechter zu sehen. Mit den Augen »der Gegenpartei« gesehen, erscheinen die Mängel, aber auch die Verdienste in anderem Licht. Oft werden sie dadurch objektiver bewertet. Wie viele von uns werten sich selbst ab und tun sich unrecht, indem sie in düsteren Stunden ihre Fehler vor sich aufbauschen und ihre Verdienste als ungenügend aburteilen! Erst wenn ein Mensch, der sie liebt, sagt: »Dies und jenes schätze und würdige ich an dir; dieses sehe ich als dein Verdienst«, können sie es selbst wieder glauben. So erfahren wir am Deszendenten durch den Partner Gerechtigkeit.

Ich möchte hier ein Beispiel aus meinem eigenen Leben erzählen. In meinem Horoskop gibt es sehr viel Wasser, ich bin also ein Gefühlsmensch, und seit meiner Geburt schwimme ich in einem See von Gefühlen. Ich will nicht sagen, dass dies ein Nachteil ist, denn natürlich habe ich dadurch Gefühlsqualitäten wie Liebe und Phantasie oft positiv entfalten können. Es gibt da nur einen Haken: Ich kann mich dabei nicht von außen sehen! Wenn ich bewerten will, ob ich mit meinen Gefühlen Nutzen oder Schaden anrichte, wenn ich mich frage, ob ich hier zuviel oder zuwenig des Guten tue, bin ich auf meine subjektiven Gefühle angewiesen. Und die sagen mir an guten Tagen: »Gefühl ist alles! Du bist der Größte!«, an schlechten Tagen jedoch: »Gefühle sind ein Horror, alles ist schlecht.« Natürlich weiß ich im Kopf, dass beide Sätze extrem und falsch sind, aber ich kann es schlecht fühlen. Schon der Versuch, emotional die eigenen Gefühle objektiv zu bewerten, ist ein Widerspruch in sich selbst.

Verstehen Sie das Problem: Ich mache zwar viel mit meinen Gefühlen, aber es fällt mir schwer, ihnen auch Gerechtigkeit widerfahren zu lassen. Mein Selbstlob ist genauso subjektiv gefärbt wie meine Selbstkritik.

Durch meine Partnerin aber widerfährt meinen Gefühlen Gerechtigkeit. Ich staune, wie klar sie deren Licht- und Schattenseiten benennen kann. Positive Eigenschaften, die mir sonst wenig bewusst waren, weil »ich halt einfach immer schon so war«, werden zu tatsächlichen Qualitäten, wenn ich mich durch ihre Augen betrachte. Ich merke, dass ich hier in der Tat Besonderheiten habe, die nicht selbstverständlich sind und die zumindest unsere Beziehung bereichern. Sie hilft mir, diese positiven Gefühlsseiten bewusster in Besitz zu nehmen und als Teile von mir selbst zu schätzen.

Auf der andern Seite gibt es viele Lieblosigkeiten und negative Eigenschaften in mir, die mir bisher wenig auffielen, weil sie so gewohnheitsmäßig mitgeschlichen waren. Erst durch die Rückmeldung des Menschen, der mich liebt, erkenne ich die zerstörerische Wirkung dieser Gefühle und kann sie ändern.

Es hilft nichts, dass andere Menschen mir diesbezüglich auch schon Hinweise geben wollten. Ich hatte dies gefühlsmäßig sehr schnell verdrängt. Diese Leute konnten mit dem Zaunpfahl wedeln solange sie wollten, ich war nicht bereit gewesen, mich einmal durch andere Augen zu betrachten. Ganz anders, wenn ich liebe und mich geliebt fühle! Plötzlich erscheint es mir begehrenswert, einmal durch ihre Augen zu schauen! Damit sehe ich mich mit fremden, aber doch liebevollen Augen. Und in der Tat erhalten die Dinge jetzt ihre richtige Größe, ich erkenne ihre Wirkung und ihren tatsächlichen Schaden oder Nutzen: Meinen Emotionen widerfährt Gerechtigkeit.

Warum gelingt es einer Partnerin, diesen Effekt hervorzurufen? Ist es dazu nötig, dass sie selbst weniger Wasser im Horoskop hat und daher weniger subjektiv ist? Oder wäre es besser, wenn sie auch zum Wassertypus gehört, weil sie sich dann gut in Gefühlsdingen auskennt? Es spielen verschiedene Faktoren mit, wenn jemandem durch die Liebe Gerechtigkeit und Selbsterkenntnis geschenkt wird. Aber der erste und naheliegendste Gedanke ist doch, dass wir am leichtesten aus unserer Subjektivität herausfinden im Spiegel eines Partners, der gegenteilige Anlagen besitzt. Wir wollen dieses Prinzip am Ergänzungspaar Aszendent-Deszendent durchdenken und gehen dabei von der Volksweisheit aus, dass Gegensätze sich anziehen. Am Schluss dieses Kapitels wollen wir dann noch das ergänzende Sprichwort »Gleich und Gleich gesellt sich gern« prüfen.

Für unser Deszendent-Thema gelten vier einfache astrologische Lehrsätze:

- Der *Gefühlsmensch* erfährt Gerechtigkeit durch den Realisten.
- Der *Realist* erfährt Gerechtigkeit durch den Gefühlsmenschen.
- Der *Tatmensch* erfährt Gerechtigkeit durch den Denker.
- Der *Denker* erfährt Gerechtigkeit durch den Tatmenschen.

Um dies und das Folgende zu verstehen, müssen Sie wissen, dass es in der Astrologie vier Elemente gibt – Feuer, Wasser, Luft und Erde:

Die Feuerzeichen Widder, Löwe und Schütze gehören zum Typus der *Tatmenschen*, der Persönlichkeiten, die spontan und intuitiv handeln und dadurch das Leben aktiv gestalten.

Die Wasserzeichen Krebs, Skorpion und Fische gehören zum Typus der *Gefühlsmenschen*, die von Emotionen und Phantasien durch das Leben geführt werden.

Die Luftzeichen Waage, Wassermann und Zwillinge gehören zum Typus der *Denker*, welche Fragen stellen, sich mit anderen austauschen und alles wissen wollen.

Die Erdzeichen Steinbock, Stier und Jungfrau gehören zum Typus der *Realisten*, welche die Welt mit ihren Sinnen erfahren und dadurch eine natürliche stabile Basis für ihr Leben schaffen.

Der Tierkreis ist nun so aufgebaut, dass eine Persönlichkeit mit Aszendent in einem Feuerzeichen stets als Ergänzung ein Luftzeichen am Deszendenten hat und umgekehrt. Menschen mit Erdzeichen am Aszendenten haben stets einen Wasser-Deszendenten und umgekehrt.

Dieses Spiel der Gegensätze wird jetzt aufgegriffen. Die folgenden Abschnitte zeigen, wie die Aszendenten vom ergänzenden Gegen-Element »ins Gericht genommen«, aber dadurch auch gerecht beurteilt werden.

Deszendent im Feuer

Dieser Deszendent ist stets mit einem Luft-Aszendenten verbunden. Luft wird ergänzt durch Feuer, es gilt demnach die Formel: Der Denker erfährt Gerechtigkeit durch den Tatmenschen.

Jemand mit Aszendent in den Luftzeichen Waage, Wassermann oder Zwillinge möchte stets gesprächsbereit auf den Partner zugehen. Der erste Impuls des Luft-Aszendenten ist Austausch. Ein sehr tief sitzender Wunsch, mit anderen Menschen in Kontakt zu sein und eine Beziehung zu schaffen, prägt das Auftreten solcher Leute. Sie spüren instinktiv, dass es nötig ist, eigene Bedürfnisse gegen die der anderen abzuwägen. Statt einfach loszupreschen, überlegt sich der Luft-Aszendent: Welche Folgen hat mein Handeln? Wie reagiert der Mitmensch auf mein Tun und Lassen? Welche Wirkung hat es, wenn ich so entscheide oder anders? Luft hat die spezifische Intelligenz, um sehr differenziert abschätzen zu können, wohin das eigene Handeln führen könnte. Bei allem Bewusstsein über diese Qualität spürt der Luft-Aszendent aber auch, dass er damit nicht gerade der Weltmeister in spontaner Entscheidungsfreude ist. Dies verunsichert ihn, denn immer wieder beobachtet er, dass es Leute gibt, die furchtbar schnell und unreflektiert etwas tun und damit womöglich auch noch erfolgreich sind. Intuitiv haben sie das getan, was ihnen Applaus einbringt, obwohl sie sich vorher mit Sicherheit keine Gedanken über ihre mögliche Wirkung auf andere Menschen gemacht haben ...

Der Luft-Aszendent ist also ein hochdifferenziertes Wesen voll kluger Ideen über richtiges Handeln und doch manchmal unsicher, ob er zuviel oder zuwenig nachdenkt und ob er in Gefahr ist, zu früh oder zu spät zu handeln.

Wer wäre kompetenter, eine solche Frage zu beantworten als ein Tatmensch, das heißt ein Partner mit einer starken Feuer-Komponente? Feuer ist ja die unzweifelhafte Intuition für die richtige Aktion zum richtigen Zeitpunkt. Feuer brennt nicht im Kopf, sondern im Herzen, und der Feuer-Deszendent kann dem Luft-Aszendenten Gerechtigkeit verschaffen, indem er dessen Ideen zur Ausführung bringt. Feuer macht aus der Möglichkeit eine Tat, es schafft Realität und damit eine stärkere Verbindung zu anderen Menschen als alles Abwägen und Nachdenken. Durch Feuer erfährt die Luft Gerechtigkeit. Die vollendete Tat ist der beste Richter über die Idee.

Die Persönlichkeit mit Luft-Aszendent kann im Spiegel eines Feuer-Partners die gerechte Beurteilung finden. Stellen wir uns zum Beispiel eine Entscheidungssituation vor. Sobald der Luft-Aszendent damit beginnt, dem Feuer-Partner die beiden möglichen Varianten darzulegen und mit all seiner Klugheit zu Ende zu diskutieren, ist dieser schon aufgesprungen. Er spürt es tief in der Brust, was zu tun ist und tut es. Nach getanem Werk wird er zum Luft-Partner sagen:

»Du bist großartig, ich wusste sofort, dass du hier die richtige Idee hattest!« Vielleicht sagt der Luft-Aszendent dann noch: »Aber ich hatte es noch gar nicht ganz zu Ende gedacht, vielleicht hätte es ja auch schief gehen können, oder vielleicht ...«. »Es ist aber gut gegangen, mein Schatz!« So einfach ist das.

Selbst wenn eine Idee bei der Ausführung schief geht, dann weiß man jetzt warum. Es ist ein großer Unterschied, ob man einer eventuellen gedanklichen Möglichkeit nachhängt, oder ob man durch praktischen Test weiß, wie sie in der Realität aussieht. Deshalb kann der Feuer-Deszendent den Luft-Aszendenten so sehr würdigen. Wenn er sprechen könnte, würde er sagen: »Manchmal handle ich so spontan aus dem Bauch heraus, dass ich - selbst wenn es gelingt – nicht genau weiß, wie ich es gemacht habe. Daher schätze ich dein Vorausdenken und dein Nachdenken so sehr. Es gibt dem Experiment einen theoretischen Hintergrund und meinem Handeln Bewusstsein.«

Wegen des Unterschieds dieser beiden Elemente ist auch die Kritik des Feuers hilfreich. Wenn die Gedanken wieder einmal nutzlos kreisen und überlegen: »Was wäre wenn ...«, dann spürt der Feuer-Mensch schnell, dass hier Energie verschwendet wird. Und wo durch rücksichtsvolles Abwägen kein Fortschritt mehr zu erreichen ist, da drängt er zur Tat und schafft Realitäten.

Der Denker erfährt Gerechtigkeit durch den Tatmenschen. Bleibt der Luft-Aszendent aber in seiner gedanklichen Haltung, alles offen lassen zu wollen, und weigert er sich, aktiv Entscheidungen zu treffen, so wird er den Feuer-Menschen als »Richter« erfahren, den Partner als Kläger erleben oder das Leben als ungerechte Herausforderung, das ihn zu einseitigem Handeln zwingen will. Bleibt der Luft-Aszendent ganz verstockt, so wird er rufen: »Du zwingst mich zur Entscheidung! Ich wollte noch nicht den Stab darüber brechen, ich wäre zum Gespräch bereit gewesen, aber du denkst nur an dich! Du Egoist, du handelst, ohne mich zu fragen! Du zwingst mich ja, so laut und brutal zu werden wie du!«

Hier hat die Luft dem Feuer seine Schattenseiten vorgeworfen, das rücksichtslose Handeln, den Egoismus. Das sind gewiss keine nachahmenswerten Seiten, trotzdem scheint es sich hier mehr um eine Ausrede zu handeln, damit die Luft sich als den beziehungswilligen Teil darstellen und als Opfer des Partners fühlen kann. Damit hat sie aber ohne es zu wollen den Partner zu ihrem Richter gemacht.

In der Tat müsste ein gerechter Richter der einseitigen Luft ihre Entscheidungsunfähigkeit vorwerfen, ihre Unfähigkeit, nein zu sagen oder überhaupt einen eindeutigen Willen zu äußern. Falls jemand das Luft-Element also zu einseitig betont, so wird er am Feuer scheitern. Luft, die nicht durch Feuer ergänzt wird, macht sich des Opportunismus schuldig, sie weigert sich, eigenverantwortlich aktiv zu werden. Sie verweigert die Tat. Wenn wir uns daran erinnern, dass der ursprünglich positive Impuls des Luft-Aszendenten eigentlich die Rücksicht auf das Du war, also der Beziehungswunsch, so ist dies ein besonders trauriges Ende. Denn jetzt hat er sich mit seiner Angst, etwas falsch zu machen oder jemandem auf die Füße zu treten, nichts als Einsamkeit eingehandelt.

Doch nun ist anzunehmen, dass der Denker daraus etwas gelernt hat und sich zuletzt vornimmt: »Ich will ab heute mutiger auf die Mitmenschen zugehen!« Er wird jetzt die Feuer-Qualität der Spontaneität üben und seinen Willen trainieren. Vielleicht sagt er: »Ich werde weiterhin im Voraus die Folgen meines Tuns abwägen, mich aber davon nicht blockieren lassen. Wenn es notwendig ist, kann ich auch einmal sofort entscheiden und unverblümt sagen, was ich will. Ich traue mir zu, wo die Situation es erfordert, auch zu streiten.« Sobald der Partner mit Luft-Aszendent dies verwirklicht, wird er staunen, denn es ist nicht etwa so, dass er damit Kampf und Trennung hervorruft, im Gegenteil: Je eindeutiger er seinen Standpunkt darlegt, desto mehr Respekt kommt ihm entgegen!

Jetzt erst erfährt seine Kompromissbereitschaft und planende Intelligenz eine gerechte Würdigung, und der Feuer-Partner sagt: »Es macht Spaß, mir dir zu streiten, denn du schätzt unsere gegenseitigen Interessen richtig ein und diskutierst konstruktiv. Durch dich habe ich erst gelernt, nicht nur an mich zu denken, sondern partnerschaftlich zusammenzuspielen!« Endlich Gerechtigkeit für die Luft-Qualitäten! Tatsächlich kann man sich kaum eine lebendigere Kombination vorstellen als Kommunikations- und Denkfähigkeit ergänzt durch mutige Tatkraft!

Deszendent im Wasser

Dieser Deszendent ist stets mit einem Erd-Aszendenten verbunden. Erde wird ergänzt durch Wasser, es gilt demnach die Formel: Der Realist erfährt Gerechtigkeit durch den Gefühlsmenschen.

Jemand mit Aszendent in den Erdzeichen Steinbock, Stier oder Jungfrau hat die Grundhaltung, vorsichtig auf Partnerschaften zuzugehen. Diese Person braucht Sicherheit und wird sich zuerst einmal auf den Standpunkt der Vernunft stellen. Eine innere Stimme spricht ungefähr so: »Liebe ist etwas ganz Natürliches, und wir brauchen uns nicht gleich in Rauschzustände zu stürzen. Gehen wir mal ganz langsam darauf zu und beobachten, was geschieht.« Damit fährt der Erd-Aszendent gut, er bleibt auf dem Boden der Realität. Das ist seine Art der Begegnung.

Trotzdem gerät er von Zeit zu Zeit in merkwürdige Liebesdramen hinein, weil leidenschaftliche Menschen sich völlig in ihn verlieben. Obwohl die Zuneigung vielleicht gegenseitig ist, fragt er sich: Wie kommt man nur dazu, mich so unglaublich zu lieben? Er hört den Partner mit großer Gefühlsgebärde sagen: »Ja, spürst du denn diese Energie nicht? Liebst du mich etwa weniger als ich dich!?« Das nun nicht, aber wenn es so weitergeht, entgleitet mir bald völlig die Kontrolle, denkt der Erd-Aszendent. Worauf der gefühlvolle Partner ausruft: »Sei doch nicht so streng! Warum grenzt du dich bloß so übermäßig ab gegen mich?«

In solchen Situationen fühlt sich der Erd-Partner leicht überfordert und weiß nun selbst nicht mehr, ob er sich tatsächlich zu sehr gegen die Gefühle abgrenzt, oder umgekehrt, ob er vielleicht schon zu schicksalhaft in Gefühle verstrickt ist und sich besser auf die Vernunft besinnen sollte?

Woher soll da eine Antwort kommen, wenn nicht vom Gefühlsmenschen? Der Wasser-Deszendent ist ja Spezialist in emotionalen Fragen und hat die meiste Erfahrung, wie man sinnvoll damit umgeht. Wer einen Erd-Aszendenten hat, braucht als ideale Ergänzung einen Gefühlsmenschen, denn gerade dieser kann seine erdhafte Vorsicht gerecht einschätzen. Im einen Fall wird er sagen: »Jetzt verbirgst du wirklich deine Gefühle hinter einer Schutzmauer«, in einer anderen Situation wird er sagen: »Du bist nicht gefühllos, du bleibst nur dir selber treu, und gerade das schätze ich an dir!« In beiden

Fällen können wir sicher sein, dass diese Rückmeldung nicht durch Nutz- und Zweckdenken gefärbt ist, sondern eine Aussage ehrlicher Gefühle. So erfährt der Realist Gerechtigkeit durch den Gefühlsmenschen. Wenn er sich durch dessen Augen betrachtet, wird er seine eigene Emotionalität klarer erkennen und wieder lieben lernen.

Falls jedoch dieser Prozess nicht gelingt, wird zuletzt das Gefühl über den Verstand zu Gericht sitzen. Möglicherweise hat der Partner mit dem Erd-Aszendent in früher Kindheit mit seinem Wasser-Deszendenten die Erfahrung gemacht, dass Gefühle unzuverlässig sind und dass Leidenschaften stets Chaos bringen. Daraufhin hat sein kindliches Unbewusstes den Entschluss gefasst, emotionale Regungen aus dem Leben zu verbannen. Wenn nun der Erwachsene nicht merkt, dass diese Einstellung zwar in der Kindheit einen sinnvollen Selbstschutz darstellte, heute jedoch verändert werden kann, wird er automatisch falsch reagieren: Kaum bringt ihm jemand Gefühle entgegen, so reagiert er mit Vorsicht oder gar Angst.

Um so dramatischer werden sich wahrscheinlich hochemotionale Partner in ihn verlieben – das Verdrängte will ja wiederkehren – und der Erd-Aszendent muss wahre Festungen aufbauen, wenn er sich davon nicht berühren lassen will. In diesem Fall könnte man einen Partner verstehen, der wie ein Kläger über ihn herfällt und ihm vorwirft: »Du bist ein eiskalter Verstandesmensch und schneidest dich von allen Gefühlen ab!« Übertriebene erdhafte Vorsicht findet ihren Richter im Gefühl. Symbolisch gesprochen wird dieser Richter ihm eine ungewöhnliche Strafe verordnen, nämlich, dass er sich so lange mit Gefühlen und Leidenschaften konfrontieren muss, bis er tatsächlich gezwungen wird, alle Kontrolle über sein Leben zu verlieren.

Nehmen wir einmal an, dass der Realist daraufhin – wie es seine Art ist – eine intelligente Auswertung der Erfahrungen macht und fähig ist, die Lehren daraus zu ziehen. Er wird sich dann sagen: »Ich verstehe, dass ein Teil meiner Skepsis eine Reaktion auf die Vergangenheit ist und heute abgelegt werden kann. Ich habe mit meinem Realitätssinn eine sichere Grundlage gelegt, darauf können nun Gefühle wachsen.« Er wird jetzt seine Phantasien ernst nehmen und lernen, seine Bedürfnisse auszudrücken, auch wenn sie vielleicht ungewöhnlich und leidenschaftlich erscheinen. Zu seinem Erstaunen wird er sich damit keine Katastrophen oder Ablehnungen einhandeln, sondern Anerkennung. Der Gefühlspartner sagt daraufhin:

»An dir schätze ich diese emotionale Ehrlichkeit umso mehr. Ich habe schon immer gespürt, welch reiches Seelenleben in dir ist.« Erst an dieser Rückmeldung merkt der Erd-Aszendent, dass ihm eine starke emotionale Ausstrahlung eigen ist. Durch das Echo des emotionalen Partners findet diese Seite eine gerechte Würdigung. Und auch der scheinbaren Zurückhaltung widerfährt im Spiegel der akzeptierten Emotionalität Gerechtigkeit: Ohne diese Grundlage von Sicherheit, Vertrauen und Zeit wären die Gefühle ungeschützt. Die Erd-Qualitäten haben jetzt ein festes Fundament geschaffen, auf dem die Seelen ihr Zuhause bauen können.

Deszendent im Luftzeichen

Dieser Deszendent ist stets mit einem Feuer-Aszendenten verbunden. Feuer wird ergänzt durch Luft, es gilt demnach die Formel: Der Tatmensch erfährt Gerechtigkeit durch den Denker.

Die Persönlichkeit mit einem der drei Feuerzeichen Widder, Löwe oder Schütze am Aszendenten möchte von sich aus gerne spontan handeln und aus dem Augenblick heraus leben. Oft gelingt dies auch, aber mit den Anforderungen des Lebens kommt auch die Notwendigkeit, zu planen und Bedürfnisse zurückzustellen, so dass ein solcher Mensch natürlich nicht in jedem Augenblick des Lebens ein spontanes, sprühendes Energiebündel sein kann. Manchmal kommt es auch vor, dass der Tatmensch mit Feuer-Aszendent in früher Kindheit die Erfahrung gemacht hat, dass Spontaneität und Lebensfreude bestraft werden, worauf er sich vielleicht vornimmt, immer klug vorauszuschauen und erst dann zu handeln. Das berechtigte Bedürfnis, feurig zu sein und spontan zu handeln, ist also mit einer gewissen Unsicherheit verbunden. So kommt es, dass dieser Mensch sich manchmal die Frage stellt: »Bin ich zu spontan und überfahre die Leute? Oder umgekehrt, sollte ich eigentlich viel spontaner sein, weil ich mich sonst durch falsche Zurückhaltung selbst verleugne?«

Wer ist besser dafür geschaffen diese Frage zu beantworten, als ein klarer Denker, ein Deszendent im Luft-Zeichen? Luft ist ja die Gabe der Objektivität. Luft ist die klare Unterscheidungsfähigkeit. Wenn der Luft-Deszendent zum Feuer-Aszendenten sagt: »Dies ist störend an dir, jenes ist eine wertvolle konstruktive Eigenschaft«, so können wir sicher sein, dass dieses Urteil nicht durch Emotionen getrübt ist, weder durch Missgunst noch durch übertriebene Bewunderung.

Auch ein Lebenspartner mit starkem Luft-Element im Horoskop kann diese Rolle vielleicht gut erfüllen. Im Spiegel eines Liebhabers oder einer Liebhaberin mit guter Zwillinge-, Waage- oder Wassermann-Betonung erfährt die feurige Seite eine gerechte Würdigung. Gerade die reflektierende und distanzierte Luft-Person weiß die herzliche Direktheit des Feuers als Ergänzung zu schätzen, sie wird dessen Wärme und Entscheidungsfreude genießen. Sie wird aber andererseits auch klug genug sein, zur Vorsicht zu mahnen, wenn sich der feurige Partner allzu unbedacht mit dem Kopf voraus in die Fettnäpfe stürzt.

Falls Sie selbst einen Feuer-Aszendenten haben und Ihre Neigung zu spontanem Fettnapf-Treten sehr groß ist, so hören Sie auf die kühlen Denker! Lernen Sie von ihnen den scharfen Blick dafür, wie andere Menschen denken. Luft ist die Fähigkeit, einzuschätzen, welche verschiedenen Reaktionen Ihr gut gemeintes Handeln in den Mitmenschen auslösen kann.

Der Tatmensch erfährt Gerechtigkeit durch den Denker. Sollte er zu spontan und zu egoistisch handeln, so kann der Mitmensch und Partner für ihn zum »Richter« werden. Dieser Richter würde ihm dann in erster Linie vorwerfen, dass er zuwenig nachgedacht und das Luft-Element vernachlässigt hat. Statt »Mitmensch als Richter« können wir auch sagen: »Partner als Kläger« oder »das Leben fordert, dass der Feuer-Aszendent seine Einseitigkeit aufgibt«. Im Extremfall wird er diese Forderung jedoch ablehnen und den Richter oder Partner hassen. Er sieht in ihm nur die negativste Seite des Luft-Elements und ruft aus: »Soll ich mich etwa selbst verleugnen? Du behauptest, mich zu lieben und willst, dass ich meine Lebendigkeit aufgebe! Ich bin nun einmal so! Oder soll ich etwa so ein Zauderer werden wie du, der ewig hin und her überlegt, der auf jeden Esel Rücksicht nimmt und nie zu Potte kommt?« Der Feuer-Aszendent empört sich also über die negativen Eigenschaften der Luft. Vielleicht ist das ein berechtigter Vorwurf, aber es dient hier mehr als Ablenkung, damit sich der Tatmensch überhaupt nicht mit der Luft auseinandersetzen muss. Dabei wäre deren Klugheit eine so schöne Ergänzung!

Falls jemand das Feuer-Element zu einseitig betont, wird er an der

Luft scheitern. Das luftige Gericht, das über ihn hereinbrechen wird, wirft ihm vor, zuwenig nachgedacht zu haben, zu selbstherrlich seinen Weg gegangen zu sein und empfiehlt ihm, mehr mit den Menschen ins Gespräch zu treten. Denn Luft ist auch Symbol für die Gabe, ein sachliches Gespräch zu führen, bei welchem keiner den anderen übertrumpft oder überredet, sondern beide auch zuhören und einfach den Standpunkt des Mitmenschen zur Kenntnis nehmen.

Nachdem er daraus die Lehre gezogen hat, merkt der Tatmensch: Wenn ich blind nur aus mir heraus handle ohne Rücksicht auf die Bedürfnisse anderer, so werde ich einsam. Niemand schätzt dann meine Art, so sehr sie mir selbst auch echt und spontan vorkommen mag. Ich will kommunizieren lernen, will partnerschaftlich auf andere zugehen. Je mehr dies gelingt, desto mehr wird der Tatmensch staunen: Er wird neue Freunde finden und auch mehr geschätzt und gewürdigt werden als früher. Plötzlich hört er die Rückmeldung: »Ich liebe deine Energie, deine Spontaneität!« Seine Feuerkomponente wird endlich gerecht beurteilt! In der Tat: Gibt es etwas Gewinnenderes als spontane feurige Herzlichkeit ergänzt durch Klugheit und Gesprächsbereitschaft?

Deszendent im Erdzeichen

Dieser Deszendent ist stets mit einem Wasser-Aszendenten verbunden. Wasser wird ergänzt durch Erde, es gilt demnach die Formel: Der Gefühlsmensch erfährt Gerechtigkeit durch den Realisten.

Jemand mit Aszendent in den Wasserzeichen Krebs, Skorpion oder Fische hat ein instinktives Bedürfnis, sich hinzugeben und in Liebe zu versinken. Er spürt vielleicht, dass er zu einer Partnerschaft berufen ist, in der beide geborgen und zu Hause sein können. Dieser abgrundtiefe Wunsch nach Verschmelzung ist jedoch oft mit einer gewissen Verunsicherung verbunden. Darf ich diesem Trieb nachgeben? Was geschieht dabei? Man braucht nicht viel Phantasie, um zu sehen, dass der Mensch mit Wasser-Aszendent sehr verletzbar wird, falls er diese Seite voll auslebt. Möglicherweise hat er damit bereits öfter schlechte Erfahrungen gemacht, worauf er sich nun kompensatorisch in Vernunft übt und seine Empfindungen zurückhält. Deshalb gibt es Situationen, wo er sich ausgerechnet bei seiner starken Seite, nämlich den Gefühlen, schwach und unsicher fühlt: »Bin ich ein Spielball meiner überschäumenden Emotionen und sollte ich mich disziplinieren? Oder ist es etwa umgekehrt, dass ich viel zu wenig zu meinen Gefühlen stehe?«

Wer könnte eine solche Situation besser einschätzen als der Realist? Die Kräfte des Erd-Deszendenten sind genau dafür geschaffen, die Lage einer kritischen Prüfung zu unterziehen und dadurch Sicherheit über das weitere Verhalten zu erlangen. Die genaue Beobachtungsgabe der Erde kann den Gefühlen gerecht werden.

Vielleicht ist da wirklich ein Liebespartner mit einem guten Realitätssinn. Er wird genau erkennen, wo die Gefühle überschwappen und zerstörerisch werden, aber auch, an welcher Stelle Gefühle verbindend und heilend wirken können. Gerade der unverstellte Blick auf die Realität ist es, der den Gefühlen des Wasser-Aszendenten gerecht werden kann. Schauen Sie sich ruhig einmal mit den Augen eines Realisten an, falls Sie selbst mit einem Gefühls-Aszendenten geboren wurden: Sie können vertrauen, dass er gerechte Kriterien hat, um echte und konstruktive Gefühle von eingebildeten Hoffnungen zu unterscheiden. Der Gefühlsmensch erfährt Gerechtigkeit durch die realistische Rückmeldung des Menschen, der ihn liebt.

Im negativen Fall wäre es aber auch einmal denkbar, dass eine Person mit Wasser-Aszendent nichts von der Realität wissen will. Aus Gründen, die hier nicht zu erörtern sind, hat dieser Mensch sich ein paar Phantasien erhalten, die er nicht aufgeben möchte. Das ist sein gutes Recht, aber stellen wir uns einmal vor, dass diese Phantasien derart grandios und wonnevoll sind, dass man sich nicht einmal getraut, sie auszusprechen. Der Versuch, vom Leben die Erfüllung dieser Bedürfnisse zu fordern, ist vielleicht schon jahrelang nicht mehr unternommen worden. Man hat scheinbar resigniert und sich zu Bescheidenheit erzogen.

Sobald aber ein realer Liebhaber oder eine reale Liebhaberin auf den Platz tritt, wird klar, dass vor diesem Ideal alles verblassen muss. Der frustrierte Wasser-Aszendent ruft dann aus: »Was für ein trockenes Alltagsdasein bietest du mir an! Ich hätte mir einen leidenschaftlichen Künstler gewünscht, nicht einen verdorrten Beamtentypen wie dich, der meine Seele überhaupt nicht versteht!« Damit wird die Schattenseite des Realisten kritisiert, was man verstehen kann. Trotzdem müssen wir den Wasser-Aszendenten hier verdächtigen, dass er es nur tut, damit er sein illusorisches Ideal nicht mit der Wirklichkeit konfrontieren muss. Dann wird in den Augen des enttäuschten Gefühlsmenschen der Realist wirklich zum Gegner. Als Kläger bringt er den Vorwurf, subjektiv und weltfremd zu sein. Als Richter verurteilt er den Wasser-Aszendenten, weil er nicht fähig sei, eine zufriedene Partnerschaft tatsächlich in der Realität zu leben. Für den einseitigen Wassertypus hat das Gericht stets Erd-Charakter. Das Wasser jammert und beklagt sich dann: »Man verkennt meine Seele und sperrt mich ins Zwangslager einer lieblosen Alltagsfron!«

Nehmen wir aber einmal an, dass der Wasser-Aszendent auf dieser Stufe nicht stehen bleibt. Mit der ihm eigenen Sensibilität ist er fähig, die Lehren daraus zu ziehen und seinen psychischen Haushalt neu zu organisieren. Jetzt sagt er sich: »Ich erlaube mir, meine Gefühle ins Leben einzubringen. Meine Furcht vor der Welt baue ich schrittweise ab. Ich erziehe mich, die Realität zu lieben und will sie nicht länger als Gegensatz zu meinen Gefühlen empfinden.«

Es geschieht dabei etwas Merkwürdiges. Die Umwelt dieses Menschen, vor allem ein eventuell vorhandener Erd-Partner, wird nun plötzlich aufhören, auf der Seele dieser Person herumzutrampeln. Seit sie selbst für ihre Gefühle die Verantwortung übernommen hat, hört sie auf einmal Lob, wie etwa folgendes: »Ich schätze deine Wahrhaftigkeit und deine seelische Treue zu dir selber!« Der Partner ist jetzt erst in der Lage, die emotionale Seite des Wasser-Aszendenten zu verstehen und gerecht zu beurteilen. Er fühlt sich sicherer, sobald der Gefühlsmensch mehr in sich selbst ruht, und wird dies mit Treue belohnen. Nun können sich die Seelen beider Liebenden öffnen, weil ihre Leidenschaft nicht mehr im Widerspruch zum Bedürfnis nach Sicherheit steht. Wie schön für einen Gefühlsmenschen, wenn gegenseitige Hingabe im geborgenen Rahmen einer realistischen Partnerschaft möglich ist!

Ein wichtiger Nachtrag

Sie brauchen nicht zwanghaft einen Partner zu suchen, der anders ist als Sie, damit Ihnen endlich Gerechtigkeit widerfährt! Wenn dieser Eindruck entstanden sein sollte, so könnte es daran gelegen haben, dass Sie die obigen Abschnitte einseitig gelesen haben, nämlich durch die Brille: »Du Mann mit Feuer-Aszendent musst unbedingt eine Luft-Frau auftreiben, sonst kann dir niemand gerecht werden!« Nein, jede Partnerin und jeder Partner hat den ganzen Tierkreis in sich, und so können Sie als Feuer-Aszendent ruhig darauf vertrauen, dass ein Mensch, der Sie liebt, sich rechtzeitig auf den Luft-Standpunkt stellt, wenn es für Sie zur Ergänzung nötig ist, und zwar gleichgültig, unter welchem Stern er sonst geboren ist. Dasselbe gilt natürlich für alle anderen Aszendent/Deszendent-Ergänzungspaare.

Im Übrigen wurde diesem Kapitel das Sprichwort »Gegensätze ziehen sich an« zugrunde gelegt. Aufgrund der Deszendent-Symbolik ist dies bestimmt ein sehr wichtiger Faktor bei der Liebe und der Selbsterkenntnis, aber natürlich nicht der einzige! Große Liebe ist auch möglich unter dem Motto »Gleich und Gleich gesellt sich gern!« Warum sollte in einem konkreten Fall nicht einmal ein Gefühlsmensch gerade durch einen anderen Gefühlsmenschen ergänzt werden? Dieser kann die Emotionalität zwar verstehen, wird sie aber trotzdem von außen spiegeln und dem Andern dazu verhelfen, das Thema neu zu sehen. Dasselbe können wir uns auch für alle anderen Elementtypen vorstellen. Letztendlich ist nicht eine bestimmte Element-Ergänzung der entscheidende Punkt. Jeder Mensch hat einen anderen Blickwinkel und dadurch sieht er neue Seiten an uns.

Ich habe schon beobachtet, wie ein liebender Mensch in seinem Partner intuitiv ein Talent oder eine besonders liebenswürdige Seite erkannte oder zu erkennen glaubte, die außerhalb der Beziehung kaum sichtbar war. Wenn nun dem Partner auf diese Weise überraschend etwas Positives zugeschrieben wird, dürfte er sich zuerst einmal geschmeichelt fühlen. Vielleicht findet er dieses Talent – wie versteckt es auch gewesen sein mag – nun tatsächlich in sich. Das Talent oder die liebenswürdige Qualität gehört ab jetzt zu seinem bewussten Selbstbild. Wenn er möchte, kann er dieses Talent pflegen, kultivieren und wachsen lassen. Seine Mitmenschen sagen dann: »Du hast dich plötzlich so positiv verändert!«, und die dümmeren unter ihnen fügen an: »Ein Wunder ist geschehen!« Die klügeren hingegen fragen: »Bist du etwa verliebt?«

Es ist kein Wunder geschehen, denn die Anlage war längst schon vorhanden, aber so versteckt, dass sie bisher kaum jemand gesehen hat. Der Partner hat diese Eigenschaft sozusagen aus ihm »herausgeliebt«.

Geist und Macht

Dieses Kapitel bringt einen kulturhistorischen Exkurs über die zuletzt behandelten Themen. Die Symbolik des Westens steht noch einmal im größeren Zusammenhang zur Diskussion, ebenso die Bedeutung der Ost-West-Richtung in der Geschichte und in der Architektur, das Verhältnis von weltlicher und spiritueller Macht, und zuletzt ist sogar vom jüngsten Gericht die Rede.

Falls Sie kein Interesse an kulturhistorischen Zusammenhängen haben, so genügt die Lektüre der Zusammenfassung am Ende des Kapitels; daraufhin können Sie dann gleich im folgenden Kapitel weiterlesen, in dem der zentrale Mythos des Deszendenten erzählt wird.

Dass im Horoskop das Haus der Liebe ausgerechnet dem Untergangs-Punkt zugeordnet ist, kann ja kein Zufall sein. Aber welche tiefere Aussage steckt hinter diesem Symbol? Die Antwort führt uns auf das Thema Eroberung und Macht, aber auch auf die Notwendigkeit, deren Grenzen zu erkennen.

Wir sahen bereits, dass viele Eroberungen von Osten nach Westen strebten. Die ganze Geschichte der menschlichen Zivilisation enthält eine Bewegung nach Westen. Aus Asien, aus Mesopotamien als der Wiege unserer Kultur, ging der nächste Entwicklungsschritt nach Ägypten, dann in der klassischen Antike nach Griechenland, also immer weiter westlich. Die griechische Kultur wurde schließlich von der römischen abgelöst, Rom liegt weiter westlich, und von da aus drangen die römischen Legionen bis zum Atlantik vor. Im Mittelalter verlagerte sich das Zentrum des Geschehens von Rom nach Mitteleuropa und Frankreich, also nochmals weiter westlich, um in der Neuzeit mit dem Imperialismus schließlich sein Zentrum im British Empire zu finden. Schon vorher spielten die westlichsten Länder Europas eine Schlüsselrolle bei der Entdeckung Amerikas, und in unserem

Jahrhundert kommen die meisten zivilisatorischen Impulse zur Aneignung der materiellen Welt aus Amerika. Die USA selber expandierten im Verlauf ihrer Geschichte von der Ost- zur Westküste.

Was bedeutet dies? Da im Osten für jeden sichtbar die Sonne aufgeht, um dann im Verlauf des Tages Richtung Westen zu wandern, braucht man nicht unbedingt Kenntnis astrologischer Symbole, um zu verstehen, dass im Osten stets der Ursprung der Menschheit und der Kultur vermutet wurde. Aus dem Osten kommen wir und nach Westen streben wir. Die Indien- und Asien-Sehnsucht der neuzeitlichen Menschen ist vielleicht nichts anderes als ein unbewusstes Suchen nach den eigenen Wurzeln, nach unserer spirituellen Heimat. Eine Reise nach Osten, zum Sonnenaufgang, ist also stets eine Reise zum wahren Ich, daher kommt auch die Aszendent-Symbolik. Schon in alten Zeiten wurde diese einfache Symbolik des Sonnenaufgangs erkannt, wie der Spruch »ex oriente lux« beweist: aus dem Osten kommt das Licht.

Osten oder Aszendent heißt »Ich«. Nun sind wir als Ich zuerst einmal allein. Unsere Suche nach dem Ich beginnt in der Regel nicht in munterer Gesellschaft, sondern an ihrem Anfang steht ein einsamer Entschluss des Individuums, das sich weiterentwickeln möchte. Der Anreiz dafür sind nicht weltliche Lorbeeren, sondern innere Erleuchtung. Die Reise nach Osten ist im übertragenen Sinne eine Reise nach innen, zu unserem spirituellen Ursprung. Wir folgen dabei dem Weg der Sonne durch die Nacht, das heißt durch die innere Welt der Horoskop-Häuser unter dem Horizont.

Eine ganz andere Qualität hat der Blick nach Westen. Wir folgen dabei der Sonne auf ihrem Weg durch den Tag, also durch die äußere Welt. Wir erobern den Tag und die Außenwelt. Mit »Westen« assoziieren wir Amerika, Abenteuer, vielleicht aber auch das Gold der Inkas oder die bewundernswerten Gesellschaften der ursprünglichen Indianer, die ihren Lebensraum im Einklang mit der Natur nutzten. Der Blick nach Westen eröffnet uns die Faszination des Neuen, vielleicht auch der Macht. Jedenfalls folgen wir dabei – ob wir es wollen oder nicht – stets den Pfaden der Eroberer. Die Bedeutung des Westpunkts im Horoskop, des Deszendenten, erinnert uns daran, dass wir dabei eine Reise zum »Du« unternehmen, zum Mitmenschen, zu fremden Gesellschaften. Sei es aus Habgier, sei es aus Liebe: am Deszendenten erobern wir Menschen!

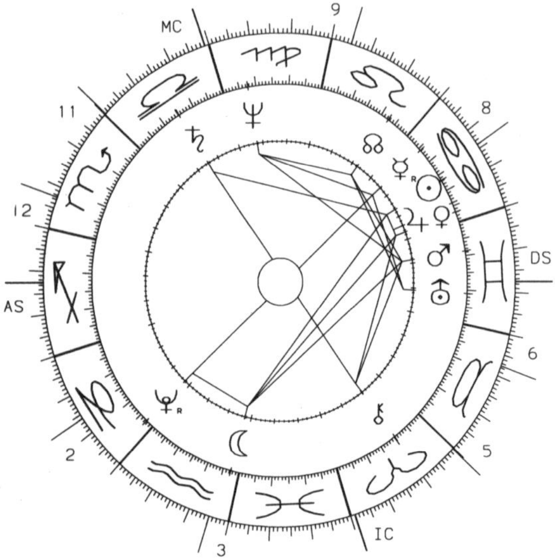

Abb. 12: Das Gründungshoroskop der USA[17]

Das Staatshoroskop der Vereinigten Staaten von Amerika (Abb. 12) weist eine für jedermann sichtbare deutliche Betonung der Westseite auf.[18] Die Themen Eroberung und Macht standen also bereits an der Wiege Pate. Das wichtigste Symbol dabei ist Uranus, Planet der Befeiung, der in dieser Minute am Westhorizont unterging. So ist der typische Amerikaner ein Mensch, der viel freien Raum braucht und sich aus einschränkenden Verhältnissen befreit, sobald er kann. Der Cowboy, der freie Mensch, der die Freiheit seines Landes verteidigt, ist ja zu einer Art Nationalmythos geworden. Zwar sind die Amerikaner auf dem Weg, ein Volk von Nichtrauchern werden zu wollen, aber wenn im Kino der Marlboro-Held nach Westen in die untergehende Sonne reitet, so rührt er an die Ursehnsucht – nicht nur des Amerikaners – nach Freiheit und Abenteuer. Am Deszendenten entspringt der verlockende Duft der großen weiten Welt.

Ob die Eroberung des Westens nun gut oder schlecht war, ist eine Frage, welche die Astrologie nicht beantworten muss. Sie belässt ja ethische Bewertungen in der Verantwortung jedes Einzelnen. War es

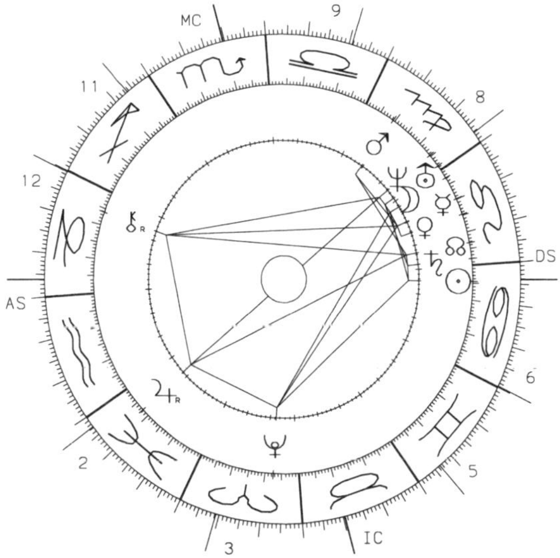

Abb. 13: Gründungshoroskop des Islam[19]

eine notwendige Aktion für den Fortschritt? Oder ein widerrechtlicher Raub an der Natur oder an den Indianern? Klar ist nur, dass dieses Land auf andere zugehen musste. Vorherbestimmt ist durch dieses Gründungshoroskop die Tatsache, dass Eroberung und Macht ein Leitthema für die USA sind. Immerhin gehen sie als vorerst letzte und einzige Supermacht aus dem alten Jahrhundert hervor und sehen sich nun mit der Frage konfrontiert, ob sie diese Position gegen andere ausnutzen wollen oder ihrem eigenen Anspruch gerecht werden können, den Völkern der Welt durch ihre Stärke zu mehr Sicherheit zu verhelfen. Die Erfahrung in der Individualastrologie zeigt ja, dass aus dem Horoskop überhaupt keine Prognose darüber gemacht werden kann, wie der Geborene seine Anlagen nutzt. Selbst so krasse Unterschiede wie Verbrecher oder Heiliger sind nicht aus dem Horoskop zu ersehen, wie statistische Untersuchungen eindeutig gezeigt haben. Auch die Verhaltensweise eines Kollektivwesens wie der USA ist deshalb nicht horoskopisch zu errechnen.

Eine stark betonte Westseite des Horoskops muss durchaus nicht immer zu Machtpolitik führen. Es kann auch einfach bedeuten: Dieses Wesen braucht die Faszination der Begegnung mit anderen. Vielleicht möchte es sich nur mitteilen und sich die Mitmenschen als Freunde aneignen oder sie als Verbündete der eigenen Meinung erobern.

Das Gründungshoroskop des Islam (Abb. 13) hat ebenfalls eine starke Betonung des Deszendenten und der westlichen Häuser 7 und 8. Schon im ersten Jahrhundert seiner Existenz hat sich der Islam nach Westen ausgebreitet, bis hin nach Westafrika und Spanien, ans westliche Ende der damals bekannten Welt. Natürlich kann dies, astrologisch symbolisiert etwa durch die starke Löwe-Betonung, auch als negative männliche Machtausübung gesehen werden. Doch wenn wir heute das Gefühl haben, dass es dem Islam nur um fanatische männliche Machtausübung geht, greifen wir sicher zu kurz, obwohl uns diese amerikanisch-westeuropäische Beurteilung täglich durch die Medien neu eingeprägt wird. Außerdem ist es unfair, andere Kulturen zu kritisieren, wo die Gegenprobe nicht möglich ist: Das Christentum und die übrigen Weltreligionen haben kein bekanntes Gründungshoroskop, was durch ihre frühe und lange Entstehungsgeschichte bedingt ist. Auch ohne Horoskop wissen wir ja, dass die christlichen Kirchenführer genauso frauenfeindlich sind und es unter den historischen Figuren des Christentums nicht nur Unschuldslämmer gibt. Dass der Islam – wie keine andere der großen Weltreligionen – auf die Welt zuging und das Weltliche erforschte, führte auch zur Gründung der großen Forschungszentren und Universitäten im mittelalterlichen Spanien. Ohne die dort aufblühende islamische Gelehrsamkeit hätte die Christenheit nicht nur die antike Kultur vergessen, sondern auch den technologischen Fortschritt verschlafen. Noch heute kommen viele wissenschaftliche Begriffe aus dem Arabischen.

Die Astrologie selbst verdankt den Mohammedanern eine Menge. Das Astrolabium zur Vermessung der Sterne, Begriffe wie Zenit und Nadir kommen ebenso aus dem Arabischen wie zum Beispiel der Glückspunkt.[20] Dieses schöne Deutungselement erfasst auf einen Blick die Mondphase bei der Geburt, also das entscheidende Verhältnis zwischen bewussten und unbewussten Kräften, zwischen Aktivität und Ruhe in uns, aber auch zwischen väterlichem und mütterlichem Archetypus. Der Glückspunkt bezieht dieses Verhältnis, eben die Mondphase, auf den Aszendenten und zeigt so, wo wir als individuelles Ich in die Mitte kommen können, wo Sonne- und Mondkräfte ihren Ausgleich finden. Wir wissen nicht mehr, welcher Araber diesem sensitiven Punkt den Namen »Glückspunkt« gegeben hat, aber es ist sehr interessant, dass er Glück nicht als Reichtum definiert oder als Ruhm, Erfolg und günstiges Schicksal, sondern als eine innere Qualität, nämlich als gefundene Harmonie zwischen Aktivität (Sonne) und Ruhe (Mond), um die sich jedes Individuum (Aszendent) auf seine Weise bemühen sollte.

Die Betonung des Deszendenten oder des 7. Hauses in einem bestimmten Horoskop enthält zwar im konkreten Fall oft die Versuchung zu Eroberung und Verführung, bedeutet aber ursprünglich einfach: Geh auf die Welt zu! Mach dir das Fremde zu eigen! Die Faszination des Anderen, des Fremden ist oftmals der erste Impuls zur Eroberung der Welt. Doch auch die Sehnsucht nach einer menschlichen Idealgesellschaft gehört dahin. Aus der Faszination des Fremden und Idealen heraus begeisterten sich die Menschen im alten Griechenland und später immer wieder für das sagenhafte Atlantis. Nicht zufällig lag es im Westen, jenseits der Säulen des Herakles, also der Felsen von Gibraltar. Am westlichen Ende der damals bekannten Welt ist es in den Fluten des Atlantik versunken. Die Bürger von Atlantis beherrschten nach der Legende die Welt auf ideale und hochgeistige Weise. Ihre technischen Wunderwerke wurden gepriesen. Von kunstvollen Gärten ist die Rede, von Hafenanlagen, herrlichen Palästen, – es ist eine fremde Welt, die noch heute viele erobern möchten!

Ganz anders sind jedoch die Visionen des Aszendenten! Um den Gegensatz zu verdeutlichen, betrachten wir uns hier das Horoskop des Malers Caspar David Friedrich (Abb. 14). Sein Horoskop hat eine deutliche Betonung der Ostseite, das heißt des Aszendenten.

Ein Maler musste in jener Zeit natürlich Landschaften und Menschen malen, also die Außenwelt. Aber Caspar David Friedrichs Hauptinteresse war das eigene Innere. Nicht Welterkenntnis, sondern Selbsterkenntnis bildete sein wahres Motiv. Friedrich drückte dies demonstrativ deutlich aus, indem er sozusagen die Innenseite der Dinge malte. Oft waren es Landschaften im Mondschein, deren äußere Konturen kaum erkennbar sind. Um so deutlicher liegt ihre Seele bloß. Das subjektive Befinden des Malers fließt hier in die Außenwelt. Vielleicht kennen Sie auch seine romantischen Gemälde mit

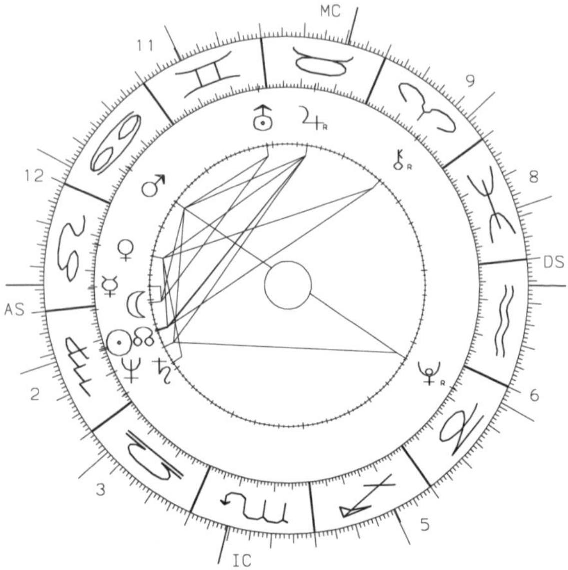

Abb. 14: Caspar David Friedrich[21]

Tannen, die wie Heiligtümer in der Landschaft stehen. Manchmal steht ein einsames Kreuz auf einem Berggipfel. Auf anderen Bildern sieht man winzig kleine Menschen von hinten; allein werden sie einer unendlichen Weite von Meer und Natur gegenübergestellt. Gerade weil er sich angesichts der Natur auf sich selbst zurückgeworfen sah, war Friedrich ein tief religiöser Mensch.

Auch die politische Deutung seines Schaffens durch die jungen Nationalisten in der Zeit der Freiheitskriege war ihm natürlich bekannt. Als scharf beobachtende Jungfrau nahm er seine Wirkung auf die Außenwelt genau wahr. Der Wassermann-Deszendent ist Anzeiger für seine Begegnung mit der Revolution oder revolutionären Ideen. Und doch zog sich Caspar David Friedrich immer wieder in sein eigenes subjektives Inneres zurück. So ist er zum Beispiel des einsamen romantischen Menschen und Künstlers geworden, der aus sich selbst heraus eine innere Welt schafft.

Die Faszination des Ostens, des Aszendenten, richtet sich also auf

Abb. 15: Die Karten »Hohepriester« und »Herrscher« in der Darstellung des Oswald-Wirth-Tarot

die Erleuchtung des Inneren, auf die Sehnsucht, sich selbst zu finden oder wiederzufinden und zu den spirituellen Wurzeln zurückzukehren. Die Faszination des Westens, des Deszendenten, ist demgegenüber die Eroberung der äußeren Welt, die Sehnsucht nach Menschen und nach Macht über sie. Eine Reise zum Aszendenten ist eine Reise zu sich selber, die Reise zum Deszendenten bringt Begegnung mit der Umwelt.

Im Idealfall sind Innen- und Außenwelt ausgeglichen. Ich und Du sollten gleich viel Raum im Leben eines jedes Menschen erhalten. Kulturgeschichtlich zeigt sich diese Menschheitsaufgabe in der Dialektik von Geist und Macht. Durch den Lauf der Sonne ist dieses Ergänzungspaar an das Erlebnis von Ost und West geknüpft. Der Ausgleich von Geist und Macht spiegelt sich in der Auseinandersetzung zwischen Spiritualität und Politik.

Papst und Kaiser repräsentieren in der Europäischen Geschichte während mehr als tausend Jahren dieses Ergänzungspaar. Sie erscheinen auch in zwei aufeinanderfolgenden Tarotkarten, wie Abbildung 15 zeigt. Allerdings verweist die Bezeichnung »Hohepriester« für den Papst auf die älteren Quellen des Tarot. In Wirklichkeit sehen wir hier das jahrtausendealte Paar von Hohepriester und König vor uns, das bei allen indogermanischen Völkern immer wieder auftaucht. Alleinherrschaft galt ihnen als unnatürlich, nur die Teamarbeit von spirituellem Führer und Stammes-Chef erschien sinnvoll. Seinen erfolgreichen Höhepunkt fand dieses Konzept der Ergänzung bei den Kelten, die stets von einem Druiden und einem Stammeskönig gleichwertig regiert wurden. Der historische Tiefpunkt war im Mittelalter erreicht, als aus der Zusammenarbeit von Kaiser und Papst immer mehr ein blutiger Krieg gegeneinander wurde.

Symbolisch gesprochen hat der Druide oder Priester seinen Sitz im Osten, der weltliche Herrscher im Westen. In der Sprache der Astrologie entspräche der Druide dem Aszendenten und der Stammesfürst dem Deszendenten. Das Beispiel der Kelten sollte uns zu denken geben, denn alles, was wir heute über sie wissen[22], lässt uns vermuten, dass sie damit besonders erfolgreich waren. Zu Beginn unseres mühevollen Prozesses der europäischen Einigung sollten wir uns an das keltische Jahrtausend erinnern. Dass von etwa 1000 v. Chr. bis zur Zeitenwende die größten Teile Europas friedlich geeint waren, ist nicht zuletzt eine Folge dieses keltischen Führungsprinzips. Selbst der Asterix-Leser weiß, dass die Gallier oder Kelten mit der Natur und der Erde verwachsen waren. Vermutlich waren sie gar nicht so provinzlerisch wie sie im Comic dargestellt werden, immerhin waren sie auf einigen Gebieten technologisch derart fortgeschritten, dass wir erst in der Gegenwart überhaupt nachvollziehen können, was damals geleistet wurde. Aber mit Sicherheit war der keltische Kosmos, der sich von Britannien bis zum Balkan und weiter östlich erstreckte, eine dezentral organisierte Welt, oder wie wir heute sagen würden »ein Europa der Regionen«.

Welcher mächtige Fürst konnte ein derart riesiges Reich von Dörfern, Stämmen und selbstbewussten Städten einigen? Hatte er eine besonders glänzende Hauptstadt? Oder brauchte er wie die meisten Supermächte eine zentrale Armee und einen äußeren Feind, um gegen diesen das eigene Reich zu einigen? Nichts davon trifft zu! Falls es einen solchen Fürsten überhaupt gab, dann bestand seine Macht darin, dass er nur die halbe Macht benutzte. Ihm zur Seite stand die spirituelle Führung, die er respektierte und nicht antastete. Doch von einer Hauptstadt ist nichts bekannt und von einem gemeinsamen König oder Kaiser ebenso wenig, während das zentrale Treffen der geistigen Elite, die Druiden-Versammlung im Carnutenland, selbst noch in der Endzeit belegt ist. Das Wunder einer dezentralen Einigung Europas unter Beibehalt all ihrer regionalen Vielfalt konnte nur das Werk einer gemeinsamen Kultur und Religion sein. In der Tat ist es auffallend, wie international dieselben Motive der großartigen keltischen Kunst überall auftauchen: Spiralen, Sonnen- und Mond-Symbole, stets aufeinander bezogen, Kulte der Quellen und der unantastbaren Natur. Die Druiden achteten peinlich darauf, dass die gemeinsame Wurzel dieser zahlreichen Völker im Bewusstsein erhalten blieb: Wir sind alle Kinder Europas oder - wie sie es wohl ausdrückten – Kinder der Erde und der Großen Mutter, aus deren Schoß wir gekommen sind. Das am jeweiligen Ort regierende Paar König und Druide – und es gab Hunderte solcher regionaler Führungspaare – hatte stets Brüderlichkeit zu demonstrieren. Ihre Aufgabe war es, dem Volk klarzumachen, dass sie beide nur Kinder des Urweiblichen oder der Mutter Erde sind, genau wie alle Menschen. Dass mit einer solchen Methode spiritueller Zusammenhalt zu erreichen war, scheint einleuchtend. Dass damit aber auch ein riesiges Agrarreich verwaltet werden konnte, dazu ganze Bergwerksindustrien und Handelsimperien geführt und eine tausendjährige politische Stabilität erreicht werden konnte, müsste uns heutigen Menschen Denkanstoß sein.

Das Beispiel des keltischen Jahrtausends zeigt uns, dass bildlich gesprochen Ost und West auf Dauer nur zu vereinigen sind, wenn die Gesellschaft Geist und Macht miteinander aussöhnt, Aszendent und Deszendent aufeinander bezieht.

Was lernen wir daraus für die Liebe?

Für das Individuum lautet die entsprechende Botschaft natürlich, Selbsterkenntnis (Aszendent) und Eroberung der Außenwelt (Deszendent) zu verbinden. Wer sich selbst liebt, kann auch die Welt und die Mitmenschen lieben. Wer sich selbst hasst oder Teile in sich verdrängt, wird auch die Welt hassen und Feindbilder aufbauen müssen. Die Partnerschaft wird stets belastet, wenn sich jemand zu sehr auf den Aszendenten beschränkt und nur von sich und seinem eigenen Inneren ausgeht. Ein Übergewicht des Deszendenten ist jedoch genauso schädlich: Dann wird der oder die Liebende ganz im Partner aufgehen wollen, dabei aber sich selber verlieren und falschen Idealisierungen sowie Schuldprojektionen erliegen. Positiv formuliert: Ein gesundes Ego sollte mit echter Beziehungsfähigkeit verbunden werden. Aus den obigen kulturgeschichtlichen Betrachtungen lernen wir jedoch, dass die Verknüpfung von Aszendent und Deszendent auch bedeuten kann, Spiritualität und Weltoffenheit zu vereinigen. Auch dies ist eine nötige Voraussetzung für eine glückliche Partnerschaft.

Am abendländischen Kirchenbau kann das Verhältnis von Spiritualität und Macht besonders gut studiert werden. Kirchen sind nach der Himmelsrichtung Ost ausgerichtet, so dass der Eingang stets am Deszendenten im Westen ist, der Altar am Aszendenten im Osten. Manche kleine Abweichung von der genauen Ostrichtung in alten Kirchen ergibt sich übrigens aus der Absicht der Architekten, an einem bestimmten Feiertag das aufgehende Sonnenlicht durch das zentrale östliche Fenster genau auf den Altar scheinen zu lassen.

Wenn Sie Kirchen jedoch von außen betrachten, so gibt es gravierende Unterschiede: Einige haben ein gewaltiges Westwerk mit hohen Türmen und prächtigen Eingangshallen, andere haben ihren architektonischen Schwerpunkt im Osten. Achten Sie einmal bei alten Kirchen in Ihrer Umgebung darauf, wo die höchsten Türme sind. Ist der Aszendent oder der Deszendent hervorgehoben?

Das Gründungshoroskop von Städten und Dörfern ist ja in der Regel unbekannt, aber manchmal kann aus der Gestalt der Dorf- oder Stadtkirche etwas über den Geist des Ortes abgelesen werden. Ich habe in manchen Fällen beobachtet, dass eine Betonung der Ostseite einer Kirche auf eine Ortsgeschichte hinweist, die mit Geistlichkeit zu tun hat, mit der Suche nach den Wurzeln oder sonst mit der Aszendent-Symbolik. Natürlich sind das tendenziell besonders spirituelle Plätze, aber ob dies konkret auf den Charakter des Ortes abgefärbt hat, liegt an den historischen Entscheidungen der Menschen dort. Einige dieser Orte mussten sich auch in Selbstdurchsetzung üben oder waren eine Zeit lang von der Welt isoliert und auf sich selbst zurückgeworfen. Kirchen mit höherem Westturm deuten dagegen oft auf Orte hin, in denen Machtpolitik vorherrschte oder in denen Könige oder andere Herrscherfiguren eine Rolle spielten.

Das klassischste Beispiel ist der Turm des Ulmer Münsters (Abb. 16), der im Westen der Kirche steht: Ein reiche, selbstbewusste Bür-

Abb. 16: Das Ulmer Münster

gerschaft hat die Kirche finanziert, und zwar aus Geld, das in Handel und Exportgeschäften erworben wurde. Diese Menschen gingen durch ihre internationalen Beziehungen besonders offen auf die Außenwelt zu, was der Deszendent-Symbolik entspricht, und noch heute sind die Ulmer Bürger stolz auf ihrem Westturm, der als höchster Kirchturm der Welt gilt. Durch einen besonderen Glücksfall hat das Ulmer Münster ein bekanntes »Geburtshoroskop« (Abb. 17), denn eine Inschrift belegt Tag und Stunde der Grundsteinlegung im 14. Jahrhundert.[23]

Natürlich würden wir eine Planetenballung am Deszendenten oder sonst in der Westhälfte des Horoskops vermuten. In Wirklichkeit ist aber durch zwei Planeten der Aszendent betont. Wie ist dies zu erklä-

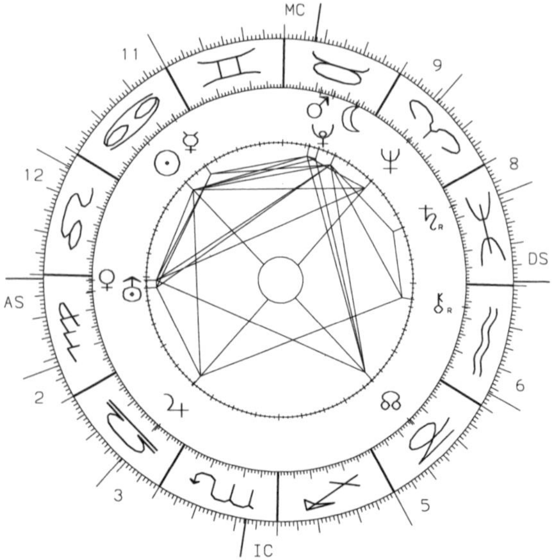

Abb. 17: Ulmer Münster, Grundsteinlegung am 30. Juni 1377[24]

ren? Die bewusste Planung der Bauherren war zwar auf einen Rekord-Turm ausgerichtet und auf eine Machtdemonstration gegenüber dem Reich. Die eigentliche Bestimmung dieses Bauwerks, wie sie das Horoskop ausdrückt, war jedoch mehr nach innen gerichtet.

Die Aszendent-Besetzung, die Venus-Symbolik und dazu auch die Stellung des Mondknotens im Haus der Kreativität zeigen, dass Schönheit und Kunst das eigentliche Motiv waren. Dies blieb vielleicht vorerst unbewusst, im Verlauf der Baugeschichte gab es jedoch bald Schwierigkeiten mit der technischen Ausführung des ehrgeizigen Westturm-Projekts. Das Fundament war zu wenig tief, Einsturzgefahr und technische Pannen führten schließlich dazu, dass der Turm auf halber Höhe einen provisorischen Abschluss bekam und nicht weitergebaut wurde. Saturn als westlichster Planet im Gründungshoroskop verweist deutlich auf die Grenzen dieses ehrgeizigen Machtstrebens.[25] Im Verlauf des 15. Jahrhunderts verlagerte sich das Interesse auf die Handwerkskünste, und so wurden herrliche Holzschnitzereien, Figuren und Glasfenster geschaffen, kurz: der Innen-

Abb. 18: Der Dom in Speyer, Ost- und Westtürme in gleichwertiger Harmonie

raum wurde mit neuesten künstlerischen Mitteln zu einem wahren Kleinod ausgestaltet. Venus und Uranus am Aszendenten drücken diese Bestimmung sehr klar aus. Erst vor hundert Jahren wurde mit dem Ingenieurwissen des Industriezeitalters der Westturm vollendet und zur heutigen Höhe emporgebaut. Wenn die Schwaben sich ein Bauprojekt vornehmen, dann wird es eben vollendet, selbst wenn es 500 Jahre dauern sollte! Astrologisch ist dieser überdimensionale Ehrgeiz in der hochstehenden Mars-Pluto-Konjuktion im Stier abgebildet.

In seltenen Höhepunkten der Geschichte ist Geistiges und Weltliches ausgeglichen, was dann auch am Kirchenbau sichtbar wird, wie zum Beispiel im Kaiserdom zu Speyer (Abb. 18). In Ost und West schmücken ihn jeweils zwei gleich hohe Türme. Damit ist ein gleichwertiges Nebeneinander von geistlicher und weltlicher Macht ausgedrückt. Das Heiligtum mit dem Priester im Osten ist ebenso wichtig wie der Regent, der durch das Westportal hinaustritt, um das Römische Reich zu beherrschen. Am Ende ihres Lebens wurden manche Kaiser dort wieder hineingetragen, um sich in der Kaisergruft beisetzen zu lassen, natürlich auf der Aszendent-Seite unter dem Hochaltar.

Zum Abschluss dieses Ausflugs in die Kirchenarchitektur werfen wir noch einen Blick auf den Dom in Aachen, wo 700 Jahre lang die

Kaiserkrönungen stattfanden und damit die Macht von der Kirche legitimiert wurde. Wer diesen zentralen Ort Europas zum ersten Mal besucht, ist erstaunt, kein langes Kirchenschiff vorzufinden, das wie gewohnt die Augen auf den Hauptaltar im Osten lenkt. Der Besucher betritt vielmehr eine Art Rundbau, wo sich der Blick in alle Richtungen verliert, bevor er, wie es bei der Kreissymbolik unvermeidlich ist, im Zentrum anlangt. Oben in der Kuppel war ursprünglich ein gewaltiger Widder gemalt, Symbol gleichzeitig für Christus als Agnus Dei, für den Frühlingspunkt als Beginn aller Schöpfungszyklen und natürlich auch für den Bauherrn, Karl den Großen, der im Zeichen des Widders geboren war.

Karl der Große, Charlemagne, Ahnherr sowohl des modernen Deutschland wie auch Frankreichs, war der letzte Repräsentant europäischer Einheit. Man zeigt auf Führungen seinen Thron, von dem aus er den Krönungsgottesdienst verfolgt haben soll, wie nach ihm alle anderen dort gekrönten Kaiser. Selbstverständlich ist dieser Thron als Zeichen weltlicher Macht auf der Westseite aufgestellt, ihm gegenüber auf der Ostseite steht der Altar. In Aachen standen sich also Kaiser und Priester Aug in Auge gegenüber, wie Deszendent und Aszendent. Das Ungewöhnliche ist nur, dass dies nicht etwa entlang eines rechteckigen Saales stattfand, sondern dass beide Pole durch den Rundbau in die Kreislinie einbezogen sind. Die Anordnung im Gottesdienst entspricht genau einem Horoskoprad mit Aszendent und Deszendent. Esoterisch gedeutet verweist diese durch die Bauweise gegebene Besonderheit auf uralte indogermanische Wurzeln. Dies war möglicherweise Karl dem Großen noch bewusst, das Bild entspricht jedenfalls vollkommen dem keltischen Paar von Stammesführer und Druide, die sich beide in den magischen Kreis der Großen Muttergöttin einbezogen sahen. Nicht zufällig steht der Aachener Dom archäologisch nachweisbar auf keltischem Grund, ja ein keltischer Gott hat der Stadt sogar den Namen gegeben: Aachen, lateinisch Aquis Granis, heißt »beim Wasser des (keltischen Quellgottes) Granus«. Mit der an diesem spirituellen Ort getankten Kraft wurde im Laufe der Geschichte viel Missbrauch betrieben. Trotzdem wirkt eine solche Architektur durch ihre Symbolik mit mythologischer Kraft.

Ein positives Beispiel dafür ist die Heilung des großen Georg Friedrich Händel. Aufgerieben von drei großen Opernunternehmen, für die er oft mehrere Opern pro Jahr komponierte sowie als Folge seines unmäßigen Lebensstils erkrankte Händel im Mai 1737 so schwer, dass er teilweise gelähmt war. Die Londoner Zeitungen meldeten: »… Man hält es für eine paralytische Erkrankung. Der geniale Mr. Handel kann zur Zeit seine rechte Hand nicht benutzen, und falls er die Gewalt über sie nicht wiedererlangen sollte, würde das Publikum seiner schönen Kompositionen verlustig gehen.«[26] Doch der Komponist reiste zu den Heilquellen nach Aachen und unterzog sich einer Gewaltkur, setzte sich in Schwitzbäder »dreymal so lange als sonst gebräuchlich«, und die Kur gelang.

Aus heutiger Sicht können wir die Zeitungsmeldung ergänzen und sagen: Ohne die Kur in Aachen gäbe es weder die Concerti grossi noch den »Serse« (die Oper Xerxes, die das berühmte Largo enthält) noch die etwa 20 Händel-Oratorien. Er konnte sich wieder bewegen und seine rechte Hand war geheilt. Als sich Händel zum Abschluss seines Aachener Aufenthalts mit einem mächtigen Orgelspiel im Dom bedankte, leitete der 52-Jährige seine letzte Transformation ein, aus dem erfolgreichen Opernkomponisten wurde der Schöpfer des »Messiah«.

Abbildung 19 zeigt das Geburtshoroskop Karls des Großen, des Bauherrn von Aachen. Als letzter gemeinsamer Herrscher über Deutschland und Frankreich dürfen wir ihn als Symbol für die europäische Einheit betrachten. Es ist nun kein Zufall, dass uns seine Residenz in Aachen nochmals daran erinnert, dass die keltische Einigung Europas nur möglich war, weil das Spirituelle in den Kreis der Macht einbezogen wurde. Das Horoskop ist hier ohne Aszendent und Häuser abgebildet, weil die Geburtsstunde unbekannt ist. Wir nehmen deshalb als Ersatz für die Aszendent/Deszendent-Achse die Zeichen Widder und Waage, die eine ähnliche Symbolik besitzen. Die dreifache Oppositionslinie zwischen diesen beiden Zeichen lässt schnell erkennen, dass der Ausgleich von Macht und Spiritualität für Karl den Großen eine wichtige Lebensaufgabe ist. Mit Pluto in der Waage[27] kann auch die Versuchung zum Machtmissbrauch ein Thema sein. Natürlich ist nach so langer Zeit nichts mehr über sein Liebesleben bekannt, aber dieselben Fragestellungen müssten ihn auch dort begleitet haben.

Mit einem der letzten in Aachen gekrönten römisch-deutschen Kaiser schließt sich ein Kreis der Macht. Karl V. (Abb. 20) herrschte

Abb. 19: Karl der Große, 2. April 742, julianisch, Zeit unbekannt

zwar über ein unermessliches Weltreich, hatte letztlich aber doch persönliche und spirituelle Motive für sein Tun. Es ist derjenige Kaiser, von dem man sagte, dass in seinem Reich die Sonne nie untergehe, weil er eben Länder auch in Amerika und rund um den Erdball regierte. Wenn man nur dies von ihm weiß, so könnte man vermuten, dass er ein reiner Machtmensch und sein Lebensmotiv die Eroberung neuer Länder war. Dann müsste er einen besonders starken Deszendenten haben. Das mit mehreren Planeten besetzte 2. Haus seines hier abgebildeten Geburtshoroskops zeigt jedoch, dass nicht die Eroberung, sondern das Bewahren und Erhalten der Macht sein Motiv war. Mond und Neptun am Aszendenten bescheinigen diesem einsamen Herrscher außerdem ein reiches Innenleben und eine Abneigung gegen die lauten Töne der Politik. Als seine Zeit vorbei war und er sah, dass seine Vision, die Einheit eines katholischen Weltreiches, nicht zu verwirklichen war, gab er freiwillig die Macht ab, zog sich symbolisch gesprochen auf die spirituellen Bedürfnisse seines Aszendenten zurück und lebte im Alter als Privatmann nur noch für seinen

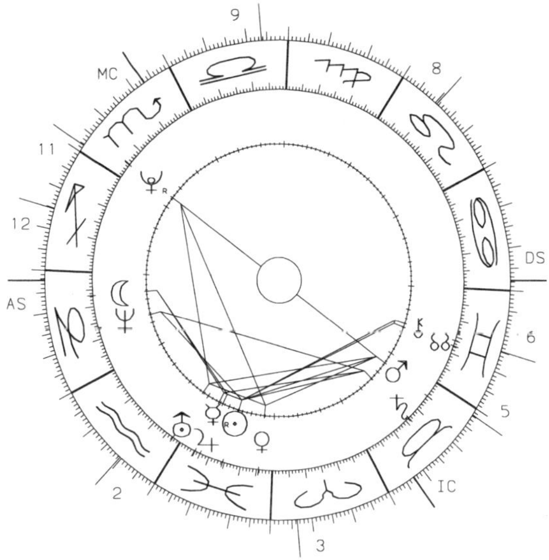

Abb. 20: Karl V., 24. Februar 1500[28]

Glauben – ein für die damalige Zeit aufsehenerregender Schritt! Wie stehen diese Ausführungen nun in Beziehung zum Deszendenten und wie lassen sie sich auf die Partnerschaft anwenden?

Wir gingen in den letzten Kapiteln davon aus, dass die Ehe zum Machtspiel werden kann. Es wurde aufgezeigt, wie wir vom Aszendenten ausgehend den Deszendenten erobern, was manchmal auch bedeutet, einen Menschen zu erobern und sich seine Qualitäten anzueignen. Es wurde auf die Notwendigkeit hingewiesen, die Deszendent-Themen auch in sich selbst zu suchen, um nicht von seiner »Eroberung« abhängig zu werden. Die kulturgeschichtlichen Reflexionen des vorliegenden Kapitels brachten zusätzliche Definitionen für das Gegensatzpaar Aszendent-Deszendent, wie Geist und Macht, Spiritualität und Weltlichkeit. Wer sich in Partnerschaft verloren hat, sei es durch eine allzu große Symbiose mit dem Partner, sei es, dass er sich im Streit mit ihm verbissen hat, muss zurück zum Aszendenten, das heißt zu sich selbst. Die im vorletzten Kapitel dafür gegebene psychologische Begründung lautete: Ohne ein natürliches Ego ist es schwer, eine gesunde erwachsene Beziehung zu führen. Nun erkennen wir, dass der Aszendent nicht nur mit Ego zu tun hat, sondern auch mit Spiritualität. Ein tiefer Sinn liegt darin, dass sich im Horoskop das 12. Haus über dem Aszendenten befindet. Dieses Haus des Rückzugs auf die eigenen Innenwelten ist auch das Haus der Meditation. Dort finden wir unser Urvertrauen ins Leben wieder. Wenn wir in der Beziehung eine Pause machen und uns zurückziehen, so befinden wir uns also auf einer Gratwanderung zwischen Rückzug auf unseren Egoismus (eine Gefahr des 1. Hauses) und Rückzug zu unseren spirituellen Wurzeln (12. Haus). Beides liegt im Osten des Horoskops. Natürlich sollten wir dabei auch aufpassen, dass wir nicht wie einige Herrscher, die in der Kirche beten, die edlen Motive nur vorschieben, um unsere Machtansprüche glaubhafter zu machen.

Aus unserer Philosophie der Himmelsrichtungen können wir noch etwas Weiters für das Verständnis der Partnerschaft ableiten: Die Lust, Neuland zu erobern, ist typisch für den Deszendenten, bezieht sich jedoch nicht ausschließlich auf eine Zweierbeziehung. Der Deszendent und das 7. Haus beschreiben generell, wie jemand Mitmenschen begegnet, mit ihnen zusammenarbeitet oder gemeinsam etwas regelt. Deszendent ist ferner auch die Art und Weise, wie jemand mit fremden Ideen in Dialog tritt. Alle diese Prozesse verlangen Offenheit für die Außenwelt, wecken den Wunsch zu erobern und »die Welt« zu beherrschen.

Doch ohne Zweifel gehört das Spiel des Eroberns und Erobertwerdens zur Liebe. Lieben heißt neues Land betreten. Kommt es zu einem Bündnis, so stehen uns doppelte Räume zur Verfügung, doppelte Energie und Macht.

Man gewöhnt sich allerdings schnell an den neuen Zustand, und in der nächsten Beziehungskrise heißt es dann bald: »Du kannst mich doch nicht verlassen! Ich brauche dich!« Der merkwürdige Satz »ich brauche dich« wird zwar oft als Liebeserklärung verstanden, aber er zeugt in diesem Fall nicht gerade von einem partnerschaftlichen Miteinander, sondern viel eher davon, dass sich hier jemand allzu sehr an seine Eroberung gewöhnt hat und das eroberte Land als Ressource braucht. Schon die Römer hatten die Angewohnheit, wenn sie Länder eroberten, in denen reiche Rohstoffe vorhanden waren, den ansässigen Völkern die »Freundschaft« oder ein Bündnis anzubieten, auch wo es ehrlicher gewesen wäre, zu sagen: »Wir wollen nur von eurem Reichtum profitieren«. Sie waren Meister darin, ihre Eroberung als Liebesheirat zu deklarieren.

Wir sollten also versuchen, in der Liebe ohne Abhängigkeiten und Machtspiele auszukommen. Und doch gilt auch in einer echten positiven Partnerschaft, dass ein Mensch den anderen braucht. Jeder Mensch braucht Ausgleich, jede Eigenschaft ihre Ergänzung.

West braucht Ost; der Deszendent braucht den Blick zum Orient, zum aufgehenden Licht. Ohne Rückbesinnung auf unseren geistig-spirituellen Ursprung verlieren wir uns in Machtspielen.

Der Mythos des Untergangs

In diesem Kapitel wird der zentrale Mythos erzählt, der uns die Erfahrung des Deszendenten beschreibt, der Mythos von Helios, dem Sonnengott. In Ägypten heißt er Re, in Griechenland Helios, doch auch Apollo wird mit der Sonne assoziiert. Im römischen Reich heißt er Sol, wie das Himmelsgestirn.

Der römische Sonnengott wurde in der Spätzeit mit dem Schöpfer allen Lebens assoziiert. Sol avancierte zum Staatsgott, und die Kaiser hielten sich in ihrer Überheblichkeit selbst für den Sonnengott. Als esoterische Gegenbewegung fand die Mithras-Religion etwa um die Zeitenwende eine sehr tiefgründige und astrologische Deutung für Sol. Die Mithrasten beschrieben sowohl seine Tagesfahrt und seinen Untergang am Deszendenten als auch das Geschehen der Jahreszeiten mit starken Bildern, die der Natur entnommen sind, jedoch eine tiefe spirituelle Interpretation erfuhren. Vermutlich zur Feier der Herbst-Tag-und-Nacht-Gleiche feierten Mithras und Sol in einem gemeinsamen Mahl die Einheit von Sommer und Winter, Säen und Ernten, Tod und Wiedergeburt. Wie Maria Weiß herausgefunden hat, symbolisiert Mithras dabei wahrscheinlich die Herbst- und Winterzeichen des Tierkreises, Sol die Frühlings- und Sommerzeichen. An den Äquinoktien lösten sie einander ab und verbündeten sich bei dieser Gelegenheit bei einem Festmahl. Die Bedeutung des Mithras-Kultes ist unter Astrologen leider viel zu wenig bekannt. Das ist erstaunlich, feierten die Mithrasten doch in unterirdischen Tempeln mit halbrundem Gewölbe, auf das der Tierkreis und der Himmel gemalt war. Der astrologische Bezug im Mithras-Kult ist offensichtlich und allgemein anerkannt. Die Planeten und ihre Einweihungsstufen bilden das Zentrum dieser Lehre, die einmal für drei Jahrhun-

Abb. 21: Helios, der Sonnengott auf der Quadriga, dem von vier Pferden gezogenen Sonnenwagen. Griechische Vasenmalerei, 330 v. Chr.

derte eine Weltreligion war. Was sie für die abendländische Geistesgeschichte so wichtig macht, ist die Tatsache, dass hier das platonische Weltbild als geschlossene und sehr stimmige Kosmologie ausformuliert wurde.[29]

Der Mythos des Untergangs, die jahrtausendealte Geschichte der Tagesfahrt des Sonnengottes Sol, ist jedoch nicht an den Mithras-Kult gebunden. Sie ist viel älter und erzählt auf den ersten Blick nur eine offensichtliche Tatsache: Am Abend endet der Tag, und die Sonne geht im Westen unter. Vollständig betrachtet enthält sie jedoch für unser Thema, nämlich die Liebe und den Deszendenten, unerwartete Deutungen, vor allem aus psychologischer Sicht, was die Verknüpfung von Liebe mit irrationalen Ängsten angeht. Da Helios durch alle Sektoren des Himmels reist, erhalten wir ganz nebenbei eine anschauliche Beschreibung der astrologischen Häuser.

In der griechischen und römischen Fassung des Helios-Mythos versinkt die Sonne aus naheliegenden geographischen Gründen im Meer. Falls Sie je einen Sonnenuntergang am Atlantik erlebt haben oder an einem anderen Ort, wo die rot glühende Kugel direkt ins Meer taucht, und falls Sie dabei den vollständigen Einbruch der Nacht abgewartet haben, so haben Sie ein gutes Vorgefühl für die entscheidende Stelle des Mythos, der aber nun von Anfang bis Ende erzählt werden soll.

Helios

Am Morgen erwacht Helios in seinem Palast. Der goldene Palast des Sonnengottes steht in einem fernen Land, unvorstellbar weit im Osten, noch hinter Asien, am äußersten Rande der Welt. Es ist ein prächtiger Palast mit stolzen hochragenden Säulen und Türmen. Überall ist er mit schimmerndem Gold überzogen, die Giebel tragen herrlichen Elfenbeinschmuck. Manche Verzierungen sind aus feurig leuchtendem Pyropus, einer Metallmischung aus einem Viertel Gold und drei Vierteln Kupfer, dem Metall der Venus. In dieser frühen Morgenstunde ist es noch dunkel, aber schon regt sich das Leben im Palast, denn Helios erwacht, und gleichzeitig machen im Stall die Knechte die vier weißen Pferde bereit.

Aus dem Blickwinkel der Menschen, das heißt unseres Geburtshoroskops, liegt der Palast natürlich am Aszendenten, und Helios erwacht, während die Horoskop-Sonne noch im 1. Haus steht, also unter dem Horizont, weshalb es noch dunkel ist. Es ist die Stunde vor Sonnenaufgang. Wer in dieser Stunde geboren ist und eine entsprechende Sonnenstellung im Geburtshoroskop hat, wird öfter im Leben vor den anderen wach sein, was natürlich im übertragenen Sinne gemeint ist. Gemeint ist eine Stellung der Sonne in Haus 1, jedoch noch nicht in Konjunktion mit dem Aszendenten, also etwa 8° unter dem Aszendenten und von dort bis zum Ende des 1. Hauses. Diese Menschen kennen vielleicht ein Lebensgefühl von Neuanfang, doch »noch ist es dunkel«, und es ist einige Geduld nötig, um die Prozesse reifen zu lassen. Weil im Mythos Helios ja selbst die Ursache für das aufgehende Licht ist, wäre es wichtig, sich Ziele zu setzen, welche der eigenen Individualität entsprechen, die aus dem Herzen kommen und den Stempel der Persönlichkeit tragen.

Wenn wir den Palast in dieser Stunde von außen betrachten könnten, so würden wir Zeugen eines besonderen Schauspiels: Noch ist es dunkel. Die zahllosen goldenen Türme glitzern im magischen Schein der Sterne, doch drinnen rumort es bereits in allen Kammern und Ställen. Bald hören wir als ersten Vorboten des Lichtes einen Hahn krähen. Ihm folgt der mächtige Ruf des Sonnengottes: »Der Tag soll beginnen, öffne das Tor!« Dies gilt seiner Schwester Eos. Ihr Name bedeutet Morgenröte, auf lateinisch heißt sie Aurora. Eos ist die Herrin des Hauses, und jetzt öffnet sie das prächtige Tor mit den geflügelten Türen. Auf diesen Torflügeln ist der vollständige Kosmos, die Erde und die Ozeane mit all ihren Meeresgöttern abgebildet. Es ist eine kostbare Silberarbeit, und darüber wölbt sich der leuchtende Himmel, an jedem Tor-Flügel sind sechs Tierkreiszeichen abgebildet. Von außen sehen wir jetzt als erstes die Finger der Göttin Eos, welche durch einen Spalt der mächtigen Torflügel greifen. Was für ein strahlendes Licht strömt durch den Spalt! Der Glanz des Helios lässt die Hände seiner Schwester Eos in durchsichtigem Rot leuchten, deshalb heißt sie »die Rosenfingrige«. Wenn sich die Torflügel öffnen, so beginnt auf der Erde die erste Dämmerung. Nun umarmt Helios seine Schwester zum Abschied und bindet sich den Strahlenkranz um. Tatsächlich haben sich die antiken Menschen vorgestellt, dass die Strahlen, die von seinem Kopf ausgehen, wie ein Lorbeerkranz aufgesetzt und abends wieder abgenommen werden können. Jetzt steigt Helios auf den Sonnenwagen. Es ist einer dieser Streitwagen mit zwei Rädern, auf denen man stehend die Pferde lenkt. Der Sonnengott ist ein sehr männlicher Held, wie Ben Hur und die vielen anderen griechischen und römischen Wagenlenker, welche diesen beliebten Elitesport betrieben. Seine Pferde heißen Pyrios, »der Feurige«, Aethon, »der Funkelnde«, Eous, »der Morgendliche« und Phlegon, »der Brennende«. Einmal knallt Helios mit der Peitsche, und die Quadriga, der Kampfwagen mit vier Pferden, setzt sich in Bewegung. Aus dem Tor heraus und vorwärts rennen die schnaubenden Rösser, die Sonne geht auf, sie steht jetzt genau am Aszendenten. Während Eos dem Gefährt nachwinkt und dann das Tor wieder schließt, ist schon das ganze Morgenland in gleißendes Licht getaucht, und die goldenen Türme des Palastes funkeln.

Wer in dieser Stunde geboren ist, also genau bei Sonnenaufgang, ist potentiell ein sehr ausstrahlungsstarker Mensch. (Dies ist erkennbar am Stand der Sonne in Konjunktion mit dem Aszendenten. Dabei ist ein Orbis von etwa 8° zu nehmen, gemeint sind also die letzten 8° des 12. Hauses und die ersten 8° des 1. Hauses.) Seine Besonderheit besteht darin, dass er sich ganz mit sich und seinem Tun identifizieren kann. Der Mythos vom Aufbruch des Helios zu seiner großen Reise zeigt uns: Hier belastet kein Gedanke an Vergangenheit oder Zukunft, hier existiert nur die enorme Kraft des Rufes: »Jetzt komme ich, der Tag beginnt!« Für einen Augenblick ist Helios ganz Tat, ganz Handlung, unangefochten von Planung, Zweifeln oder anderen komplizierten Nachdenkereien. Persönlichkeiten, die bei Sonnenaufgang geboren sind, sollten diese Kraft nutzen und öfter aus dem Augenblick heraus leben. Dabei werden sie spüren, wie ein solcher Aufbruch ganzheitlich Körper, Seele und Geist mitreißt und oft auch andere Menschen motivieren und überzeugen kann.

Doch jetzt geht es aufwärts! Die erste Strecke ist enorm steil. Um die östlichen Länder nicht zu verbrennen, treibt Helios mit der Peitsche und mit wilden Zurufen seine Pferde fast senkrecht nach oben in den Himmel hinauf. Doch Pferde und Wagenlenker sind gut ausgeschlafen und spüren die Anstrengung kaum. Noch haben sie scheinbar unerschöpfliche Energiereserven. Rasch treibt das Gefährt die Sterne der Nacht davon. Phosphoros, der Morgenstern[30]*, verlässt als Letzter die Wache am Himmel. Die Strahlen des Helios sind wie Feuer, der goldene Wagen, die goldene Rüstung, die Quadriga sind in ein einziges Licht getaucht und erscheinen uns wie ein runder Feuerball. Während Helios hier unter dem östlichen Himmelsgewölbe emporsteigt, erwachen die Menschen, reiben sich die Augen, und wenn es hell wird, erheben sie sich von ihrem Lager. Die aufsteigende Sonne bringt die Tautropfen zum Funkeln und zum Schmelzen, doch hat sie die Kühle der Nacht noch nicht völlig vertrieben. Da erzählen sich die Menschen ihre Träume. Sie blicken aus dem Fenster und begrüßen dankbar Helios, der seinen Sonnenwagen über dem Osthorizont hinauftreibt. Sie ziehen sich an, erinnern sich an den gestrigen Tag, an ihre Lebenssi-*

tuation, und die Gedanken beginnen den vor ihnen liegenden Tag zu planen. Männer, Frauen, Kinder, Greise, alle bewegen sich in ihrem individuellen Rhythmus auf den Tag zu.

Hier ist die Rede von Menschen, die in den ersten beiden Morgenstunden nach Sonnenaufgang geboren wurden, im Horoskop erkennbar an der Stellung der Sonne im 12. Haus des Geburtshoroskops. Wer in diesen frühen Morgenstunden geboren wurde, steht im Leben öfter wieder an einer Schaltstelle zwischen Traum und Realität. Er hat die Gabe, aus den Träumen zu lernen, wenn er dies will. Er steht vor der Aufgabe, mit positiven Gefühlen auf das Leben zuzugehen. Möglicherweise ist der vorige Tag besonders traurig verlaufen oder Alpträume haben ihn nachts beunruhigt. Doch nun steht es ganz allein in seiner Verantwortung, ob er sich davon auch für den neuen Tag bestimmen lässt und sich entsprechend negativ programmiert oder ob er wahrnimmt, dass jeder Tag ein neues Glück enthält. Er ist ausgeruht und frei, neue Impulse zu setzen. Möge er nie vergessen, dass die wärmende Sonne in seiner Geburtsstunde kraftvoll im Osten aufgestiegen ist. Menschen der frühen Morgenstunde ist die Gabe verliehen, zu regenerieren. Die Emotionen der Nacht sind ihnen noch nahe, doch der junge Tag liegt vor ihnen. Zwar sind sie auf sich allein gestellt, wenn es darum geht, eine positive Lebenshaltung zu entwickeln, aber sie haben auch das Talent, dies ohne fremde Hilfe zu schaffen. Ein tiefes Urvertrauen ist mit ihnen aufgewacht, sie brauchen es nur zu nutzen: Es ist eine kosmische Gesetzmäßigkeit, dass Helios Nacht und Dunkelheit durch seinen Aufstieg beendet. Wir brauchen ihn nicht zu schieben oder zu zerren. Das Licht kommt einfach hervor.

Helios lenkt nun seine Quadriga in einem wohlberechneten Bogen hinauf. Nach dem beinahe senkrechten Aufstieg über dem Osthorizont folgt er allmählich der sanfteren Wölbung des Himmelszeltes. Keine Wege und Straßen gibt es hier. Jeder menschliche Wagenlenker würde sich verirren, doch Helios kennt den Himmelsbogen, den er seit Anbeginn der Schöpfung täglich meistert. Nun geht es etwas weiter Richtung Westen. In der dritten und vierten Stunde nach Sonnenaufgang[31] *wird die Fluglinie weniger steil, doch immer noch ist die Quadriga im Aufstieg. Zu Beginn der vierten Stunde ist die Hälfte des Vormittags erreicht.*[32] *Doch die meiste Arbeit ist schon getan, denn die beim Start und Aufstieg investierte Kraft trägt jetzt ihre Früchte. Der Wagen ist in Schwung, die Pferde rennen leichter, während die Steigung abnimmt und die Bahn flacher verläuft. Die Pferde scheinen zu fliegen, manche Dichter erzählen von geflügelten Pferden. Jedenfalls galoppieren sie jetzt wie elektrisiert über die luftige Bahn, aus ihren Nüstern strahlt helles Licht.*

Verglichen mit der Anstrengung zuvor hat Helios fast das Gefühl, dass es jetzt von alleine geht. Er kann es sich nun leisten, einen Blick nach unten zu werfen, auf das Treiben der Menschen: Sie gehen alle frisch ihrem Tagewerk nach. Sie sind so beschäftigt, dass sie beinahe vergessen haben, dass es Helios ist, der ihnen leuchtet, der die Pflanzen wachsen lässt und sie ernährt. Doch der Sonnengott braucht jetzt ihr Lob nicht, er freut sich über das weit vernetzte Wirken der Menschen, genießt den grandiosen Überblick. Von hier aus erkennt er alles genau, denn er ist noch nicht so weit aufgestiegen, dass die Einzelheiten verschwinden, aber doch schon hoch genug, um das ganze Erdreich zu überschauen.

Wer zu dieser Tageszeit geboren wurde, was sich an der Stellung der Sonne im 11. Haus des Geburtshoroskopes ablesen lässt, ist dazu berufen, sich den Überblick zu verschaffen. Bildlich gesprochen sollte er sich soweit über den Alltag erheben, dass er nicht nur sich und sein Leben »aus der Vogelperspektive« betrachten kann, sondern auch sein Zusammenwirken mit anderen. Eine Globalisierung des Lebens wird nötig, und der in der Mitte des Vormittags Geborene hat die Gabe, kritische Distanz zu wahren, die er natürlich – wie Helios – verwenden sollte, um sich und andern Menschen das Leben zu erleichtern. Er sollte den Schwung des Sonnenwagens ausnutzen, das heißt die Gedanken nutzen, um weit reichende Lösungen für die Zukunft vorzuschlagen.

Jetzt wird die Bahn noch flacher und höher, das Gespann des Helios nähert sich der Himmelsmitte. Von hier aus können seine Strahlen in voller Stärke den ganzen Erdkreis erwär-

men. Ganz oben fährt Helios, der Sohn der Titanen, und rast unter der Himmelskuppel entlang. Sein Ziel ist die höchste Stelle, der Zenit. Die unfassbare Weite des Kosmos umfängt ihn, und er berührt fast die Sterne. Welche Fülle von Gestalten belebt den Himmel! Wer ihnen zu nahe kommt, den bedrohen sie: Der himmlische Stier mit seinen mächtigen Hörnern stellt sich vor ihm auf, und Helios muss kunstvoll an ihm vorbei lenken. Nicht weniger gefährlich ist der Schütze mit seinen gewaltigen Pfeilen und seinem wilden Pferdeleib, ein andermal droht der Rachen des wütenden Löwen oder der giftige Skorpion. Sie schützen ihr Territorium und bedrohen den göttlichen Wagenlenker. Ihm ist nur ein ganz schmaler Pfad reserviert, auf dem er zwischen ihnen fahren darf, ohne dass ihn die kosmischen Ungeheuer vernichten. Dies erfordert höchste Konzentration in der atemberaubenden Höhe. An dieser obersten Stelle bewegt sich der Himmel in dauerndem Wirbel, denn die entgegenkommenden Gestirne ziehen in die andere Richtung, und Helios muss mit Macht dagegen anrennen, ohne sich vom Flug der Sterne irremachen zu lassen.[33]

Wenn er einmal hinunterblickt, so kann er die einzelnen Menschen kaum mehr unterscheiden. Sein Herz klopft beklommen, immer wieder packt ihn Entsetzen über die unfassbare Höhe, die er erreicht hat. In seiner Angst erscheint es ihm wie ein Wunder, dass er so hoch gekommen ist. Er fragt sich, ob die Kraft reicht, wieder sicher zurückzukehren. Helios getraut sich nicht, länger hinabzuschauen. Entschlossen schwingt er die Peitsche und blickt konzentriert geradeaus, um jeden Schritt der Pferde im Auge zu behalten. Die Zügel seiner vier Pferde fasst er fester.

Die Sonne steht jetzt im 10. Haus des Geburtshoroskops. Diese Symbolik trifft besonders stark für jene Menschen zu, die genau in der Mittagszeit (nach mittlerer Ortszeit) geboren wurden, also wenn die Sonne in Konjunktion mit dem Medium Coeli steht, wozu auch die letzten etwa 8° des 9. Hauses zählen. Wer in dieser Phase des Tageslaufs von Helios geboren wurde, sollte auch im Leben zum Zenit steigen. Seine Berufung ist es, mutig nach oben zu streben, um den

Abb. 22: Der Wagenlenker.
Beim Orakel von Delphi wachte diese berühmte Bronzefigur über dem Apollotempel. Sie gibt einen guten Eindruck von der konzentrierten Kraft des Wagenlenkers.
(Delphi ca. 470 v. Chr.)

Mitmenschen zu leuchten. Mindestens einmal im Leben sollte er ohne Ansehen der Person ein Werk vollenden, von dessen Notwendigkeit er überzeugt ist und das der Welt nützt. Wenn er vor diesem hohen Anspruch Angst empfindet, so sollte er diese nicht als Ausrede nehmen, um wieder umzukehren, sondern sich daran erinnern, dass selbst der Sonnengott auf seiner täglichen Bahn sich fürchtet. Wie Helios gilt es, die Zügel dennoch fest in der Hand zu behalten. Auch dem Menschen mit der Sonne im Zenit stehen »Pferdekräfte« zur Verfügung, ob wir diese nun als seine persönlichen Talente interpretieren oder als die vier Elemente, aus denen jedes Horoskop zusammengesetzt ist.

Jetzt hat Helios mit seinen Pferden das Zentrum der Erde überflogen und betritt die westliche Hälfte des Himmels.[34] *Ein Gefühl von Optimismus und Freiheit überkommt ihn, denn der Aufstieg ist beendet, die Straße erhält nun ein leichtes Gefälle. Die halbe Kraft genügt, um die Geschwindigkeit aufrechtzuerhalten. Wie der Wanderer, dem sich nach der Passhöhe der Blick über ein ganz neues weites Land eröffnet, fühlt sich Helios für all seine Mühen belohnt. Wie herrlich ist der leichte Gang der Pferde, die entspannte Stimmung des frühen Nachmittags! Eine Erholungspause auf seinem Wagen lässt ihn über den Lauf der Fahrt nachsinnen. Je weiter er herabgleitet, desto klarer sieht er unter sich wieder die Menschen, und mit gütigem Humor lächelt er über ihre Welt: Während die einen angestrengt ihre Ziele weiterverfolgen, gönnen sich andere eine Siesta. Schon haben sie einiges geleistet, aber noch gibt es keinen Grund zur Aufregung; es bleibt genügend Zeit, das Tagewerk zu vollenden. Wie unterschiedlich die Menschen mit dieser Situation umgehen! Der Gott sieht aus seiner hohen Warte alles. Wie reich und liebenswürdig ist das Leben unter den nährenden Strahlen der Sonne! »Nur Helios vermag's zu sagen, der alles Irdische bescheint«, wie Friedrich Schiller in seinen »Kranichen des Ibykus« dichtet.*

Wer in der Stunde der Mittagsruhe geboren wurde, also wenn die Sonne im 9. Haus des Geburtshoroskops steht, wird gut daran tun, wie Helios in dieser Phase das Leben philosophisch zu betrachten. Immer wieder ist ein Moment des Durchatmens nötig, um sich nicht im Alltagstrott zu verlieren: Wo begann die Fahrt? Was ist ihr Ziel? Die Heiterkeit, welche Helios befällt, wäre auch diesen Menschen zu wünschen, dann könnten sie wahrnehmen, dass es keinen Grund für Hektik gibt. Man hat schon einiges durchgestanden und es also verdient, eine fröhliche Mittagspause zu zelebrieren. Man braucht die Welt nicht an einem Tag zu erschaffen, sondern kann mit Lust und neuer Kraft zur Fahrt durch den Nachmittag des Lebens aufbrechen. Nicht nur der Kampf ums materielle Überleben, auch Kultur, Freizeit und Philosophie gehören zum Menschsein!

Doch nun hat Helios mit seinem Gefährt eine besonders kritische Stelle zu meistern. Abwärts geht es, und weil das Gefälle immer größer wird, droht die überschäumende Kraft der Pferde gefährlich zu werden, so dass sie im Zaum gehalten werden müssen, damit sie sich nicht blind dem Geschwin-

digkeitsrausch ergeben und sich von der zunehmenden Schwerkraft in den Abgrund treiben lassen. Nur der planende Verstand des Sonnengottes weiß vorausschauend, dass dies zur Katastrophe führen würde: Gerade jetzt, wo alle Energien entfaltet sind, ist es nötig, die Kontrolle zu bewahren! Die kräftigen Beine des Helios gehen etwas in die Knie, die eine Hand zieht die Zügel an, die andere hält die Peitsche fest. Mit der Peitsche und mit kräftigen Zurufen bremst er die Pferde, um sie genau auf der vorgesehenen Bahn zu halten.
Unendliche Gefahren lauern in diesem Moment. Wenn das Gefährt zu hoch fliegt, so wird es von den Himmels-Ungeheuern bedroht, die ihren Platz unter den Sternbildern verteidigen. Außerdem besteht auch die Gefahr, dass durch die Hitze die himmlischen Hallen Feuer fangen. Ein Brand am Himmelszelt würde die seit Jahrtausenden vorhandene kosmische Harmonie stören und vielleicht sogar den Weltuntergang herbeiführen. Doch auch eine zu tiefe Bahn der Quadriga hätte entsetzliche Folgen. Wir wissen heute, welche gravierende Umweltveränderung damit verbunden ist, wenn sich das Klima im Verlauf eines Jahrhunderts auch nur um zwei Grad erwärmt; hätte Helios sein Gefährt nicht genaustens unter Kontrolle, so würde seine Hitze die Erde in einem Tag verbrennen: Wälder, Häuser, Menschen und Tiere gingen in Flammen auf, die Quellen würden versiegen, die Gewässer in der glühenden Hitze austrocknen und alles Leben vergehen. Angesichts all dieser Gefahren kühlen Kopf bewahren, das kann nur einer: Helios, der Lenker des Sonnenwagens. Immer wieder ermahnt er sich selbst mit den klassischen Worten:
»Fliegst du zu hoch, so wirst du
die himmlischen Hallen verbrennen,
oder zu tief: Die Erde.
Der sicherste Weg ist die Mitte!«[35]
Doch gibt es auch grandiose Augenblicke auf dieser kritischen Strecke. Wenn Helios merkt, dass er die genaue Mitte zwischen diesen Gefahren erreicht hat, gleichmäßig den Himmel und die Erde erwärmt, dann richtet er sich kraftvoll auf, und ein lustvoller Freudenschrei entfährt ihm. Für eine

kurze Ruhephase wird es dann ganz still, nur die angespannten Muskeln an seinen Armen und Beinen verraten, welche Energiemengen hier gebändigt wurden.
Auf Erden ist es die heißeste Stunde des Nachmittags. Der Arbeiter stöhnt unter der Last seines Daseins, mancher leidet unter der Hitze und seine Kraft ist schon verbraucht, er verliert die Kontrolle über sich und schlägt seinen Gehilfen. Die Mächtigen ziehen sich in ihre Landhäuser zurück und planen den Lauf der Welt. Während die Sonnenglut über den Ähren flimmert, liegt das Landmädchen regungslos im Schatten eines Olivenbaums. Das heiße Blut pulst in ihrem Körper. Alles dreht sich vor ihrem Auge in der schwirrenden Hitze. Da schleicht der lüsterne Pan, der gehörnte, ziegenfüßige Triebgott, aus seinem Versteck im Schilf hervor, und in heißer Leidenschaft lieben sich zwei glühende Körper.

Wer in der Mitte des Nachmittags geboren wurde, also wenn die Sonne im 8. Haus steht, hat eine Menge Energien zur Verfügung, die befreit werden können. Diesen Menschen stellt sich die Aufgabe, zu ihrer Leidenschaft zu stehen, ihre Kraft zu nutzen. Je bewusster sie leben, je gezielter sie von den Kräften und Fähigkeiten Gebrauch machen, die auf dem bisherigen Weg entstanden sind, desto erfolgreicher können sie ihr Leben in die Hand nehmen. Natürlich besteht die Gefahr, sich entweder von den Leidenschaften hinreißen zu lassen, also die Zügel aus der Hand zu geben, oder umgekehrt, vor lauter Angst, dass dies passieren könnte, die Kontrolle so krampfhaft auszuüben, dass die Fahrt stockt. Auch hier gilt: In der Mitte wirst du sicher fahren! Stets jedoch geht es um die Frage des Energieflusses, um Zurückhaltung oder Entfesselung der Lebenskräfte. Wer bloß aus den augenblicklichen Bedürfnissen heraus lebt, wird dabei unsicher sein. Er sollte besser wie Helios die Strategie des ganzen Wegs im Blick haben: Wo ist ein Höhenflug möglich? Wo lauert der Abgrund? Wie ist die Beschleunigungsenergie entstanden? Wie kann ich sie auf mein Ziel hin lenken?

Diese Frage stellt sich auch Helios, wenn er sich jetzt dem Deszendenten nähert. Etwa zwei Stunden vor Sonnenuntergang[36] *gilt es den Wagen scharf abwärts zu lenken. Weiter geradeaus bestünde die Gefahr, diesen Teil des Himmels zu verbrennen, also geht es hinunter. Wo Absturz droht, da kann kein Mensch und kein Gott ruhig bleiben, auch Helios nicht. Nun reißt er mächtig an den Riemen und zügelt die Pferde. Weit späht er voraus zum westlichsten Punkt der Erde, nie sonst ist er so weit von seinem heimatlichen Palast entfernt.*

Wenn Helios zum Ende der Welt fliegt, sieht er zuletzt tief unter sich Spanien und Portugal im Abendrot glühen, doch das Gefährt fliegt darüber hinweg, der Wagenlenker achtet sorgsam darauf, dass auch diese Länder nicht verbrennen, und die weißen Pferde rasen geradezu auf den Atlantik hinaus. Schon haben sie die Säulen des Herakles hinter sich gelassen. So nannten die Alten die Felsen von Gibraltar, das äußerste Tor der bekannten Welt. Dahinter ist bis zum Ende der Welt nichts anderes zu sehen als die tosenden Wogen eines Ozeans, wild und unbekannt, ganz anders als das Mittelmeer, unser geliebtes Heimatgewässer. Noch weiter draußen ist der Abgrund. Kein menschliches Auge hat ihn je erblickt. Nur Gerüchte existieren: dort sei der Eingang zum Schattenreich; der Ozean stürze über die Klippen des Abgrunds; dort begegne man dem »Anderen«, dem Unvorstellbaren; wer sollte es wissen?

Wer mit der Sonne im 7. Haus geboren wurde, wird sein Verhalten auf die Umwelt ausrichten. Er blickt nach vorn, manchmal ängstlich, manchmal gespannt, in Erwartung der Begegnung mit dem Anderen, dem Mitmenschen. Die Deszendent-Symbolik, die in diesem Buch beschrieben wird, gilt für ihn insgesamt als ein Lebensthema. Die Sonne drückt ja die bewussten Ziele aus, und so sollte ein Lebensziel darin bestehen, Mitmenschen zu begegnen und erfolgreiche Beziehungen zu leben.

Gerade im Augenblick des Untergangs unterscheidet sich der Held von den Sterblichen. Helios, der diese Fahrt ja täglich unternimmt, bezähmt seine Furcht und behält kühlen Kopf. Unten schwimmt Okeanos, der Gott der unendlichen Meere, und blickt besorgt nach oben. Immer wieder ängstigt er sich, sobald er den goldenen Streitwagen wie eine Feuerkugel heranrasen sieht. Doch Helios hat auch die Landephase fest im Griff. Mit Zuruf, Peitsche und Zügel lenkt er seine vier Pferde auf einen bestimmten Punkt im Ozean hin: Dort erwartet ihn eine Barke. Im genauen Anflug und im sorgfältig berechneten richtigen Tempo setzt Helios auf dem Nachen auf. Das Schiff ist groß und fest gebaut. Es ist ganz mit Silber beschlagen. Ruder, Segel, alles ist vorhanden, denn das Boot hat eine lange Fahrt vor sich. Noch glüht der Wagen von der Energie des Tages, die Pferde schnauben und wollen getränkt werden. Doch als erstes bindet Helios den Strahlenkranz von seinem Kopf.

Die Menschen haben inzwischen in der Dämmerung ihr Tagewerk niedergelegt, sich gesammelt und den Feierabend eingeläutet. Die Kinder setzen sich an den Herd und spielen. Die Liebenden gehen Hand in Hand hinaus und spazieren nach Westen, wo das magische Licht der untergehenden Sonne die Wolkenfetzen über dem Meer beleuchtet. Die letzten Sonnenstrahlen zaubern einen neuen Glanz auf die Gesichter der Liebenden, aber obwohl beide nah zusammen gehen und einander begehren, befällt sie einen Augenblick lang Trauer und ein Gefühl wie Abschiedsschmerz. Im kühlen Abendwind umschlingen sich die Paare enger und wärmen sich mit langen Küssen. Darüber vergessen sie die Zeit und tappen zuletzt durch die Finsternis zurück ins schützende Haus.

Nun lieben sich die Menschen, essen, trinken und lachen. Zuletzt erzählen sie sich im warmen Licht eines Feuers die Geschichte von Helios und seiner Angst. Denn jetzt erst – im Augenblick des Sonnenuntergangs – kommt die schwerste Stunde des Gottes. Die Liebenden mögen diesen Teil der Geschichte besonders. Sie macht den Sonnenhelden so menschlich, denn nun muss er Abschied nehmen, und das fällt ihm genauso schwer wie den Liebenden.

Helios blickt noch einmal zurück auf seine Bahn: Im schwindenden Abendglanz kann man erahnen, welch unermessliche Weiten er befahren hat, hoch oben unter dem Himmelsgewölbe. Während über seinem Boot Hesperos aufglüht –

Venus als sanfter Abendstern – erscheint ganz hinten im Osten bereits die schwarze Nacht mit ihrem Sternenglanz. Die Menschen feiern die lebenspendende Tat des Helios und danken ihm für seine gelungene Tagesfahrt. Aber jetzt gilt es die Peitsche aus der Hand zu legen. Das fällt ihm schwer! Die kommenden Stunden gehören der Nacht. Da packt ihn Todesangst: Was wird geschehen, wenn er nicht mehr aufpasst? Nun verkrampft sich für einen Augenblick seine Hand an den Zügeln. Kann das gut gehen? Zwölf Stunden lang hat er Minute für Minute alles genau im Griff gehabt, jeden Schritt der Pferde kontrolliert, doch nun muss er die Zügel loslassen. Kalt fährt es ihm durch die Glieder: Alles aufgeben!

Der Mythos des Untergangs zeigt uns Helios von einer anderen Seite. Und doch werden wir dabei Zeugen seiner zweiten Heldentat. Die erste, nämlich seine Tagesfahrt, war für jeden Betrachter offensichtlich. Sie wurde mit Klugheit und Muskelkraft vollbracht. Die Kunst des Loslassens, die zweite Heldentat, findet im Inneren des Sonnengottes statt, in seinem Herzen, denn jetzt braucht er Vertrauen und starke Seelenkräfte.

Langsam sehen wir ihn vom Wagen heruntersteigen. Der Mythos des Untergangs vollendet sich. Helios lässt die Zügel los und blickt für kurze Zeit hilflos um sich. Schon hat sich der Nachen in Bewegung gesetzt und gleitet über die schwarzen Wellen, doch die Schiffsleute brauchen Helios nicht. Er hat keine Kontrolle über die Fahrt. Unsicher setzt er sich in eine Ecke des Nachens, den nutzlos gewordenen Strahlenkranz neben sich. Als letztes legt er die Peitsche aus der Hand, behält sie aber auf den Knien. Nun ist er dem schwankenden Boot ausgeliefert und beobachtet, wie die Schiffsleute sich geräuschlos bewegen und das Boot – wie es ihm erscheint – planlos den Strömungen von Wind und Wasser ausliefern. Wie sehr widerspricht dies seinem Charakter! Was hier geschieht, hat er nicht mehr im Griff. Selbst Götter müssen Augenblicke der Machtlosigkeit aushalten und sich auf andere verlassen. Helios schafft diese Kunst, aber sie fällt ihm schwer. Täglich neu hat er an dieser Stelle ein Gefühl des Untergehens, obwohl er aus Erfahrung weiß: das Schiff trägt mich.

Nun reibt er sich die Augen. Er zieht den Mantel enger um sich, damit er die feinen Wassertröpfchen weniger spürt, sieht den schwankenden Sternenhimmel über sich und versucht, wach zu bleiben. Allmählich verschwimmt ihm jedoch die Realität, die schwankenden Sterne entfernen sich. Helios träumt von kreisenden Firmamenten und zuletzt von einem gewaltigen schwarzen Strudel, der ihn hinunterzieht. Ohne es zu bemerken, umklammert er im Schlaf seine Peitsche.

Wir werden im nächsten Kapitel diesen Traum und den Seelenzustand des Sonnenhelden deuten, denn sie sind das Urbild für das irrationale »Abschiedsgefühl« des Paares im Sonnenuntergang und gleichzeitig auch Urbild unserer Erfahrungen mit der Liebe am Deszendenten. Doch vorher müssen wir Helios auf seiner Nachtfahrt bis nach Hause begleiten.

Auf geheimnisvolle Weise gleitet der Nachen nun in die Tiefe. Das Boot tritt den Rückweg an. Sein Ziel ist der Palast des Helios im Orient. Aber der Weg verläuft nicht über den Himmel, sondern unterirdisch. Auf dem Unterweltsfluss navigiert das Boot in die Tiefen der Erde und dann Richtung Osten.[37] *Der Höllenfluss hat in der Mythologie viele Namen. Weil er sozusagen durch den Mittelpunkt der Erde fließt, wollen wir ihn den Fluss des Vergessens nennen, denn die Nachtfahrt des Helios muss ja in gefährliche Nähe zum Land des Pluto (Hades) kommen, dem Schatten- und Toten-Reich. Es ist deshalb zu vermuten, dass weibliche Götter oder Geister das Schiff navigieren, denn in den Tiefen herrscht das Urweibliche. Der Sonnengott hat sich also dem silbernen Mondboot überlassen, demselben, das die Seelen seit Urzeiten in den Schoß der Erde hinunter und wieder hinauf zur Wiedergeburt führt. So begreifen wir seine Angst noch besser: Wer den ganzen Tag über männlich bewusste Kontrolle ausgeübt hat, wird um so schwerer loslassen und sich den weiblichen Wasser- und Erdgeistern überlassen. Kaum verständlich ist ihm, wie man vorwärts kommen kann, ohne aktiv Pferde anzutreiben, nur indem man die Strömung ausnutzt und sich mitreißen lässt. Dem Wagenlenker ist die undurchschaubare*

Kunst der Schifferin zutiefst unheimlich, der er sich samt Pferd und Wagen anvertraut. Und doch gelangt er auf diese Weise sicher zurück nach Osten.
Für einige Stunden lässt er die Mondgöttin, seine Schwester Selene, den Schlaf der Menschen bewachen. Diese träumen von Leid und Liebe, aber auch von geheimnisvollen orientalischen Nächten, von Sonnenhelden und goldenen Palästen. Während Mutter Erde die Wärme von Helios' Strahlen noch eine Weile speichert, schläft und regeneriert die ganze Natur unter Selenes ewigem Schutz.
In der letzten Nachtstunde, zwischen zwei Träumen fragt Helios: »Sag mir, Selene, geliebte Schwester, wie um alles in der Welt habt ihr mich durch die Gewässer der Unterwelt gefahren?« »Du warst doch dabei«, erwidert die Mondgöttin, »oder hast du etwa die ganze Nachtfahrt verschlafen?« »Ja«, gesteht Helios, »der Strudel der Sterne zog mich in die Tiefen der Träume.« »So höre!« sagt Selene und setzt sich an das Lager ihres Bruders. »Gleich nachdem du eingenickt bist,[38] hat Mutter Nacht dein Licht verschlungen und verdaut. Dein Schiff aber wurde von kräftigen jungen Frauen geschickt hinuntergesteuert über die fallenden Gewässer des Westens, da ging es über Stromschnellen, kleine Wasserfälle und durch Schluchten hinab, zum unterirdischen Fluss, der das Reich des Unnennbaren umfließt. Die Schiffsfrauen riefen sich laute, klare Befehle und Mitteilungen zu und reagierten blitzschnell, wenn Klippen der Fahrt entgegenragten oder das Schiff zu steil hinabzustürzen drohte. So gelangte deine Sonnenbarke sicher hinunter auf den Strom des Vergessens.
Ein reinigendes Gewitter überquerte die Lande und die Menschen zogen sich in ihre Häuser zurück, wo sie sich wuschen, die von der Arbeit schmutzigen Kleider wechselten und die schweren Füße pflegten. Wer Verletzungen oder eine Krankheit mitgebracht hatte, wurde sorgfältig betreut und verarztet. Das klärende Gespräch mir den anderen Hausgenossen hilft den Menschen, die Selbstheilkräfte zu wecken oder Vorsorge zu treffen gegen Stress, Krankheit und Unheil. Nun zündeten sie ihre Lampen an und bereiteten sich einen

Abendimbiss zu. Nur einige unternehmungslustige Menschen aßen noch nichts, weil sie ausgehen und mit Freunden essen und feiern wollten. Männer, Frauen und Kinder berichteten einander, was sie draußen gesehen hatten, und überlegten, was sie lernen und verändern mussten, um die Arbeit noch besser zu machen und den kommenden Tag klug zu organisieren.«

Wer in diesen ersten beiden Stunden nach Sonnenuntergang geboren wurde, wenn die Sonne in Haus 6 des Geburtshoroskops steht, ist mit der Fähigkeit ausgestattet, sich und das Leben immer wieder zu reorganisieren. Geboren an der Nahtstelle zwischen Tag und Nacht, hat er die Gabe, das Zusammenspiel von Licht und Schatten immer bewusster zu verstehen. Vielleicht äußert sich dies in Organisationstalent, vielleicht in guten analytischen oder handwerklichen Fähigkeiten. Viele Menschen mit Sonne in Haus 6 haben auch heilerische Kräfte. Sie haben – bildhaft gesprochen – die Fähigkeit, Schmutz und Überbleibsel des Tages abzustreifen und für körperliche und seelische Reorganisation zu sorgen.

»Nun war die steilste Stelle überwunden. Schwungvoll glitt deine Sonnenbarke mit der Strömung fort.[39] *Die Lenkung des Schiffes verlangte jetzt nicht mehr die volle Aufmerksamkeit, so dass die Schifferinnen Zeit hatten, ein Lied zu singen und zu feiern. Auch die jungen Menschen auf der Erde versammelten sich und machten ein großes Feuer an, bei dem sie tanzend und lachend den Feierabend verbrachten. An den Höfen der Könige ging es in dieser Stunde hoch her. Die Menschen am Hof dankten dir Helios für die Früchte deines Tageswerkes, aßen, tranken, tanzten zu lauter Musik und spielten, während sie die Könige und Künstler hochleben ließen.«*

Wer in diesen Stunden geboren ist, findet die Sonne in Haus 5 des Geburtshoroskops und sollte sich viel Raum und Zeit zum Feiern nehmen. Solche Menschen haben die Fähigkeit, Energie und Freude zu verbreiten, manche haben ein großes Herz und auch kreative Talente. Die Freude an der Fülle des Lebens will ausgedrückt und mitgeteilt werden. Im Idealfall werden diese Individuen Lebenskünstler sein; sie haben die Gabe, das Leben als ein großes Spiel aufzufassen, dessen Regeln immer wieder neu definiert werden können.

> *»In den beiden Stunden vor Mitternacht*[40] *wurde die Fahrt langsamer und näherte sich dem tiefsten Punkt der Welt. In breiten Windungen umkreist der Strom dort das Land des Vergessens. Ehrfurchtsvoll warfen die Schifferinnen einen Blick in die unendlichen Weiten des Schattenreiches, deren äußerste Gefilde der Strom berührt. Sie fürchteten sich nicht, wussten sie doch, dass im Zentrum der Unterwelt der Schoß allen Lebens ist, auch wenn sterbliche Augen ihn nicht sehen können. Diesem See unendlicher Liebe sind alle Wesen der Natur entstiegen.« Selenes Blick wird feucht und sie erzählt ihrem Bruder: »Immer wenn ich um Mitternacht am Himmel wandle, weiß ich, dass deine Barke die Himmelstiefe umschifft, und dann muss ich weinen, obwohl ich nicht traurig bin. Ich befeuchte so die Erde mit kühlem Tau. Die Menschen aber schlafen. Auch wer lange gefeiert hat, spürt nun, wie sich die Gedanken vom irdischen Alltag entfernen und sich in Träumen regenerieren wollen. Die Kinder kriechen zu den Eltern ins Bett und wärmen sich.«*

Die Sonne steht nun in Haus 4. Dies betrifft etwa die beiden Stunden vor Mitternacht, und auch die ersten etwa 20 Minuten des neuen Tages. Die Sonne in den letzten 5° des 3. Hauses bildet immer noch eine Konjunktion zur Himmelstiefe (IC) und gehört für die Deutung ins 4. Haus, denn sie ist noch deutlich von der Symbolik der Mitternachtsstunde geprägt. Wer im Zentrum der Nacht geboren wurde, ist stets nah an der Quelle allen Lebens. Dies ist Gabe und Verpflichtung zugleich. Die Gabe besteht in der Fähigkeit, Leben zu erneuern, sei es im Umgang mit Kindern, sei es im übertragenen Sinne, indem man Leben und Wärme ausstrahlt. Solche Menschen sollten zu den Wurzeln ihrer Gefühle vordringen und nicht ruhen, bis sie sich mit ihrem Leben wohl und zu Hause fühlen. Dann haben sie auch die Verpflichtung – oder die Möglichkeit – für andere Menschen zu sorgen, ihnen zu helfen, ebenfalls zu den eigenen Wurzeln zu finden. Diese Persönlichkeiten sollten wissen, dass in ihnen ein ruhender Punkt ist,

Abb. 23: Apollo und Stunden,
Gemälde von Georg Friedrich Kersting (1822)

wo neue Kraft aus der Psyche sprudelt, ohne dass man viel tun muss. Dort fließt Wohlbefinden ganz von selbst, »wie im Traum«. Wer in tiefer Nacht geboren wurde, tut gut daran, immer wieder nach dieser geheimen Quelle zu suchen.

»Schweigend umsegelten die Schifferinnen diesen geheimnisvollen Ort«, erzählte Selene weiter, »sie wussten, dass sich dort auch das Mysterium der Zeit erneuerte und um Mitternacht der Samen für den neuen Tag gelegt wurde. Doch in den Stunden danach[41] *begann ein Fragen und Diskutieren: ‚Wie wird der neue Tag?' ‚Was mag er den Menschen bringen?' Es ist die Zeit, lieber Bruder, wo du oft im Schlaf sprichst. Was du sagst, hören die Schifferinnen und deuten die Träume als Orakel für den jungen Tag, worüber sie oft in angeregten Streit geraten, den sie mit leisem Lachen been-*

den, um die Träumer nicht zu wecken. Doch auch heute Nacht vernahmen die Menschen einzelne Wörter von dir. Gefiltert durch die eigenen Träume verarbeiteten sie diese zu Gedankenfetzen, Wortspielen, Fragen und Ideen. Das Wenigste davon wird bis in den neuen Tag hinein erhalten bleiben, sondern schon bald in den großen Speicher der Nacht zurückkehren. Doch manche menschlichen Gedanken des kommenden Tages wurden hier vorbereitet.«

Wer in den beiden Stunden nach Mitternacht geboren wurde, das heißt mit der Sonne in Haus 3 des Geburtshoroskops, hat die Gabe, Informationen von allen Seiten aufzunehmen und zu verarbeiten. Ähnlich einem guten Traumdeuter wird dieser Mensch zuerst einmal alle Ideen sammeln und keine ausschließen. Diese Menschen können es weit bringen, wenn sie lebenslang ihre Neugier bewahren und offen bleiben. Wenn es ihnen nicht ausgetrieben wurde, lernen sie mit Lust und Gewinn und sind stets an den Strom der Ideen angeschlossen. Ein sensibles Nachdenken über Wörter und Sprache ist nötig, um immer besser zu verstehen und sich verständlich zu machen. Wenn dies alles gelingt, können die nach Mitternacht Geborenen eine hohe Ausdrucksfähigkeit erlangen.

»In den frühen Morgenstunden[42] *wurden die Schifferinnen hungrig und fanden einen herrlichen Vorrat von Früchten, Broten, Honig und anderen Köstlichkeiten in ihrem Boot. Sie richteten sich in einer windstillen Ecke des Schiffs gemütliche Lagerplätze ein, wo weiche Kissen und wärmende Decken bereit lagen. Während einige nun abwechselnd für die Sicherheit der Fahrt sorgten, genossen die übrigen das fürstliche Mahl und nahmen sich das Beste aus dem unerschöpflichen Vorrat. Eine Amphore mit schwerem Wein aus Kreta wurde vorsichtig mit Wasser gemischt, und allgemeines Behagen breitete sich über die Sonnenbarke aus. Es war noch genügend Zeit, um ohne Hektik das letzte kurze Stück der Fahrt anzugehen. Gestärkt und satt freuten sich die Schifferinnen bereits über das geglückte Werk. Die Menschen jedoch lagen zu dieser Zeit sicher in tiefem festen Schlaf, geborgen wie die jungen Bären am wärmenden Leib der schützen-*

den Mutter. Die Liebenden rückten im Schlaf näher zusammen und wärmten sich Haut an Haut.«

Wer in diesen Nachtstunden geboren wurde, wenn die Sonne im 2. Haus des Geburtshoroskops steht, wird in sich eine große Sehnsucht nach Sicherheit finden und in der Regel auch gute Fähigkeiten haben, sich abzusichern, um das Leben daraufhin zu genießen. Diese Gabe kann auf verschiedensten Ebenen Früchte tragen. Die Liebe zur Natur und zu den Früchten der Erde wird solchen Menschen helfen, ihr eigenes Lebenskonzept zu finden. Sinnlichkeit ist ein wichtiger Teil ihrer Persönlichkeit. So wie es in den ersten Nachtstunden des neuen Tages darum geht, die Wärme zusammenzuhalten, so können Menschen, welche in diesen Stunden geboren wurden, die lebendigen Werte des Lebens erkennen, bewahren und pflegen. Im Idealfall gestalten sie ihr Leben als ein Fest der Sinne.

Selene schließt ihre Erzählung mit den Worten: »Nun ruh' dich auch noch ein wenig aus, mein Bruder. Ich will inzwischen einen Blick auf das Firmament werfen und die Sterne verabschieden, die nun im Westen mit der schwindenden Nacht unter den Horizont abtauchen.« Schließlich werden die Gewässer des Stromes ruhiger und ohne Mühe gleitet die Sonnenbarke zurück nach Osten. Das Funkeln der Sternbilder zeigt an, dass das Boot wieder auf der Oberwelt angekommen ist, und hinter einer Flusskrümmung leuchten auch schon die Türme von Helios' Palast im Schimmer der Nacht. Hier werden die Pferde versorgt und Helios ruht sich nochmals ein Stündchen aus, um für die kommende anstrengende Reise gerüstet zu sein.
Doch schon früh regt sich Leben im Palast des Helios. In den Ställen gehen die Lichter an. Stimmen ertönen. Helios gibt seine Anweisungen, während er Peitsche und Strahlenkranz ergreift. Eos, die Rosenfingrige, öffnet das Tor, und das Sonnengefährt beginnt am Aszendenten eine neue Tagesfahrt.

Die Liebe als Ort von Tod und Neugeburt

Was für ein mächtiges und unerwartetes Bild für die Liebe: Der Sonnenheld am Deszendenten fürchtet sich! Er glaubt unterzugehen! Lieben heißt die Kontrolle aufgeben und das Gewohnte zurücklassen.

Natürlich bringt die Liebe genauso wie der Sonnenuntergang positive neue Erfahrungen. Sie bringt – um in den Bildern des Mythos zu bleiben – neue Schiffe, um auf dem Fluss des Lebens weiterzukommen. Aber oft fühlt sie sich auch an wie ein Untergehen, wie ein Versinken in Chaos. Kein Wunder, wenn wir uns manchmal vor ihr fürchten. Wir vergessen das oft, weil meistens ja die Sehnsucht nach ihr stärker ist. Die Angst vor der Liebe sollte jedoch nicht verdrängt werden: die Angst davor, sich ganz einzulassen. Möglicherweise befürchten wir aufgrund von gemachten Erfahrungen, dass wir uns dabei aufgeben und verlieren werden. Selbstverständlich gibt es daneben andere und unproblematischere Stimmen in uns, aber offen oder unterschwellig spricht auch etwas in unserer Seele: »Hüte dich vor der Liebe, sie wird dein Untergang sein!«

Zu einem gewissen Teil ist diese Angst gesellschaftlich bedingt. Der moderne Mensch ist ein gespaltenes Wesen; er hat stets den Wunsch mit jemandem zu verschmelzen, glaubt aber andererseits, damit seine individuelle Freiheit zu verlieren. Die Tiefenpsychologie erklärt den häufigen Konflikt zwischen Nähe und Distanz; sie beschreibt einerseits, wie groß unser Bedürfnis ist, Geborgenheit zu erfahren, und dass wir dabei oft ein Nachholbedürfnis aus der Kindheit haben. Gibt uns jemand Geborgenheit, so verwechseln wir unbewusst den Liebespartner mit der Mutter oder auch dem Vater. Wenn dies geschieht, dann ist es nur eine Frage der Zeit, bis wir uns in einer Art verspäteter Trotzphase wieder von diesem Ersatz-Elternteil befreien müssen, indem wir uns trennen oder innerlich auf Distanz gehen. Wir modernen westlichen Menschen hoffen zwar, durch eine Partnerschaft Intimität und Nähe zu erhalten, so wie früher im Elternhaus, oder sogar besser als damals. Gleichzeitig fürchten wir aber, in die alte Unselbständigkeit zurückzufallen. Auf diese Weise sitzen manchen Menschen »Beziehungskisten« im Nacken, die angefüllt sind mit schmerzhaften Eltern-Kind-Spielen, mit Erfahrungen von Abhängigkeit und Machtausübung. Einige Gründe dafür sind offensichtlich gesellschaftlicher Natur. Das Industriezeitalter hat die traditionellen Familienstrukturen zerstört, den Menschen jedoch auferlegt, die Familienideologie der alten Agrargesellschaft weiterhin als Vorbild zu nehmen. Besonders die Frauen sind dadurch in ein Dilemma geraten, weil sie gleichzeitig zwei Leben bewältigen sollen, eines als Berufstätige und eines als Hausfrau und Mutter. Auch als Liebende sollten sie vor ihren Männern stets in der perfekten Doppelrolle als bäuerliche Urmutter und als modernes Großstadtmädchen auftreten. Dilemma und Stress schaffen natürlich kein Klima für angstfreie Partnerschaft und Kindererziehung.

Es gibt darunter aber noch eine tiefere Schicht. Vertrauen wir wieder auf die Weisheit der astrologischen Symbolik. Der Deszendent ist der Punkt, wo die Gestirne untergehen. Sie werden für unser Auge unsichtbar, obwohl sie natürlich am Himmel bleiben und für die Beobachter in anderen Kontinenten auch jetzt zu sehen sind. Bloß für uns treten sie am Deszendenten aus dem Blickfeld. Trotzdem kann der Untergang Angst machen, die Dunkelheit verändert die Welt, und dies ist der tiefere Zusammenhang mit der menschlichen Angst vor Bindung. Er hat nichts mit unserem persönlichen psychologischen Zustand zu tun, sondern mit dem Menschsein überhaupt. Mensch geworden sind wir auf der Erde, und an diesem Schauplatz geht abends die Sonne unter, das heißt für die halbe Zeit unseres Daseins brauchen wir Licht, Schutz und liebende Menschen. Die Angst unterzugehen sitzt uns in den Chromosomen, seit wir Menschen sind. Das Mädchen im Waldhaus, das wir im dritten Kapitel kennen gelernt haben, sucht bei Sonnenuntergang Schutz in der Liebe, indem es bei einem Fremden unterschlüpft. Dieser Entscheid führt zwar, wie der Schluss des Märchens zeigt, objektiv zu ihrem Glück, für das subjektive Empfinden ist er aber beängstigend, solange das Happy End noch nicht eingetreten ist.

Der Punkt der Liebe ist also jene Stelle, wo untergegangen wird, wo die Inhalte ins Unbewusste absinken. Was nun aus der bewussten Wahrnehmung entschwindet, ist natürlich weder tot noch verloren, sondern wirkt weiter. Wie im Kosmos so geht auch in der Psyche nichts verloren. Das Absinken ins Unbewusste weckt jedoch die berechtigte Angst, diese Inhalte nun nicht mehr im Griff und jederzeit zur Verfügung zu haben. Der Mythos von Helios wurde so ausführlich geschildert, weil er diese Angst nachvollziehen lässt. Obwohl ein Held und Gott, ist er doch wie viele griechisch-römische Götter sehr menschlich. Wir können uns plastisch vorstellen, dass er am Abend stolz ist, die Fahrt gut bewältigt zu haben, und wenn ihm nun abverlangt wird, sich einzuschiffen, so gibt er ungern die Peitsche ab. Ihr, nämlich der bewussten Kontrolle, verdankt er ja seine ganzen bisherigen Erfolge. Er hat bisher dank seinem eisernen Willen alles erreicht. Die Peitsche als Stab und Phallus-Symbol deutet an, dass Helios mit männlichen Mitteln seine Leistung erbringt, sie notfalls auch mit Gewalt erzwingen kann. Dieser patriarchale Macher legt ungern das Instrument aus der Hand, dem er alles Positive verdankt, das er erschaffen hat. Sich dem silbernen Mondboot anvertrauen, andere ans Steuer lassen, sich den Wassern der Nacht ergeben – für Helios fühlt sich das an wie ein Untergang.

Ozean, Fluss, Unterwelt, Boot, dies alles steht für das Gefühls- und Wasserelement und damit auch für das Urweibliche. Wir stellen uns vor, dass es Frauen sind, die das Steuerruder des Nachtbootes in die Hand nehmen. Das Misstrauen des Helios wird dadurch umso verständlicher. Dieses kann nicht abgetan werden mit dem Hinweis, dass er eben »ein alter Macho« sei. Das Loslassen und Vertrauen ist einfach zu ungewohnt und neu für ihn. Er ist bisher ohne diese Qualitäten gut zurecht gekommen, und das zu unserem Glück. Hätte er auf seiner Reise die Peitsche weggelegt und ein Nickerchen gemacht, so wären die Pferde durchgebrannt und die beschriebene kosmische Katastrophe hätte stattgefunden. Doch jedes Verhalten hat seine Zeit. Der lichte Tag war die Zeit des Einzelhelden, jetzt kommt die Nacht und mit ihr die Zeit der Gemeinsamkeit. Wenn nun niemand dem Helios erklärt, dass der Abend und die Nacht andere Gesetzmäßigkeiten haben als sein Arbeitstag, so wird er fürchten, dass alles zu Ende ist. Man muss ihm erklären: Nicht alles geht unter, nicht die ganze Welt, nicht deine Person, sondern nur die Tagesfahrt. Die

Nachtfahrt beginnt mit der Aufforderung: »Steig ein, wir machen das für dich!«

Genau an dieser Stelle befinden wir uns in der Liebe. Wer erwägt, sich ernsthaft zu binden, führt symbolisch gesprochen einen Untergang herbei. Wenn er bisher einen Lebensstil hatte, in welchem sein bewusst kontrollierendes Ego alles im Griff hatte, so wird dieses Leben nun untergehen, und zwar im doppelten Sinne.

Zuerst in dem einfachen Sinn, dass in einer Ehe auch der Partner gefragt werden muss, wohin die Fahrt geht. Das Ich verbindet sich mit dem Wir. Eine beginnende Liebesgeschichte müsste eigentlich fast naturgemäß eine Phase durchlaufen, in der das Ego schreit: »Hilfe, ich gehe unter!« Die blinde Verliebtheit führt zwar manchmal dazu, dass wir diesen Ruf überhören; er geht dann für einige Zeit in den Untergrund und meldet sich bei der ersten größeren Beziehungskrise wieder zu Wort. Dennoch, an jenem Tag, wo jemand eine Lebenspartnerschaft beginnt, stirbt sein Singledasein. Die hundertprozentige Autonomie, die Gewohnheiten der Vergangenheit gehen unter. Gewiss ist die Angst vor dem Untergang unvernünftig, denn man handelt sich ja dafür etwas Besseres ein: Liebe, Gemeinschaft, Austausch; wir erobern Neuland und doppelte Möglichkeiten mit jeder Partnerschaft. Dieser vernünftige Gedanke wird jedoch die Angst nicht vertreiben, falls sie offen oder unterschwellig vorhanden ist. Angst sitzt stets tiefer als die Erklärungen der Vernunft. Selbst Menschen, die ungern allein waren und die Partnerschaft herbeigesehnt haben, müssen zugeben, dass der neue Zustand noch ungewisse Wege eröffnet, während das Dasein als Einzelwesen bekannt und vertraut ist. Vielleicht hat man dieses Bekannte gehasst. Aber etwas in uns liebt alte Gewohnheiten, einfach deshalb, weil sie bekannt und gewohnt sind, obwohl unser Gehirn längst einsieht, dass Erneuerung nötig ist. Ist dann ein Partner ins Leben getreten, so müssen wir aber seine Entscheidungen und Bedürfnisse mit ins Kalkül einbeziehen. Ob vernünftig oder nicht: Die Angst davor, in einer Partnerschaft unterzugehen, ist berechtigt, wenn wir sie als Untergang der alten Gewohnheiten und als Verlust der Ego-Allmacht interpretieren. Nur am Rand sei bemerkt: Verliebt haben wir uns ja auch nicht aufgrund der Planungen des Ego. Dazu sind irrationalere Kräfte nötig. Liebende setzen sich in ein Boot, welches sie auf dem Fluss des Lebens weiterträgt, ohne dass sie seine Lenkung vorerst verstehen könnten.

Noch in einem andern Sinn ist es nötig, dass am Tor zur Partnerschaft das Ego aufhört, alles im Griff haben zu wollen: Mit der Liebe nehmen wir nämlich an einem Projekt teil, das uns über uns selbst hinausführt. Wer sich auf eine Liebesbeziehung einlässt, übersteigt seine Ich-Grenzen schon deshalb, weil er sexuelle Erfahrung dazugewinnt, die er allein nicht machen könnte. Einander lieben ist möglicherweise das älteste Ritual des Menschen, der spürt, dass er sich über sich selbst hinausentwickelt. Wo immer wir an Möglichkeiten teilhaben, die wir nicht als Einzelindividuum allein kontrollieren, da ist das Ego mit seiner Funktion am Ende. Es muss zwar nicht untergehen, aber zur Seite treten und für einige Zeit anderen Kräften die Steuerung überlassen.

Sexualität ist auch mit der Möglichkeit verbunden, Kinder zu bekommen. Dabei wachsen wir über uns selbst hinaus, weil ein Mensch, der Kinder zeugt, schöpferisch tätig wird, ohne das Ergebnis seiner Schöpfung kontrollieren zu können. Unser bewusstes Ich hat ja keine Kontrolle über die Frage, welche Gene vererbt werden und welche neue Mischung entsteht. Auch wenn sie einmal geboren sind, gehören die Kinder nicht uns, obwohl sie äußerlich einige Jahre von uns abhängig sind. Selbst wenn es einer schaffen sollte, seine Kinder noch im Erwachsenenalter vollständig für seine Privatinteressen zu missbrauchen, so hat es die Natur doch so eingerichtet, dass Kinder jünger sind als ihre Eltern und diese in der Regel überleben, womit sie zumindest physisch noch eine autonome Wegstrecke vor sich haben. Mit dem Kinderkriegen setzen wir Energien in die Welt, die über unseren Tod hinaus wirksam sind. Das individuelle Ego kann also unmöglich die einzig sinnvolle Instanz sein, die darüber entscheidet, ob und wann wir Kinder haben wollen.

Die praktische Erfahrung zeigt auch, dass selbst im Jahrhundert der Geburtenkontrolle die Mehrzahl der Kinder jenseits bewusster Planung auf die Welt kommt. Es liegt jedoch rückwirkend betrachtet meist ein tiefer Sinn darin, wie und wann uns ein Kind »zufällig« zufällt. Trotzdem können wir den Helios-Anteil in uns verstehen, wenn er dies nicht sofort erkennt: Stellen Sie sich eine junge Frau vor, die zum ersten Mal schwanger wird. Vielleicht hat sie das Kind sogar geplant, hat den richtigen Partner dazu und freut sich darauf. Dennoch fürchtet sich ein Teil in ihr vor dem Untergang. Sie hört auf, nur für sich selbst verantwortlich zu sein, ja sie hört auf, nur Tochter ihrer

Eltern zu sein. Sie wird selbst Mutter. Das bewusste Ich mag es anders empfinden, doch in den archaischen Tiefen ihres Unbewussten läuft ein Film ab mit dem Titel: »Heute verliere ich die Kindheit und Jugend!«

In solchen wichtigen Augenblicken der Biographie – beim Weitergeben des Lebens, beim Eintritt in eine Partnerschaft, oft schon wenn sich zwei Personen kennen lernen, die sich lieben werden – übernimmt etwas anderes die Leitung. Manche Menschen bezeichnen diese Instanz als innere Führung, als höheres Selbst. Vielleicht sind es auch die urmenschlichen Programme des Überlebens. Jedenfalls ist es etwas in uns, das auch Verbindung hat zu überpersönlichen Notwendigkeiten. Im Bild unseres Mythos von Helios am Deszendenten sind es die Frauen, die das Boot lenken, die guten Dienerinnen der großen Göttin, welche am Lebensschiff die Segel aufziehen und das Steuerruder ergreifen mit ihrer jahrtausendealten Erfahrung als Lebenslenkerinnen.

Es gibt schließlich noch einen dritten Grund, warum am Tor zur Partnerschaft das Ego seine Kontrolle eine Zeit lang aufgeben muss, dieser Grund wird im nächsten Kapitel behandelt. Er hat mit der Notwendigkeit zu tun, wieder heimzukehren (siehe nächstes Kapitel).

Obwohl wir also wissen, dass es gewöhnlich nicht um Kopf und Kragen geht, wenn wir uns auf eine Beziehung einlassen; obwohl wir gesehen haben, dass wir damit sogar neue positive Kräfte in uns aufwecken; obwohl es vielleicht auch nicht zum ersten Mal ist – trotz all dem ergeht es uns wie Helios: Ein ängstliches Gefühl ist dabei, ein Gefühl von Untergang. Unser Verstand konstruiert daraus die positive Erklärung, wir bräuchten die Liebe, um nicht unterzugehen: »Mit dir zusammen fühle ich mich sicher, selbst angesichts des Untergangs«. Dies bezieht sich nicht nur auf die Stimmung des Liebespaares beim Sonnenuntergang, sondern auch auf die Angst, im Lebenskampf unterzugehen. Der Film über den Untergang der Titanic ist nicht deshalb so millionenwirksam, weil er technisch raffiniert ist, sondern wegen der Einfachheit seines Inhalts. Er verknüpft einen Untergang und eine Liebesgeschichte. Damit rührt er an Archetypisches. Das Zusammenspiel von Untergehen und Lieben muss eine der ältesten Schaltungen sein, die sich während der Evolution im menschlichen Gehirn festgesetzt haben.

Der deutsche Satz: »Ich verliebe mich« steht von der Grammatik her in der aktiven Form, nicht in der »leidenden« passiven Form. Das widerspricht jeder Erfahrung, und selbst wenn man den Deutschen zubilligt, vieles im Griff zu haben – von der Liebe werden auch sie überwältigt, wie alle Menschen. Es trifft sie. Menschen, die englisch sprechen, verlieben sich nicht, sie »fallen in Liebe«. »To fall in love«, dieser Ausdruck ist passiver, was dem Thema angemessener ist. Sich verlieben, das können wir nur geschehen lassen oder uns hineinfallen lassen. Zum besseren Verständnis dieser englischen Wortschöpfung versuchen wir uns plastisch vorzustellen, wie sich das Fallen anfühlt. Stellen Sie sich vor, Sie fallen! Nehmen Sie Ihre Phantasie zu Hilfe, um den Vorgang in Zeitlupe auf sich wirken zu lassen: Wie ist das Körpergefühl im freien Fall? Sind Sie vielleicht im Traum schon einmal durch unendliche Räume gefallen? Wie war es da? In der Realität haben wir Angst vor dem Fallen, denn bei der Konstruktion des Menschen wurden bekanntlich die Flügel übersehen. Nun heißt es zwar, dass die Liebe Flügel verleiht. Denselben Spruch gibt es interessanterweise auch über die Angst – eine sinnreiche Parallele! Aber auf dem Fels über dem Abgrund würde ich mich nicht darauf verlassen, dass diese Redewendungen beim Wort zu nehmen sind.

Die englische Formulierung vom »Fallen in Liebe« bringt uns einen Schritt weiter in unseren Überlegungen. Interpretieren wir die Deszendent-Wahrnehmung einmal als Angst vor dem Fallen. Körperlich gesehen gibt es dabei nur zwei mögliche Folgen, nämlich Tod oder Happy End. Entweder wir fallen und gehen unter, oder wir fallen und werden aufgefangen. Niemand will bestreiten, dass es Liebesszenen gibt, die tödlich enden. Da der Mensch sterblich ist, kann jede Aktion des Lebens zum Tod führen, also auch die Liebe. Und selbst ohne tödlichen Ausgang kennen wir Beziehungen, die kein Happy End erleben, sondern auf die eine oder andere Art zum »Untergang« führen. Aber dies ist natürlich nicht im Sinne des Spenders, das heißt nicht die ursprüngliche Bestimmung menschlicher Liebe! Wir können vielmehr in der Regel davon ausgehen, dass das Leben uns nicht auf Wege stößt, die von vornherein zum Untergang führen. Wenn es fallen lässt, so hat es auch Netze zum Auffangen. Was ist es nun, das uns am Deszendenten auffängt?

Wir knüpfen wieder am Mythos an und fragen zuerst: Wer fängt Helios auf? Es ist der Ozean und ein Boot, das von den Dienerinnen der Nacht gelenkt wird. Die astrologische Übersetzung dieser Symbole ist einfach und führt uns zum Gefühls- oder Wasserelement in all seinen drei Ausprägungen. Das Boot ist in den meisten Kulturen ein Mondboot, oft auch in Mondsichelform dargestellt, der Mond ist astrologischer Herrscher des ersten Wasserzeichens Krebs; die Schifferinnen durch den Unterweltfluss gehören zur Symbolik von Pluto und Skorpion; das Meer schließlich ist der Ort des Neptun und des Fischezeichens; alle drei Gefühlszeichen sind durch ihre Symbole vertreten.

Wer sich am Deszendenten fürchtet, dem werden als Auffangnetz die Gefühle empfohlen. Ein solches Gefühl ist zum Beispiel das Vertrauen. Wir können diesen Ratschlag befolgen, wenn uns zu Beginn einer Partnerschaft die Angst beschleicht, unsere Selbständigkeit könnte untergehen. Er gilt aber genauso, wenn im Verlauf einer Beziehung solche Ängste hochkommen, falls uns also das Vertrauen fehlt, welches nötig wäre, um uns tiefer einzulassen und in die Liebe fallen zu lassen. Vertrauen ist eine wichtige Gefühlsqualität. Vertrauen Sie Ihren eigenen Gefühlen, hören Sie auf die innere Stimme! Oft sagt Sie Ihnen zuverlässig, ob es jetzt gut ist, sich abzugrenzen oder sich mehr zu öffnen. Bevor wir in Partnerdingen etwas entscheiden, sollten wir nicht nur denken und die Argumente abwägen, sondern auch fragen, ob es »vom Bauch her« stimmt.

Wenn es darauf ankommt, hat unser bewusstes Ego die Tendenz, erfahrungsorientiert zu denken, ganz nach der Art des Helios: »Wenn bisher die Peitsche geholfen hat, so wird sie es auch in Zukunft tun!« – Das ist eben nicht sicher. Gerade die Situationen in der Liebe sind oft neu und erfordern neue Methoden. Ein ganzheitlicher Entscheid ist nötig, nicht eine reine Kopfhandlung. Der Kopf entscheidet meist vergangenheitsbezogen: Er analysiert die bisherige Strategie und leitet daraus als logische Folge die zukünftig nötigen Schritte ab. Manche Alltagssituationen können wir damit blendend bewältigen. Aber was den ganzen Tag über gut gewesen ist, ist vielleicht in der neuen Situation der Nacht nicht mehr nützlich. Jede Zeit erfordert andere Strategien. Und die Liebe fordert Vertrauen in die Gefühle, nicht die Peitsche.

Nietzsche meinte zwar, in der Liebe sollte man (Mann!) die Peitsche nicht vergessen. Wahrscheinlich hat er dabei nicht an Helios gedacht. Trotzdem muss beiden Herren gesagt werden: Ein aggressives Phallus-Symbol allein kann Beziehungsfragen nicht lösen. Nietzsches Spruch ist bitterböse und frauenfeindlich gemeint. Wir ersehen daraus aber, wie dieser mutige, unerschrockene Denker, der sonst weder Gott noch Teufel fürchtete, ausgerechnet angesichts der Frauen, beziehungsweise angesichts der Liebe, Angst hatte, die Kontrolle aus der Hand zu geben. Selbst er, der mit so glühender Intensität die dionysischen Welten des Unbewussten entfesselte, hatte nicht das Vertrauen, sich von den Gefühlen der Liebe auffangen und tragen zu lassen! Vielleicht können uns diese Geschichten trösten. Wo sogar Götter und Philosophen an ihre Grenze stoßen, da brauchen wir Sterblichen auch nicht vollkommen zu sein.

Sich von den Gefühlen helfen lassen, kann auch bedeuten, in Beziehungskrisen die Vergangenheit zu klären und zu untersuchen, ob uns vielleicht Gefühle von früher behindern, die nichts mit der heutigen Situation zu tun haben. Die Lösung liegt dann in der psychologischen Aufarbeitung des Geschehenen. Der Ratschlag lautet: Lass dich vom Wasser tragen und heilen. In einigen Fällen mag die einfachste Übersetzung dieses Ratschlags genügen, nämlich: Weine und lass die Tränen fließen! Wieder in anderen Situationen ist es der Kontakt mit dem Wasser in Form eines reinigenden Bades, einer Sauna. Wir können uns dem Strom der Gefühle anvertrauen, ob wir seine heilende Kraft verstehen oder nicht. Für einige Menschen ist dies eine Lösung ohne Worte, zum Beispiel über Taten, über Berührung; vielleicht spielen Klänge oder Musik eine Rolle dabei.

Neptuns Ozean der Gefühle kann außerdem als spirituelle Rückbindung gedeutet werden. Ein Urvertrauen in die Schöpfung und das Leben wird sich als Auffangbecken bewähren, auch in Zweifeln und Unsicherheiten der Beziehung. Wenn einmal ein solches Grundgefühl entstanden ist, dass der Kosmos für uns sorgt und dass die eigene Existenz von Sinn und geistigen Kräften getragen ist, dann kann das Fallen in Liebe – ähnlich wie eine Meditation oder Phantasiereise – eine herrliche Übung sein, um dieses Urvertrauen zu stärken. Vielleicht endet für die Liebenden der Fall dann – bildlich gesprochen – in weichen Kissen; oder in Abrahams Schoß. Oder gar in einem fliegenden Tanz der Lust, in den weichen Armen einer Liebesnacht.

Eine weiterführende Deutung von Helios Untergang im Ozean wäre die, dass er von den Kräften des Urweiblichen aufgefangen wird. An wen gibt er denn seine Peitsche ab, wem überlässt er das Steuerruder? Der Nacht, den Göttinnen! Religionsgeschichtlich waren die weiblichen Göttergestalten fast immer zuerst da. Aus der Bronzezeit und aus älteren Kulturen gibt es zahllose Belege dafür, dass alles durch die große Göttin gesteuert war: Sie war Himmel und Erde, Feuer und Wasser, sie war Sonne und Mond. Erst in einer zweiten Phase entwickeln sich aus dieser ungeteilten Ureinheit zahlreiche Differenzierungen, im ersten Schritt meist die Polarität von männlichen und weiblichen Göttern. Nun regiert die männliche Gottheit den Tag, die weibliche die Nacht, der Himmel ist zur Heimat des Vaters geworden, die Erde mit ihren Gewässern zur Heimat der Mutter. In dieser Phase entsteht der Mythos von Helios. Doch dass nicht nur die Mondgöttin Selene, sondern auch er, der stolze Held, im Schoß der Urmutter regeneriert, dies erinnert an die ursprüngliche Einheit der großen Göttin und Schöpferin allen Lebens.

Wenn das solare Bewusstsein schläft, dann regeneriert es im Schoß der Erde, dies ist also die positive Seite des Helios-Mythos. Die negative ist sein Angsttraum, der im letzten Kapitel erzählt wurde. Von einem schwarzen Strudel hinuntergezogen zu werden und in einem dunklen Loch zu versinken, das ist kein angenehmer Traum nach getaner Arbeit! Aber warum sollte es Freund Helios besser gehen als anderen Männern: Die Angst vor dem verschlingenden Uterus, dem blutigen Abgrund des Mütterlichen, verbindet das Unbewusste aller Männer und vielleicht sogar aller Menschen. Streiten lässt sich höchstens über die Interpretation dieses archetypischen Bildes, ob es nämlich die Angst vor dem Ende oder vor dem Anfang ist? Bei der ersten Variante müssten wir von einer latenten Todesangst ausgehen, die uns auch am Abend der Liebe begleitet, und dies ist sicher ein Teil der Wahrheit. In diesem Fall hätte der Liebende, der sich binden will, nicht nur Angst um seine Autonomie, sondern auch um sein Leben, Angst, im Chaos des Urweiblichen zu versinken. Das schwarze Loch steht in diesem Fall als Bild für Tod und Untergang im Rachen der verschlingenden Mutter.

Genauso gut könnte das schwarze Loch samt Strudel aber auch ein archetypisches Geburtserlebnis spiegeln, den engen Tunnel, durch den wir aus dem Ozean des vorgeburtlichen Daseins aufs Land gestoßen werden. In diesem Fall würde uns in der Liebe nicht die Angst vor dem Untergang, sondern die Angst vor einem Neuanfang plagen. Dies ist genauso einleuchtend. Zwar schreit der moderne Mensch unablässig nach Neuem, geht es aber wirklich um etwas Neues, so fürchtet er sich doch. Therapeuten und astrologische Berater wissen, wie sehr sich Menschen gegen Veränderung sträuben können! In manchen Fällen haben wir ja auch die Erfahrung gemacht, dass uns Neues erschreckt. Selbst wenn es eine begrüßenswerte Veränderung ist, bringt sie doch in der ersten Phase einiges durcheinander, so wie Geburt mit Schmerzen einhergeht. Die Angst vor Erneuerung und Geburt ist also ebenfalls ein uraltes Programm der Menschheit.

Beide Varianten gehören zusammen. Im Mythos ist der Uterus der großen Göttin der Ort, an dem alles Leben entsteht und zu dem es am Ende zurückkehrt, um sich zu regenerieren und neu geboren zu werden. So auch im realen Leben: Ende ist stets Neuanfang, auf Tod folgt stets Neugeburt, nicht einmal die Bilder unterscheiden sich deutlich. Unsere Untersuchung über den Deszendenten lehrt uns, dass besonders die Liebe als ein solcher Ort von Tod und Neugeburt erlebt werden kann. Ende und Anfang – beide Teile sind nicht getrennt. Nur unsere Wahrnehmung tendiert einmal mehr auf die eine oder die andere Seite. Doch gerade darin liegt unsere Möglichkeit: Wir können unsere Sichtweise verändern und damit neue Kräfte wecken. Niemand hindert einen suchenden Menschen, seine Angst vor der Beziehung umzudeuten in die natürliche Angst vor einem positiven Neuanfang, um mit dieser Einstellung die Angst schrittweise zu überwinden. Immerhin haben wir alle den dramatischsten und schmerzhaftesten Neuanfang unserer Biographie überlebt, nämlich die Geburt – schlimmer als das kann es also auch nicht werden. Niemand hindert uns auf der anderen Seite, die Erfahrungen von Ende und Trennung in unserer Wahrnehmung umzudeuten als notwendige Voraussetzung für eine Phase neuen Lebens und Liebens, sei es mit einem anderen Partner oder mit demselben auf neuer Ebene. Der Deszendent ist auch der Ort, wo wir unser Leben neu bewerten und uminterpretieren können.

Wem diese geistige Leistung nicht völlig gelingt, der kann es immer noch machen wie Helios und die Zeit für sich arbeiten lassen: Helios fürchtet sich ein bißchen, schläft dann ein, und wenn er erwacht, ist die Schifffahrt zu einem guten Abschluss gekommen, das heimatliche Schloss erscheint. Die Zeit arbeitet für ihn. Es ist der selbstverständliche Rhythmus der Natur, dass Tag und Nacht sich abwechseln, gleichgültig, ob dies dem Einzelnen bewusst ist oder nicht. Natürlich hat Helios im Vergleich zu uns den Vorteil, dass seine Phase der

Ungewissheit und des Leidens nach einigen Stunden vorbei ist. Und dennoch gilt als eines der unumstößlichsten Gesetze des Lebens: Auf Nacht folgt Licht, und zwar unabhängig davon, ob wir dies zweifelnd für unmöglich halten oder es einsehen und freudig begrüßen. Beide Haltungen haben keinerlei Einfluss auf den Rhythmus von Nacht und Licht, welcher eine objektive Tatsache ist. Ob wir den Rhythmus als Lebensprinzip erkennen und akzeptieren, hat allerdings großen Einfluss auf unser persönliches Befinden.

Die Liebe ist eine Schaltstelle zwischen Schatten und Licht, zwischen Tod und Neugeburt. Deshalb spüren wir dabei das Herzklopfen und die Angst, denn Übergänge haben immer etwas Aufregendes, und jedem Anfang wohnt ein Zauber inne.

Zum Urweiblichen gehört, wie wir sehen, das Wissen um die Geheimnisse der Zeit, des Werdens, Wachsens und Sterbens. Vielleicht gibt es auch in dem männlichen Helden Helios ein Gespür für Wechsel, Zeit und Rhythmus, für die Notwendigkeit, sich durch das Weibliche ergänzen zu lassen. Immerhin spielt gleich zu Beginn seiner Tagesfahrt eine Frau eine Hauptrolle, nämlich seine Schwester Eos, welche das Tor öffnet; und den ganzen Tag über reitet er in Richtung auf den Deszendenten zu. Die Begegnung mit dem weiblichen Element, dem Wasser und der Nacht, ist Ziel und Ende seiner Reise. Der arme Sonnengott musste bisher als Negativbeispiel herhalten für angstvolles Festklammern und einseitige Männlichkeit. Da in der Mythologie jeder Zustand eine Metamorphose erfahren und sich in sein Gegenteil verwandeln kann, da außerdem in der Astrologie jeder unerlöste Zustand auch als lösbar angezeigt ist, wollen wir uns die Frage stellen, ob Helios bei seinem Untergang am Deszendenten noch zu anderen Gefühlen fähig ist.

Hat Helios auch die Möglichkeit in sich, am Deszendenten die Wasserwelt des Weiblichen willkommen zu heißen und sich von den Liebesgefühlen ohne Furcht tragen zu lassen? Der Mythos bestätigt dies indirekt, indem er über die Verwandtschaftsverhältnisse des Sonnengottes berichtet. Eine Schlüsselrolle spielt dabei seine Frau, die ihn – wie ich mir gerne vorstellen möchte – am Deszendenten empfängt. Stellen wir uns nochmals vor, wie Helios am frühen Abend etwa an der Grenze zwischen dem 8. und dem 7. Haus Richtung Westen späht: Sieht er da nicht im glitzernden Wellenspiel die Wasser des Atlantik flimmern? Wir könnten uns vorstellen, dass ihn in diesem Augenblick die Sehnsucht nach seiner Gemahlin ergreift, der schönen Rhode, bei der er sich ausruhen möchte. Sie ist nämlich eine Meeresgöttin! Apollodor informiert uns in seiner »*Mythologischen Bibliothek*«[43] darüber, dass der feurige Sonnengott sich als Frau und Ergänzung die Wassergöttin Rhode ausgesucht hat! Obwohl es keine überlieferte Quelle erzählt, wäre es bestimmt kein Stilbruch, wenn ich sie auf einem von Delphinen gezogenen Muschelboot sehe, umspielt von Wassernixen. So winkt sie ihrem Helios entgegen und glättet die Wogen für seine gefährliche Landung. Die Frau des Sonnengottes stammt nämlich in direkter Linie von den wichtigsten Meeresgöttern ab: Ihr Vater ist Poseidon persönlich, den wir mit seinem Dreizack unter dem lateinischen Namen Neptun als Planetengott der Fische kennen. Ihre Mutter ist die Amphitrite, eine Tochter des Okeanos. Nun verstehen wir besser, warum im Palast des Helios auf den Torflügeln in kostbarer Silberarbeit ausgerechnet der Ozean mit seinen Göttern dargestellt ist. Was spricht also dagegen, dass wir uns auf dem Meer des Deszendenten neben Okeanos seine Enkelin vorstellen, wie sie ihren Sonnengemahl empfängt? Vielleicht nimmt sie dem Helios sogar selbst mit verführerischem Lachen die Peitsche aus der Hand und sagt: »Schluss mit der Knallerei, mein Schatz, du störst die Abendruhe. Komm in meine Arme, die Bootsfahrt beginnt!«

Auch wenn der letzte Punkt nicht verbürgt ist, so erstaunt es doch, mit welcher Konsequenz die alten Griechen dem Sonnengott die ozeanischen Götter entgegensetzten, ja ihm eine Meeresfrau zur Gattin gaben. Der Deszendent-Ozean musste für sie als wichtige Ergänzung zu dessen Wesen gehören!

Ist die Deszendent- und Liebes-Erfahrung nun für Männer und Frauen die gleiche, oder reagieren wir am Punkt des Eintauchens nicht je nach Geschlecht sehr verschieden?

Schwer ist es für uns moderne Männer, die Peitsche aus der Hand zu legen. Zu sehr verstehen wir uns als Macher und Lenker. Unsere Vorbilder, die Helden der modernen Mythen in Film, Showgeschäft und Gesellschaft, ähneln verblüffend dem Helios. Wir werden dazu erzogen, uns für unsere Leistungen zu lieben, für alles, was wir mit dem bewussten Willen erzwungen haben. Loslassen und Hingabe ist nicht unsere primäre Stärke. Die gesellschaftliche Situation ist auch immer noch so, dass der Mann, wenn er heiratet und Kinder bekommt, seinen Beruf seltener aufgibt als Frauen. Nur wenige Männer müssen für einige Jahre völlig in die Privatheit des Familienlebens eintauchen und sich mit ihren Gefühlen konfrontieren, was durchaus heilsam sein könnte. Die Frau hat also öfter die – freiwillige oder unfreiwillige – Gelegenheit, Beruf und Außenkontakte ruhen zu lassen und sich der Gefühlswelt zu ergeben, indem sie sich einige Jahre um Haus und Kinder kümmert. Oft bringt dies auch eine emotionale Fixierung auf ihren Mann mit sich, weil die heutige Gesellschaft von den Frauen das Einhalten der monogamen Einehe in höherem Maße fordert, während sie den Männern tolerierte Schlupflöcher bietet. Wer davon Gebrauch macht, kann im Bordell oder anderswo Sexualität genießen, ohne sich dabei verbindlich einlassen zu müssen. Viele Männer tanzen auf diese Weise zwar in der Nähe des Deszendenten herum, schaffen es aber trotzdem, sich nie ganz und bedingungslos hinzugeben. Sie erhalten sich zumindest ein Teilbewusstsein von Autonomie aufrecht, glauben stets alles unter Kontrolle zu haben und würden sich nie hundertprozentig einer Frau »an den Hals werfen.« Entsprechend ist ihre Angst am Deszendenten größer. Wer nie die Erfahrung der Hingabe gemacht hat, glaubt vielleicht, dass er dabei umkommen wird, so neu und ungewohnt fühlt es sich an.

Manche Frauen gehen mit weniger Angst in eine erste Beziehung. Vielleicht sind sie durch die Menstruation oder aus anderen Gründen den zyklischen Regenerationskräften der Natur noch etwas näher. Natürlich kann dies nicht für jede einzelne Frau verallgemeinert werden. In der astrologischen Beratungspraxis beobachte ich, dass manche Frauen, die aus der »normalen« passiven Frauenrolle ausgebrochen sind und die Zügel des Lebenswagens selbst in die Hand genommen haben, darauf zu Recht sehr stolz sind. Sie verhalten sich dann aber am Tor zur Partnerschaft zuerst einmal wie Helios. Sie empfinden es als Zumutung, etwas von ihrer erkämpften Autonomie aufgeben zu müssen, und wenn sie sich jetzt an einem neuen Deszendenten ihres Lebens auf einen Partner einlassen und bei dieser Gelegenheit einige Gewohnheiten verändern, so glaubt ihr Gefühl schon, die Frau werde sich wieder zur Dienerin degradieren und ihre ganze Identität vernichten. Meist eine unvernünftige und unberechtigte Befürchtung, sind doch gerade Frauen besonders stark darin, errungenen Selbstwert zu bewahren und flexibel weiter auszubauen. Der Hinweis auf die Vernunft kann allerdings selten Ängste vertreiben, wie wir schon oben gesehen haben.

Abb. 24: Weltgericht. Die »Guten« steigen in den Himmel auf, die »Bösen« werden vom Teufel geholt. Aus Hartmann Schedel, Weltchronik, 1493.

Im fünften Kapitel wurde der Zusammenhang zwischen der Himmelsrichtung Westen und der Gerechtigkeit beschrieben. Daraus leiteten wir die Notwendigkeit ab, in der Liebe sich selbst und dem Partner gerecht zu werden. Jetzt wollen wir noch einen weiteren Gedankengang anknüpfen. Wenn der Deszendent ein Ort des Gerichts ist, gleichzeitig aber auch ein Ort des Untergangs, so ergibt die Kombination beider Deutungen das letzte Gericht, die Gerechtigkeit angesichts des Todes. Wir kommen auf die Symbolik des Totengerichts. Diese Symbolik wird nun kurz dargestellt, so dass anschließend untersucht werden kann, welche Nutzanwendungen daraus für Liebe und Partnerschaft abzuleiten sind.

Die Darstellung des jüngsten Gerichtes (Abb. 24) ist in älteren Kirchen oft als Wandmalerei anzutreffen. Wenn sie Ihnen noch nicht aufgefallen ist, könnte es daran liegen, dass sie meist an der Westwand zu finden ist, also im Rücken der Kirchenbesucher.[44] Wir wenden uns ja nach dem Betreten der Kirche zuerst nach vorn zum Altar, und das ist immer die Ostseite. Dort gibt es so viel zu sehen, dass wir meist schon müde sind, wenn wir wieder hinausgehen. Über dem Ausgang an der Westwand thront aber in vielen Kirchen hoch oben der Weltenrichter. Links ist der Aufstieg der geretteten Seelen in den Himmel zu sehen, rechts schmoren die Sünder im Höllenfeuer. Nach Lektüre dieses Buches sind Sie jetzt schon darauf programmiert, wo die Himmelsrichtung West auftaucht den Deszendenten zu sehen und einen Zusammenhang zum Thema Partnerschaft zu suchen. Soll das etwa bedeuten, »die Ehe ist wie das jüngste Gericht?« Nun, so schnell wollen wir keine Schlüsse ziehen!

Zuerst ist zu fragen, was sich die Künstler und ihre geistlichen Auftraggeber gedacht haben mögen, als sie das Totengericht an der Westwand darstellten. Einerseits haben sie bewusst oder unbewusst an der antiken Tradition angeknüpft, welche annimmt, dass das Totenreich oder der Eingang zur Unterwelt »gegen Abend«, also im Westen liegt, wo die Sonne untergeht. Sicher aber haben sie an die Propagandawirkung auf das Kirchenpublikum gedacht, waren die Bilder in der Kirche doch Predigt. Wir dürfen nicht vergessen, dass zur Entstehungszeit dieser Kirchen während des Gottesdienstes die Botschaften und Worte des Glaubens unverständlich waren. Die Gemeinde hörte Latein, eine für sie völlig fremde Sprache, die zusätzlich durch den artifiziellen gregorianischen Sprechgesang verfremdet und dem Alltag entrückt war. Die Wirkung war nicht Erkenntnis, sondern eine leichte Trance. Wenn die Priester wirklich eine Botschaft hatten, die sie als Verhaltensanweisung in die Köpfe der Kirchenbesucher bringen wollten, so mussten sie diese malen lassen. Die fast vollständig analphabetische Bevölkerung reagierte besonders aufnahmefähig auf die Fresken und Bilder. Heute sind diese verblasst und in ein meditatives dämmriges Licht getaucht, doch damals waren sie grell bunt, bedeckten oft die ganze Kirche und erzählten in handfester Bildersprache vom Tun der Menschen und Heiligen. Diese sind in ihrer Drastik mit den Bildern in den heutigen Comic-Heften vergleichbar. Die Figuren waren vollständig modernisiert und traten in zeitgenössischer Mode und Umgebung auf, so dass die Botschaft für den Kirchenbesucher sofort praktisch umsetzbar war. Wenn wir dies wissen, wird sofort klar, dass an der Westwand eine letzte Ermahnung für den Alltag gegeben wurde, denn auf diese Bilder fiel ja nach der Messe der letzte Blick vor dem Verlassen des Gotteshauses, zumindest, wenn man den Hauptausgang benutzte, nämlich das Westportal. Dahinter kommt »die Welt«, das Beziehungs-, Arbeits- und Privatleben.

Denk an das Ende, an das Totengericht! So könnte man die Botschaft übersetzen. Sie kann als Drohung der Kirche verstanden werden. In erster Linie ist sie eine Ermahnung, recht zu leben und die frommen Regeln einzuhalten, »sonst kommst du in die Hölle!« Beim menschenfeindlichen Fundamentalismus der damaligen Kirche ist das keine besonders frohe Botschaft. Aber natürlich steht es uns frei, auch den allgemeinmenschlichen Sinn wahrzunehmen und über die historische Situation von damals hinauszudenken.

Die Metapher vom letzten Gericht kann eine Hilfe sein, das eigene Leben einmal anders zu bewerten und zu beurteilen, nämlich von seinem Ende her. Unter dem Gesichtspunkt der Sterblichkeit erhalten die Dinge eine neue Bedeutung. So können wir also die Kirche oder einen anderen Ort der inneren Sammlung verlassen und an der Schwelle zum praktischen Leben denken: »Ich will meinen Alltag mehr unter dem Blickwinkel der Ewigkeit betrachten und nicht vergessen, dass ich sterblich bin.« Genau das ist die Bedeutung des Gerichts am Deszendenten für die Liebe: Alles Irdische ist sterblich, auch Partnerschaft und Ehe! Mag die Liebe im geistigen Sinne ewig und unendlich sein, im Westen, das heißt in der Welt, ist sie es nicht. Alles westliche, weltliche, körperliche ist den Zyklen von Tod und Neuanfang unterstellt. So selbstverständlich wie unser Körper nicht ewig jung bleibt, wie Erfolg und Misserfolg vorübergehend sind, ebensowenig wie unser Geld können wir unseren Partner mit in den Sarg nehmen.

Angesichts der Vergänglichkeit körperlicher Liebe gibt es zwei Extremlösungen, die auf der mittelalterlichen Gerichtsszene angedeutet sind. Auf der einen Seite: rücksichtsloses und zwanghaftes Ausleben der Sexualität und anderer Triebe ohne Rücksicht auf gesundheitliche und menschliche Verluste. Psychologischer Motor für dieses irdische Verschleißleben ist in der Regel die Angst vor Alter und Tod. Das Motto lautet dann: »Soll mich doch der Teufel holen, aber vorher will ich's noch genießen!« Die christliche Darstellung der Hölle kommentiert die Folgen einer solchen Lebensgestaltung. Sie ist abschrekkend gemeint, aber faszinierend und lustvoll dargestellt, weil Witz, Frechheit und Sex dabei vorkommen. Selbst der strengste Priester konnte nicht verhindern, dass seine Schäfchen auch damals lieber die Bilder von Sex und Crime betrachteten als die langweilige Engelsparade auf der anderen Seite, welche den zweiten, frömmeren Weg repräsentiert. Die andere Extremreaktion auf die Sterblichkeit ist nämlich der Versuch, auf körperliche Liebe zu verzichten und alle Sexualkräfte spirituell zu sublimieren. Christen unterdrücken dann die Libidokräfte oder lenken sie auf unsterbliche Liebespartner. So gibt es für die Nonnen den himmlischen Heiland und Bräutigam, für die Herren Priester die jungfräuliche Madonna. Dies funktionierte in der Geschichte zwar nur selten, denn die Geistlichen hatten in vielen Fällen durchaus ein Sexualleben, sie durften sich nur nicht an eine Frau binden. Das offizielle Ideal aber blieb die Keuschheit. Auch außerhalb der christlichen Lösungen gibt es viele Angebote, das Körperliche gering zu achten und die entsprechenden Triebkräfte auf etwas anderes zu lenken, sie nicht ins Sterbliche, sondern ins »Ewige« zu investieren. Im psychologischen Sinne ist dieser Weg vielleicht nicht der gesündeste, er greift jedoch einen der ältesten Mythen der Menschheit auf: die Unsterblichkeit. Natürlich sind wir nicht körperlich unsterblich, sondern allenfalls mit einem geistigen oder spirituellen Anteil, die Unsterblichkeits-Sehnsucht gehört jedoch zum Seelenschatz der Menschheit und bringt immer neue Formen hervor.

Der Deszendent ist nun ein deutlicher Hinweis auf die Sterblichkeit der Liebe, direkt abzulesen am Untergang der Sonne, indirekt an der Westwand der Kirche mit der Szene des Totengerichts. Im Horoskop folgt auf das 7. Haus – das Haus der Liebe – unmittelbar das 8. Haus, welches traditionell mit dem Sterben in Verbindung gebracht wird. Gleichwohl fühlen wir, wenn wir lieben, dass dieses Gefühl »ewig« ist. Schon bei der Begegnung haben viele Liebende den Eindruck, sich seit Urzeiten zu kennen; und die Seele vermutet, »dass wir beide irgendwie zusammengehören« und auch über den Tod hinaus zusammenbleiben. Alles Körperliche jedoch wird am Ende in die Tiefe gezogen und muss sterben. Im symbolischen Sinne geschieht dies im Westen, am Punkt der Liebe und des Todes. Auch mit diesem Widerspruch werden wir leben müssen. Gerade in der Liebe klafft Sterbliches und Ewiges auseinander. Am Deszendenten trennen sich ja die Welten, trennen sich Tag und Nacht.

Wenn Sie die Zeichnung des Weltgerichts (Abb. 24) nochmals aufschlagen, dann sehen Sie bildlich, wie die beiden Seiten dem Horoskop entsprechen. Laut der Bibel geht es zwar links zur Hölle und die Gerechten steigen »zu meiner Rechten« in den Himmel auf, aber das Ganze gilt eben aus der Sicht des Christus als Weltenrichter.

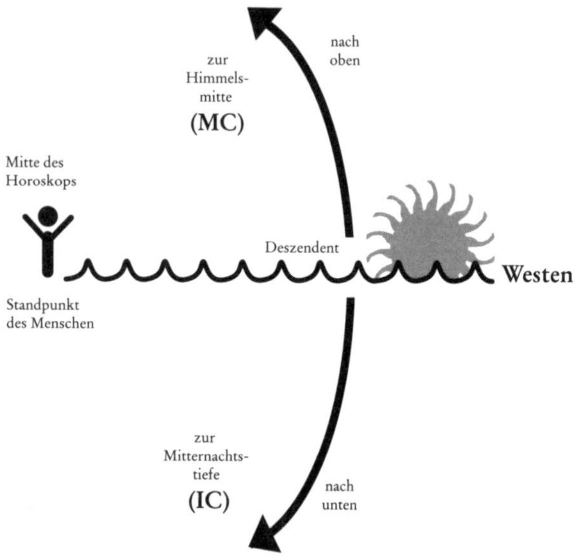

Abb. 25: Der Blick nach Westen

Versetzen Sie sich in Gedanken auf seinen Thron, und die Optik stimmt. Von uns aus gesehen erscheint es andersherum und entspricht so der Sichtweise des Horoskops, das natürlich den Kosmos ebenfalls aus der Optik des irdischen Menschen abbildet. Auf der folgenden Grafik (Abb. 25) sollten wir uns auf den Standpunkt des Menschen stellen. Von hier aus blicken wir nach Westen und sehen an Stelle des jüngsten Gerichts die untergehende Sonne. Links davon geht es nach oben, also in den Himmel; rechts davon geht es nach unten in die Tiefe.

In der Tat geht es auch im Horoskop vom Deszendenten aus einerseits nach oben zur Himmelsmitte durch den dritten Quadranten, andererseits rechts nach unten zum Tiefpunkt. Fegefeuer und Hölle kommen dabei natürlich nicht vor, aber interessanterweise folgt unterhalb des Deszendenten zuerst das 6. Haus, das auch mit Reinigung und Läuterung in Beziehung gebracht wird, und zuunterst der Mitternachtspunkt mit seiner Symbolik von Nacht und Schatten.

So gedeutet ist die Liebe wahlweise der Beginn eines Abstiegs oder

Aufstiegs. Wir stehen am Deszendenten an einem Scheideweg, wo wir uns für einen bestimmten Weg entscheiden müssen, was im folgenden Kapitel näher ausgeführt wird. Vielleicht wäre es Liebenden zu empfehlen, sich weder nur der körperlichen noch ausschließlich der platonischen Seite zu verschreiben, sondern im Sinne höherer Gerechtigkeit für eine Beziehung, die geistige und körperliche Anteile hat. Mir persönlich erscheint dies jedenfalls logischer als eine Extremlösung, da der Mensch doch von Natur aus beiden Welten zugehörig ist: Auf der einen Seite geistiges, ja göttliches Wesen, aber doch in einem sterblichen Körper eingebunden oder »eingefleischt«, wie das Wort »inkarniert« ja übersetzt werden muss. Wäre es da nicht am ehesten im Sinne der höheren Gerechtigkeit, beide Teile anzunehmen, das heißt in der Liebe geistig-seelisch über sich hinauszustreben und dennoch das Geschenk körperlicher Lust anzunehmen? Vielleicht gelingt es den kommenden Generationen, diese beiden Seiten gar nicht mehr als Widerspruch zu empfinden und ihren ausschließenden Gegensatz als ein altes Stück Kirchengeschichte zur Seite zu legen.

Nur im zyklischen Denken lassen sich die widersprüchlichen Empfindungen der Liebe als zwei Seiten eines Ganzen erfassen: Am Deszendent stirbt die Sonne, am Aszendent wird sie daraufhin wiedergeboren. Wenn wir den Mythos genau nehmen, stirbt Helios nicht einmal, sondern schläft nur; er verändert sein Bewusstsein und seinen Zustand, um am Morgen wiederzukommen. Die Formen wandeln sich, das Leben bleibt. Die Gefühle wandeln sich, die Liebe bleibt. Die Liebe ist wirklich ein Ort von Tod und Neugeburt.

So wie der Deszendent diese Symbolik vom Ende mit Neuanfang beschreibt, wundert es eigentlich, dass wir in der Liebe oft mit Ängsten in Berührung kommen, ohne gleichzeitig das gute Gefühl der Sicherheit eines Neuanfangs zu spüren. Auch wenn wir in anderen Situationen der Liebe das Glücksgefühl empfinden, dass nun alles gut, neu und anders wird, müssten diese Erfahrungen eigentlich mit einem Wissen um das Endliche verknüpft sein. Von der astrologischen und mythologischen Beschreibung her sind beide Teile untrennbar verbunden und beide Gefühle synchron. Kann es sein, dass wir in unserer Einseitigkeit jeweils nur den einen Pol des Ganzen sehen und den anderen verdrängen wollen? Das ist gut möglich, denn unsere Logik kann es schwer akzeptieren, dass ein Ding gleichzeitig sein Gegenteil ist. Daneben ist aber auch vorstellbar, dass wir einfach die Gefühle verwechseln. Extremes Leid und extreme Freude fühlen sich manchmal ähnlich an. Liebesleidenschaft ist ja ein sehr ungewöhnlicher Zustand, der uns weit aus der normalen Selbstwahrnehmung herausschleudert. Es fühlt sich einfach stark und extrem an, wie Weinen und Lachen zugleich. Der Helios-Anteil in uns braucht aber eine logische Erklärung dafür, er muss wissen: »Aha, das ist jetzt Glück, also etwas Gutes!« oder, in einem anderen Fall: »Aha, diesmal ist es Angst, also etwas Schlechtes!« Er könnte kaum umgehen mit der Behauptung, es handle sich einfach um etwas, das Schmerz und Lust gleichzeitig in sich enthält, nämlich Zerstörerisches und Leben Erschaffendes. »Ja was jetzt?«, fragt unser Gehirn, »ist es nun das eine oder das andere, das wird ja wohl noch zu unterscheiden sein!« Notfalls unterscheidet der Verstand in eigener Regie, und da er immer schnell mit Begriffen zur Hand ist, redet er uns ein: »Dieses ist Glück, jenes ist Leid, beides kann nicht zusammenkommen.«

Tod und Neugeburt sind aber eins. Willkommen und Abschied sind eins. Das einzig Sichere, wenn Sie sich verlieben ist, dass sich spätestens mit dem Tod der geliebte Mensch wieder verabschiedet. Und umgekehrt: Auf eine Trennung folgt gesetzmäßig Bindung, egal auf welcher Ebene. Sterben ist eine Geburt. Als philosophische Einsicht ist die Einheit der Gegensätze eine schöne Sache, aber im Leben könnte es einen dabei oft zerreißen, weil wir sie kaum aushalten. Dann noch lieber eine Zeitlang nur Kummer und dann wieder nur Glück. Zwar fühlen wir uns in jeder Phase halb und zerrissen, aber wer sollte die Einheit von beiden aushalten? In der Liebe erleben wir sie manchmal, auch wenn unser Verstand es kaum analysieren, trennen und verstehen kann. Lieben heißt, der Einheit der Gegensätze näherkommen. Wir alle haben diese Einheit also schon erlebt. Die Liebe ist weder der Himmel noch eine Höllenstrafe, sie ist ein Vorgefühl zur Einheit der Gegensätze.

Die vollständige und dauernde Einheit der Gegensätze ist uns im inkarnierten und sterblichen Zustand nicht vergönnt, infolgedessen hinterlässt die Liebe – solange wir sie in diesem Körper erleben – widersprüchliche Gefühle, halb Todesangst, halb ewige Seligkeit.

Die alten Ägypter haben mit der Fahrt des Sonnengottes Re eine besonders drastische und anschauliche Formel gefunden, um Tod und Wiedergeburt der Sonne darzustellen. Re wird am Deszendenten

Abb. 26: Sonnengott Re in der Barke

von einer Barke aufgenommen und darin zu seinem Aufgangspunkt im Osten zurückgefahren. In dieser Hinsicht ist die Helios-Geschichte keine griechische Erfindung, sondern greift wie viele alte Mythen auf ältere, in diesem Fall ägyptische Vorbilder zurück. Beide Fassungen könnten aber auch parallel entstanden sein, denn seit der Bronzezeit tauchen immer wieder Darstellungen von Kugeln in Mondsicheln auf, die als Sonne im Mondschiff gedeutet werden müssen (Abb. 26).

Eine ägyptische Besonderheit ist jedoch die Verbindung mit der Himmelsgöttin Nut (Abb. 27). Ihr Leib ist das Himmelsgewölbe. Sie ist sozusagen die weibliche Urfassung des griechischen Uranus, der ja auch den gestirnten Himmel symbolisiert. In den ägyptischen Darstellungen wölbt sich ihr Körper über die Erde, genau wie die sichtbare Himmels-Halbkugel oder wie im Horoskop die Taghälfte, nämlich die Häuser 7 bis 12.

Es ist völlig zulässig, diese Darstellung auf das Horoskop zu übertragen und Osten bei ihren Füßen, die Westrichtung bei ihren Händen zu vermuten. Nut ist nämlich stets so dargestellt, dass ihr Mund auf der rechten Seite abends die Sonne verschlingen kann, während ihr Schoß immer auf der linken Seite am kommenden Morgen die Sonnenscheibe neu gebären kann. Die Abweichung von der Realität und von der bekannten astrologischen Darstellung ergibt sich daraus, dass die Sonne am Deszendenten nicht unter die Erde abtaucht, son-

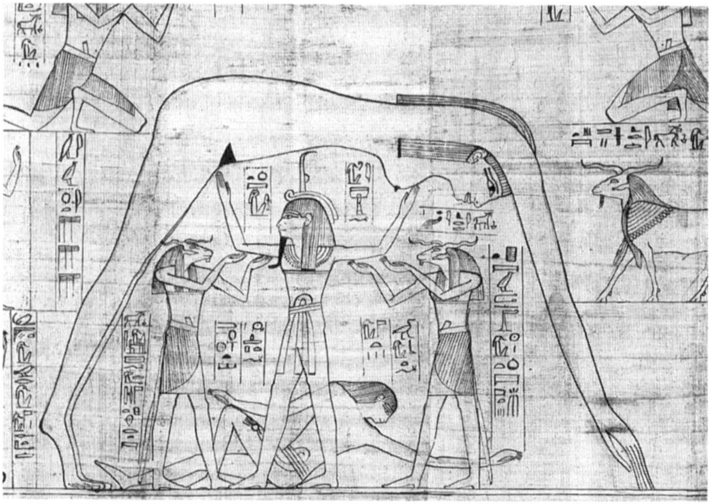

Abb. 27: Der Körper der ägyptischen Himmelsgöttin Nut wölbt sich über die Erde

dern von Nut gefressen und wieder geboren wird, also irgendwie in ihrem Körper und damit über dem Horizont bleibt, wenn auch natürlich für uns Menschen unsichtbar, denn wir bewegen uns ja wie die vier ägyptischen Götter auf dem Erdboden unter Nuts Leib.

Es gibt ein Deckengemälde in der Grabkammer des Ramses VI aus der 20. Dynastie, auf dem dargestellt ist, was nach Sonnenuntergang in Nuts Körper passiert (Abb. 28). Zuerst ist die Sonnenscheibe gezeichnet, wie sie am Ende ihrer Wanderung nach Westen beim Mund der Himmelsgöttin angekommen ist, um von ihr verschluckt zu werden. Dann ist sie nochmals gezeichnet, wie sie in mehreren Phasen im Leib der Nut von rechts nach links, das heißt Richtung Osten wandert. Wie es scheint, stellten sich die Ägypter die Nachtfahrt der Sonne als eine Art Verdauungsprozess vor!

Dass Nut die Sonne im Westen aufisst, bringt uns neben der bereits erörterten Verbindung von Liebe mit Untergang auf den Bezug der Liebe zum Essen. Die Liebe geht bekanntlich durch den Magen, und wen wir lieben, den haben wir »zum Fressen gern«. Die astrologischen Entsprechungen für die Nahrungsaufnahme sind das Zeichen

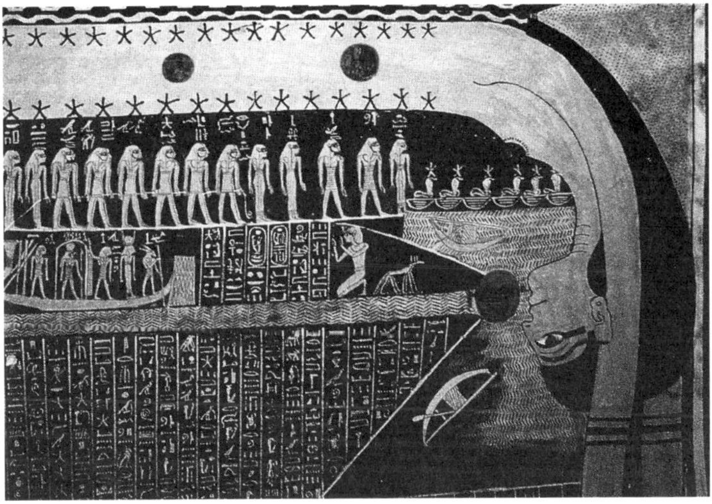

Abb. 28: Die Sonne wird von Nut verschluckt und wandert in ihrem Leib nach Osten zurück

Stier, das 2. Haus und der Liebesplanet Venus. Essen und Lieben unterliegt einer ähnlichen Symbolik. Der Mund wird bekanntlich bei beiden Aktionen lustvoll gebraucht. Die Verdauung wiederum, oder genauer gesagt das Ausscheiden der nicht gebrauchten Teile der Nahrung, wird astrologisch mit dem Zeichen Skorpion, dem 8. Haus und Pluto in Verbindung gebracht. Gott Pluto regiert die Unterwelt, und die Organe des Ausscheidens liegen bekanntlich ebenso unter der Gürtellinie wie auch die primären Organe der Fortpflanzung und Lust. Auf der Achse Stier - Skorpion[45] geht es um Sexualität, auf anderer Ebene gedeutet jedoch um Festhalten und Loslassen. Das Loslassen des Darminhalts ist für uns gewöhnlich kein Problem; schwerer tun wir uns mit dem Abschiednehmen in der Liebe, und doch ist dies manchmal genauso nötig.

Der menschliche Körper zeigt deutlich, dass Festhalten (Aufnehmen) und Loslassen der Nahrung zusammengehören müssen. Sie sind zwei Phasen desselben Prozesses. Wenn wir auf körperlicher Ebene ausscheiden, so wissen wir um den Zusammenhang mit unserer Nahrung. Wir machen uns dabei keinerlei Gedanken, ob nun alles

Essen vergebens gewesen sei und kämen auch nie auf die Idee zu sagen: »Ich höre jetzt mit dem Essen auf, denn es geht ja doch nur den Weg alles Irdischen!« Es wäre wünschenswert, dass wir in der Liebe mit der gleichen Selbstverständlichkeit immer wieder abschließen und neu anfangen könnten. Trennungsangst begleitet uns manchmal sogar bei kleinsten Veränderungen innerhalb einer intakten Beziehung. Wie oft geht es nur darum, sich von Schlacken zu befreien, schädliche Rollenteilungen abzustoßen, aber wir reagieren, als ob die Partnerschaft als solche sterben müsste. Dabei gibt es durchaus Situationen, wo uns der Abschied leicht fällt: Der geliebte Mensch verlässt das Haus, der Tag ‚verschlingt' ihn, doch abends kommt er wieder zum Partner zurück, kein Grund für Trennungsschmerz. Oder wir genießen es sogar, wenn der Partner bei der Sexualität Dinge tut, die sich anfühlen, wie ‚verschlungen werden', im Gegenteil, wir saugen diese Erfahrung möglichst intensiv in uns auf.

Es geht in der Liebe also nicht nur darum, irgendwie loszulassen, es geht auch darum, verschlungen zu werden! Nicht umsonst führt uns die älteste Mythologie – die ägyptische – zu einer Urlust und einer Urangst des Menschen, zur Begegnung mit der verschlingenden und Leben erneuernden Urmutter. Ein Partner, der sich nach längerer unguter Symbiose in der Phase der Trennung befindet, weigert sich vielleicht, weiterhin von dem einst geliebten Monster ‚aufgefressen' zu werden. Am liebsten wäre es ihm, wenn der Andere ‚vom Erdboden verschlungen' würde. Wenn Sie dies in Ihrer Umgebung beobachten, sollten Sie es sich verkneifen, den Menschen in der Trennungsphase darauf hinzuweisen, dass seine Liebesgeschichte seinerzeit mit der Beteuerung begonnen hat: »Ich könnte dich auffressen, so sehr liebe ich dich!« Erst nach einiger Zeit wird der enttäuschte Liebende wieder zu seinem Humor zurückfinden und aus der Distanz sehen können, dass es eben eine Erfahrung gemischt aus Leid und Freude war, die einfach zu seinem Leben gehört und insofern ihre Richtigkeit hatte.

Die mythischen Bilder bringen es uns schrittweise schonend bei, zuerst in einer Form, in der wir es noch am ehesten einsehen können: Gib die Peitsche ab, du kannst es nicht erzwingen! »In Ordnung«, denkt der moderne Mensch, »ich will mich im Loslassen üben!« Das ist zwar nicht leicht, wird aber als sinnvolle Ergänzung zu unserem Alltagsverhalten eingesehen. In einer zweiten Übersetzung heißt es daraufhin, die Verstandeskontrolle aufzugeben, was für viele von uns schon eine bedeutend unangenehmere Übung ist. Im dritten Schritt gilt es, unterzutauchen. Zwar wird nur verlangt, dass wir im Strom der Gefühle baden, aber das klar strukturierte Ego und die autonomen Teile in uns empfinden dies als drohenden Untergang. Manche Gewohnheiten müssen in der Tat untergehen, wenn wir beziehungsfähig werden wollen. Im vierten Übersetzungsschritt geht es um das »Fallen in Liebe«. Das Gefühl des freien Falls löst Panik aus, wir sehen uns schon in unbekannte Tiefen stürzen. Ohne die Hoffnung, aufgefangen zu werden, wäre dies eine unerträgliche Schreckvorstellung. Der fünfte Übersetzungsschritt, abgeleitet aus dem jüngsten Gericht am Deszendenten, interpretiert Lieben als Sterben, zumindest als Konfrontation mit Tod und Sterblichkeit. Schließlich schildert die ägyptische Mythologie eine besonders drastische Todesart. Sie stellt den Untergang der Sonne als ein Gefressenwerden dar, denn die Himmelsgöttin schlingt die Sonne mit Haut und Haaren in ihren Rachen hinunter.

Jede einzelne Variante des Mythos zeigt, dass wir in der Liebe an unsere Grenzen kommen und mit etwas Neuem konfrontiert werden, mit dem Anderen. Dieses Andere ist oft so ungewohnt, dass wir es als »das Ende« empfinden. Es ist dennoch nur ein symbolischer Tod. Jede einzelne Variante des Mythos führt aber auch Tod und Neugeburt zusammen. Es gibt nicht eine einzige Geschichte, in welcher der nächste logische Schritt nicht die zyklische Erneuerung wäre: Die Willensstärke und Verstandeskontrolle des Helios wird am nächsten Morgen wieder gebraucht. Der Fallende wird weich aufgefangen im Schoß der Geliebten oder – um in den Bildern des Mythos zu bleiben – im Mondboot der Regeneration und Wiedergeburt. Das Totengericht ist der Beginn der Auferstehung. Die verschlungene Sonne kommt erneuert aus dem Uterus der Himmelsmutter Nut.

Liebe als Ort der Umkehr

Der Deszendent ist ein Ort der Umkehr, denn wer sich bereit macht, zu heiraten oder sonst eine Lebensgemeinschaft einzugehen, steht am Scheideweg. Er scheidet und verabschiedet sich symbolisch von den Eltern. Er oder sie tritt in diesem Augenblick aus der Kindrolle heraus und ist potentiell selbst für die Elternrolle bereit, um später im Alter vielleicht die eigenen Eltern wieder zu betreuen. Damit findet eine Umkehr der archetypischen Rolle statt. In diesem Moment des Wandels mischen auch überpersönliche Schicksalskräfte mit, welche die individuelle Person übersteigen und deshalb nicht allein aus dem persönlichen Geburtshoroskop erklärt werden können. Aus diesem Grund soll jetzt das Deszendent-Thema vorerst mit anderen Mitteln beleuchtet werden – einer Tarot-Szene und dem dahinter liegenden griechischen Mythos –, um dann in der anschließenden Interpretation einen neuen Bezug zum Geburtshoroskop zu erhalten.

Am Deszendenten stehen wir am Scheideweg. Dies verdeutlicht am besten die ursprüngliche Tarot-Karte Nummer sechs, die mit gutem Grund auch den Namen »am Deszendenten« tragen könnte. Den meisten Tarot-Spielern ist sie heute als »die Liebenden« bekannt, und wer immer sie zieht, freut sich, weil er denkt, dass es ausschließlich um die Liebe geht. Doch bis vor hundert Jahren trug sie den Namen »Scheideweg« oder »am Scheideweg« und zeigte auch ein völlig anderes Bildmotiv, nämlich einen Mann an einer Weggabelung. Er steht vor der Entscheidung, nach links oder nach rechts zu gehen. Auf jedem Weg lockt ihn eine andere Frau, über ihm schwebt Amor mit dem Pfeil (Abb. 29).

Es handelt sich um eine Frage, die sich uns am Deszendenten oft stellt: Zu wem zieht es mich hin? Der Ausdruck des Menschen in der

Abb. 29: Scheideweg. Karte 6 aus dem Oswald-Wirth-Tarot

Mitte lässt vorerst offen, ob er bereits verliebt ist und ob er überhaupt zur Partnerschaft bereit ist. Vielleicht möchte er sich lieber auf sich selbst zurückziehen? Doch irgendwann schießt Amor seinen Pfeil ab, womit die Wahl getroffen ist. Gleichbedeutend ist natürlich die Situation einer Frau, die am Scheideweg vor der Partnerwahl steht.

Manchmal begegnen wir am Deszendenten auch der klassischen Dreierkonstellation: ein Mann zwischen zwei Frauen oder eine Frau, die von zwei Männern geliebt wird. In gewissem Sinn handelt es sich dabei um ein Tabuthema. Die wenigsten erzählen gerne davon, denn durch unsere Erziehung sind wir darauf programmiert, dass nur die monogame Einehe natürlich sei, und doch erlebt wohl eine Mehrheit der Bevölkerung im Verlauf des Lebens einmal die Situation, in eine »Dreiecksbeziehung« zu geraten. Auf der Tarot-Karte ist diese aus der Sicht eines jungen Mannes erzählt, der zwischen zwei vom Charakter her ganz unterschiedlichen Frauen steht, wie deren Haar, Körperhaltung und Kleiderfarbe andeuten. Stellen wir uns einmal vor, dass die eine dem Liebenden in ihrem Wesen sehr ähnlich ist, die andere gegensätzlich-ergänzend. Die erste entspräche dann astrologisch eher dem eigenen Aszendenten[46], die zweite dem Deszendenten; die erste würde das Sprichwort bestätigen »Gleich und Gleich gesellt sich gern«, die zweite eher den Spruch, dass Gegensätze sich anziehen. Keine der Varianten ist an sich besser. Je nach Situation und Entwicklungsphase kann eher das eine oder das andere sinnvoll sein.

Eine weitere Sichtweise der Figur am Scheideweg des Deszendenten ergibt sich, wenn wir sie als jungen Mann sehen, der zwischen seiner Mutter und seiner Geliebten steht. Dann hieße die Alternative: Rückwärts zur vertrauten Geborgenheit der Herkunftsfamilie oder vorwärts zur Herausforderung einer erwachsenen Liebe und vielleicht auch Familiengründung. Die psychologische Erfahrung zeigt, dass wir bei der Partnerwahl unbewusst immer mit den Eltern vergleichen: Der Partner ist dem gegengeschlechtlichen Elternteil in manchem ähnlich, in manchem – »leider« oder »Gott sei Dank« – völlig entgegengesetzt. Astrologisch ist dabei interessant, dass das Partnerbild nebst dem Deszendenten aus den gegengeschlechtlichen Planeten besteht. In diesem Buch wird nur das Deszendent-Thema abgehandelt, aber in der Praxis muss er stets durch die gegengeschlechtlichen Planeten ergänzt werden. Das Frauenbild eines Mannes besteht also aus Deszendent, Mond und Venus. Mond ist dabei die mütterliche, Venus mehr die erotische Seite. Deshalb können wir die beiden Frauen auf der Tarot-Karte auch als eine mehr Geborgenheit vermittelnde und eine mehr anregend-aufreizende Geliebte interpretieren. Das Männerbild der Frau besteht aus Deszendent Sonne und Mars. Die Frau muss demnach in der Partnerwahl eine innere Abstimmung vornehmen zwischen den solaren Bedürfnissen, einen väterlich schützenden und nährenden Mann zu haben, und den Mars-Bedürfnissen nach Anregung und Sexualität. Oft wird jede Seite in einem anderen Partner erlebt, so dass die Frau dann »am Scheideweg« steht.

Schwankt ein Mann zwischen zwei Frauen, welche verschiedene Spielarten seiner Anima[47] ausdrücken, oder eine Frau zwischen zwei Männern, die ihre unterschiedlichen Animus-Anteile repräsentieren, so wird in der astrologischen Beratung darauf hingewiesen werden müssen, dass der äußere Konflikt stets Ausdruck eines inneren Zwiespalts ist. Wären beide Planeten ausschließlich als Partnerbild zu deuten, so ginge es tatsächlich nur darum, lange genug zu suchen, bis ein

Partner gefunden wäre, der beides gleichzeitig erfüllen kann. Unabhängig davon, ob dies im einzelnen Fall möglich ist oder nicht, geht es astrologisch gesehen jedoch in erster Linie darum, in sich selbst Frieden zu schließen, denn beide Planeten repräsentieren auch eigene Anlagen und Fähigkeiten, sie beziehen sich nicht ausschließlich auf die Liebe. Manche Menschen interpretieren deshalb die Tarot-Karte »am Scheideweg« ohne Bezug zur Partnerschaft; sie deuten sie vielmehr als Aufforderung, unterschiedlichen inneren Anlagen gerecht zu werden.

Die Zeichnung auf der Karte lässt offen, ob sich der Mensch am Scheideweg durch die äußere Verlockung leiten und nach links oder rechts ziehen lässt oder – seine Körperhaltung könnte dies andeuten – nur in sich hinein hört, um eine innere Entscheidung zu finden. Im Idealfall findet er dort die Antwort: »Beide Möglichkeiten gehören zu meiner Biographie, aber aufgrund der bisherigen Entwicklung entscheide ich mich heute für die eine Lösung.« Unter Umständen lässt er sich dabei vom Gedanken leiten, dass die andere Variante bereits breiten Raum in seinem Leben hatte, während die jetzt gewählte eine Randexistenz führte und nun in den Vordergrund treten will. In andern Fällen wird klar, dass die eine Lösung den Prägungen der Vergangenheit entspricht, die andere neu zu erprobenden Entscheidungsmustern. In einer dritten Situation wäre denkbar, sich einfach für das Positive, Sichere zu entscheiden statt für Versuchslösungen.

Findet die Figur auf der Karte jedoch in sich keine eindeutige Antwort, so tritt die »Schicksalslösung« in Kraft. Das Leben entscheidet dann auf seine Art und lässt dem Liebenden keine freie Wahl. In der Bildsprache wird dies durch den Pfeil Amors bewirkt. Wir können ihn als Zwang betrachten, als höhere Fügung oder als Aktion eines Gottes, der seine Pfeile verschießt. Jedenfalls wirkt zusätzlich zur bewussten persönlichen Entscheidung noch eine überpersönliche Instanz mit, deren Regie gewöhnlich erst im Nachhinein verstanden werden kann.

Im sogenannten Rider-Tarot, dem heute bekanntesten Tarot-Deck, erhielt die sechste Karte dann den Namen »die Liebenden« und wurde völlig neu gemalt (Abb. 30).

Die zwei Wege oder zwei möglichen Partner sind verschwunden, das Liebespaar hat sich schon gefunden. Amor hat sich in einen seg-

Abb. 30: Die Liebenden. Karte 6 aus dem Rider-Tarot

nenden Engel verwandelt. Erkennbar am Paradiesbaum mit Schlange im Hintergrund sind die Figuren zu Adam und Eva im Paradies geworden. Dieses biblische Paar steht in einem ganz anderen Sinne am Scheideweg. Es muss sich entscheiden, ob die verbotene Frucht genossen werden soll oder nicht. Tarot-Fachleute haben die Frage zu klären, in welchem Zusammenhang diese veränderte Darstellung sinnvoll ist. Für das Verständnis des Deszendenten ist jedoch die Aussage der traditionellen Version bedeutsamer: In der Liebe stehen wir an einem Scheideweg.

Die Tarot-Zeichnungen sollten genauso wie astrologische Zeichen stets als mehrdeutige Symbole gesehen werden. Die Karte Nummer sechs kann zwar ein Dreiecks- und Eifersuchtsdrama anzeigen, aber eben auch ganz andere Bedeutungen haben. Bei allen Deutungsmöglichkeiten, auch wenn man nur eine Person liebt, geht es jedoch um eine Lebens- und Liebes-Situation, in welcher der Mensch am Scheideweg steht und sich entscheiden muss. Und so ist es auch im 7. Haus des Horoskops: In der Liebe müssen wir uns entscheiden. Der Deszendent markiert einen Scheideweg. Hier geht es in verschiedenen Richtungen weiter, und die Wahl des Weges verändert unser Leben. Im zweiten Teil dieses Kapitels werden wir feststellen, dass am Deszendenten eine Umkehr nötig ist. Doch vorerst sollten wir den Deszendenten als Scheideweg untersuchen, als Ort, wo wir auf jeden Fall zur Entscheidung aufgerufen sind. Vor welcher Entscheidung stehen wir am Deszendenten?

Wir wollen die Antwort wieder aus dem Mythos ableiten. Hier hilft uns die Legende von Herkules am Scheideweg. Sie ist mit großer Wahrscheinlichkeit Quelle und ursprüngliches Motiv der besprochenen Tarot-Karte, denn die Geschichte von Herkules[48] am Scheideweg stammt bereits aus dem 5. Jahrhundert vor Christus, gehört seither zum Kulturgut der Menschheit und wurde immer wieder neu erzählt und dargestellt. Es ist eine sehr interessante Geschichte, die uns den antiken Muskelhelden als geistig strebenden Menschen vorstellt. Sie wurde erstmals um 420 vor Christus von Prodikos von Keos erzählt, einem Sophisten, der diese Episode des Mythos vermutlich selbst erfand und seinen Zöglingen zur Belehrung mitgab. Später schrieb sie Xenophon, ein Schüler des Sokrates, in seinen »*Denkwürdigkeiten*« nieder. Dies ist die älteste heute noch greifbare Quelle[49]. Das Folgende ist eine freie Nacherzählung. Wir beginnen mit der Kindheits- und Jugendgeschichte des berühmten Helden, denn sie macht verständlich, warum Herkules, als er an seinem Deszendenten anlangte, die beiden Gestalten an der Weggabelung als so bedeutsam empfunden hat. Die Vorschläge der beiden unterschiedlichen Frauen am Scheideweg erscheinen nämlich als unvereinbar, und Herkules' Jugend ist eine einzige Unvereinbarkeit, was bereits mit seinen Eltern beginnt. Herkules ist ein sehr widersprüchlicher Held, polare Gegensätze vereinigen sich in ihm. Wahrscheinlich war er deshalb die beliebteste Heldenfigur der Hellenen. Sie berichten uns die Geschichte eines jungen Menschen, der auf dem Weg zu sich selbst ist und uns darum nicht nur als Liebhaber, sondern als Mensch überhaupt berührt.

Herkules ist schon als Kind seinen Altersgenossen an Stärke überlegen. Oft kämpft er im Spiel mit seinem Zwillingsbruder Iphikles, den er im übrigen heiß und innig liebt. Der kleine Herkules gewinnt stets, freut sich darüber mächtig und wird für seine Stärke bewundert. Er merkt aber auch,

Abb. 31: Herkules am Scheideweg.
Nach einem Gemälde von Annibale Caracci, 1560-1609

dass irgend etwas daran nicht in Ordnung ist, denn sein Vater Amphitryon freut sich nicht recht mit ihm. Irgendwie gewinnt Herkules den Eindruck, dass der Vater Iphikles mehr liebt, obwohl dieser sehr anders ist und körperlich weit schwächer als Herkules. Seelisch ist dies eine recht ungesunde Situation, denn der Junge erhält die Doppelbotschaft, dass es einerseits gut ist, stark zu sein, dass aber ein Haken dabei ist, weil unterschwellig etwas nicht stimmt. Vielleicht fühlt sich Klein-Herkules sogar schuldig für seine Stärke, obwohl er nicht durchschaut, was daran schlecht sein soll, schließlich würde er seinem schwächeren Bruder Iphikles, der ihn brüderlich liebt, im Ernstfall nie ein Haar krümmen. Auch seine Mutter Alkmene liebt und bestätigt ihn. Alles scheint in Ordnung, wenn bloß Vater nicht so merkwürdig distanziert mit Herkules umginge ...
Ein Familiengeheimnis hat stets weitreichende psychologische Wirkungen, auch und gerade, wenn der Betroffene un-

schuldig daran ist. Herkules ist nämlich mit einer »alten Geschichte« aus der Vergangenheit belastet. Manchen Helden – und manchen Menschen – passiert es leider, dass sie etwas ausbaden müssen, was ihnen durch die Vorfahren eingebrockt wurde. So etwas schafft Stress und führt zu Zweifeln an Sinn und Zweck der eigenen Existenz. Irgendetwas nimmt einem die Lust und zieht Lebensenergie ab, ohne dass man recht weiß, wer oder was es ist.

Vielleicht erzählt es ihm seine Mutter, vielleicht erfährt er es erst als Erwachsener, schlimmstenfalls von Dritten: Sein Vater Amphitryon ist nicht sein Vater! Natürlich ist dies allen peinlich, vor allem seiner Mutter, obwohl sie sich eigentlich nicht vorwerfen muss, fremdgegangen zu sein, denn sie wurde, ohne es zu wissen, von einem Gott geschwängert. Amphitryon war damals im Krieg gewesen, und Gott Jupiter hatte ein Auge auf Alkmene geworfen. Der Gott nahm die Gestalt ihres Mannes an, behauptete früher zurück zu sein und genoss eine lange Liebesnacht mit Alkmene, in welcher Herkules gezeugt wurde. Als der wirkliche Amphitryon kurz darauf heimkehrte, merkte Alkmene erst, in welches Dilemma sie gekommen war. Die alten Quellen berichten nichts von Alkmenes bedauernswertem Seelenzustand, noch von Amphitryons Eifersucht, sie erzählen nur, dass die beiden daraufhin den Iphikles zeugten. Das Kind des Gottes und das Kind des Menschen kamen neun Monate später als ungleiche Zwillinge auf die Welt.

Es ist gut möglich, dass der junge Herkules seine Unsicherheit kompensiert, indem er mit seiner Muskelkraft prahlt. Er denkt sich: Wenn ich schon anders sein muss als alle andern, dann wenigstens besser und großartiger als sie! In den Augen seiner Umgebung ist er gleichzeitig ein unehelicher Bastard und ein bewunderter Göttersohn. Seine Mutter erzählt ihm eines Tages: »Schon als Kind warst du übermenschlich stark, denn ein Bösewicht warf zwei giftige Schlangen in eure Wiege, und du hast mit deinen kleinen Fäustchen beide überwältigt! Damit hast du dir und deinem Bruder das Leben gerettet! Du wirst bestimmt einmal ein großer Held!« Herkules fragt: »Und wer war dieser Bösewicht, der uns töten wollte?

Und warum?« Die Antwort lautet: »Stell keine so dummen Fragen! Du bist zu jung dazu!« Entweder war es Jupiters eifersüchtige Frau oder der gehörnte Ehemann, die Herkules eine Schlange in die Wiege warfen, je nach dem, welcher Fassung des Mythos man folgen will. Aber Herkules hört in seinem Elternhaus keine Silbe davon. Von seinen Eltern erfährt er nur, dass er ungewöhnliche Kräfte hat und dass er kein Recht hat, Fragen zu stellen. Diese Mischung aus Bewunderung und Abwertung macht Herkules ziemlich aggressiv, und eines Tages naht sein Verhängnis in Gestalt seines Musiklehrers Linos. Seine Eltern gehören zur kultivierten Oberschicht, und so spart man nicht an der Erziehung des künftigen Helden. Linos ist ein Meister seines Fachs, viele behaupten gar, er wäre ein Sohn des Gottes Apollon. Der Schüler tut sich jedoch mit einer Übung schwer. Der Lehrer schulmeistert ihn, Herkules wird entsetzlich wütend und schlägt auf seinen Erzieher ein – zu seinem eigenen Entsetzen so stark, dass dieser stirbt.

Herkules ist derart erschrocken, dass er kaum wahrnimmt, wie man ihm als Strafe auferlegt, die Stadt zu verlassen und Rinder zu hüten. Wie im Traum erlebt er die Reise aufs Land, er weiß nicht einmal genau, in welcher verlassenen Gegend man ihn aussetzt. Erst allmählich findet er Gelegenheit, zu verarbeiten, was geschehen ist. Tag und Nacht bei seinen Rindern, im Kontakt mit Wind, Hitze und Kälte, mit Wiesen und Erde verabschiedet sich Herkules von der Jugendzeit. Ohne Hilfe seiner Eltern ernährt er sich, schützt seine Herde gegen die Tiere der Wildnis, arbeitet, spürt die Einsamkeit des Lebens und weiß, dass er sich schuldig gemacht hat. Er ist erwachsen geworden.

Aber noch ist er nicht reif, die zwölf bekannten Aufgaben zu erfüllen, die ihn später berühmt machen werden und ihm einen Platz im Olymp sichern. Erwachsenwerden ist nicht nur eine Frage des Alters und der gemachten Erfahrungen. Den Beginn seines Erwachsenwerdens als Held, das heißt als eines Menschen, der sich seiner individuellen Werte voll bewusst ist, wird erst die Begegnung am Scheideweg markieren. Doch vorher muss Herkules noch seine sexuelle Seite kennen

lernen. Als einsamer Hirte hat er dazu keine Gelegenheit, wohl aber am glänzenden Hof des Königs von Thespiai. Wie kommt der Hirte an den Königshof? Nun, auch ein König der griechischen Vorzeit hat seine Herden, wahrscheinlich lebt sein kleines Agrarreich sogar vorwiegend von der Viehzucht. In der Gegend des Königs von Thespiai streift ein schrecklicher Löwe durch die Wälder, der immer wieder nachts heranschleicht und das Vieh tötet. Dieser Löwe muss von einem wahrhaft tierischen Heißhunger getrieben werden, denn er hat die Herden des unglücklichen Königs schon so dezimiert, dass der Reichtum des Landes in Gefahr ist.
Da kommt die Nachricht von einem Hirten, der mit besonderer Kraft begabt sei, jede Herde schützen könne und es auch mit dem schlimmsten Ungeheuer aufnehme. Herkules wird herbeigeholt und erschlägt den Löwen. Beim anschließenden Freudenfest steht der Held natürlich im Mittelpunkt. In den königlichen Gemächern frisch gebadet und eingekleidet, strahlt er gesund und braungebrannt, so dass die Mädchen sich darum reißen, ihm Wein anzubieten. Herkules hat zum ersten Mal seit seiner Emigration das Gefühl, etwas Nützliches leisten zu können, das die Welt braucht. Dies verleiht ihm eine glückliche Ausstrahlung. Er spürt, wie er aufblüht unter den vielen jungen Frauen. Natürlich sieht er sehr gut aus, hat aber auch etwas von der schüchternen Bescheidenheit des Naturmenschen, was seine Attraktivität nur noch erhöht.
Es ist also kein Wunder, dass nach der nächtlichen Orgie jemand in sein Gemach huscht. Im Schein des Morgenrots erkennt Herkules, wer da mit offenen Haaren hereinschleicht: die Königstochter, und zwar die schönste von den zahlreichen Töchtern des Königs. Es scheint gleichzeitig die liebeshungrigste und leidenschaftlichste zu sein! Doch der Löwenjäger ist in einer Verfassung, dass er auch von sich aus schnell die Initiative ergriffen hätte. Die beiden lieben sich auf eine Weise, dass es in Herkules ruft: Diesen Ort verlasse ich nie wieder! Zwar spürt er auch, dass er noch zu weiteren Abenteuern reisen muss, bevor er wirklich eine Familie gründen will, aber im Augenblick ist die Lust stärker. Was für ein

Glück, dass man ihn eingeladen hat, so lange zu bleiben, wie es ihm gefällt! Doch bevor die Königstochter geht, sagt sie: »Heute war ich zum ersten und letzten Male bei dir. Man darf mich nie wieder bei dir sehen, – denn mein Vater …«. Herkules fällt ihr ins Wort und ruft: »So komm heimlich, spät nachts, wenn es niemand sieht; ich werde dich nicht verraten!« »Mal sehen, was sich machen lässt«, antwortet die Schöne geheimnisvoll und verschwindet schnell.

Tagsüber sind griechische Prinzessinnen in ihren Gemächern und nicht für das Publikum greifbar. Herkules schaut eine Weile verliebt aus dem Fenster und weiß nichts mit sich anzufangen. Später macht er ein paar sportliche Übungen, aber es fehlt ihm etwas. Seine Triebe sind geweckt, und er möchte am liebsten ununterbrochen mit diesem Mädchen schlafen.

In der kommenden Nacht hört Herkules tatsächlich, wie im Schutz der Finsternis nackte Füßchen über den Boden klatschen. Etwas Warmes schleicht in sein Bett und flüstert: »Du darfst keinesfalls das Licht anmachen, das ist die Bedingung! Wenn du dich daran hältst, wirst du nicht zu kurz kommen.« So ist das also. Herkules weiß sich auch im Dunkeln zu behelfen. Der einsame Schäfer hat einen ordentlichen Nachholbedarf.

Die alten Dichter erzählen, dass es auf diese Weise fünfzig Nächte dauert, bis Herkules auf den Gedanken kommt, zur Abwechslung einmal auf andere Abenteuer auszugehen. Der König von Thespiai schmunzelt zum Abschied und sagt: »Zieh weiter, ich hoffe, dass du mit unserer Gastfreundschaft ebenso zufrieden warst, wie ich mit deinem gelungenen Werk!« »Ach so, wegen dem alten Löwen«, wehrt Herkules ab, doch der König meint: »Nein nein, wegen den jungen Mädchen! Du warst meinem Reich eine wahre Bereicherung!« und lacht sich krumm über seinen eigenen Witz. Der König hat seine fünfzig Töchter reihum zu Herkules geschickt. Starke Gene machen gesunde Helden; viele Nachkommen bedeuten viel Reichtum – andere Zeiten, andere Sitten. Das Ärgerliche für Herkules ist nur: Keiner fand es nötig, ihn, die Hauptfigur, darüber zu informieren.

Ein weiteres Mal in seinem Leben verlässt unser Held eine

Stadt mit dem Gefühl, nicht genau zu wissen, was mit ihm geschieht. Er ist wie in Trance und muss erst einen Ort finden, wo er sich sammeln kann. Dieser Ort ist wieder die Natur. Er wandert durch das Land, folgt Tälern und Flüssen, über Berge und durch Wälder. In der ersten Phase schimpft er vor sich hin: »Warum erfahre ich alles erst hinterher, wenn es zu spät ist?« »Soll ich ewig das Opfer bleiben?« Er geht den Pfad der Verbitterung. Die Welt hat ihm Unrecht getan, er selbst ist unschuldig. Das macht ihn wütend und gibt ihm den Antrieb, immer weiter, auch über die gefährlichsten Gebirgspässe zu irren. Manchmal will er einfach umkehren und weitermachen oder sich in der nächsten Stadt ins Nachtleben stürzen. »Man lässt mich sowieso nicht über mein Leben entscheiden, dann will ich mein feuriges Blut wenigstens genießen: Mein Vater ist ein Schwein, aber ein göttlicher Liebhaber, und was er kann, das kann ich auch!«

Dann kommt eine Phase, in der er genauer analysiert und unterscheidet: Bei der Sache mit Jupiters Seitensprung konnte er wirklich nichts machen; er konnte seinen Vater und seine Kindheit nicht selber wählen oder etwas daran ändern. Aber bei den Prinzessinnen von Thespiai hätte er schon etwas merken können. Er hat sich freiwillig hineingestürzt und hätte durchaus die Wahl gehabt, genauer nachzufragen. Er war mündig und hat es vorgezogen, sich allabendlich blind seine Potenz zu beweisen. »Ich wollte es! Aber warum? Wie ist es dazu gekommen?« Herkules setzt sich auf einen umgestürzten Baum am Wegrand. Beim Nachdenken scharrt er wütend mit dem Fuß in der Erde. »Alles nur wegen meinem verfluchten sportlichen Talent! Ohne meine Kraft hätte ich nie Löwen erschlagen und wäre dem König und seinen Töchtern nie begegnet.« Aus irgendeinem Grund fällt ihm dann aber ein, wie gut er sich gefühlt hatte am Fest nach der Löwenjagd und sieht wieder die dankbaren Hirten und Bauern, die ihm zuprosten. Verfluchtes Talent?

Nun kommen Tage, an denen er nicht mehr weit wandert. Während der dritten Etappe seiner heilsamen Reise der Selbsterkenntnis schlendert er nur noch so dahin. »Hab ich eigentlich ein Ziel?« fragt er sich. »Ich rase wie gestört, aber niemand verfolgt mich. – Zweimal habe ich eine Stadt verlassen, zweimal wusste ich nicht, wie mir geschieht. Ich erschlug meinen Lehrer und wusste nicht, was ich tat, andere entschieden für mich. Bewusstlos, wie in Trance, bin ich von zu Hause fort, um meine Jugendstrafe anzutreten. Genauso bewusstlos bin ich von meinen schönen Mädchen fort; ich liebte, der König trieb sein Spiel. Sinnlos ist mein Leben. Seit dem Tag meiner Geburt bin ich Spielball der Interessen anderer. Werde ich je selbst die Regie übernehmen können?«

Eines Tages kommt er von einem Gebirge herunter, blickt nach Westen und sieht eine unendlich schöne fruchtbare Gegend vor sich liegen. Hügel, Flüsse, freundliche Orte, Straßen, Häfen, Äcker, alles lacht in der späten Nachmittagssonne. Dahin will er. Doch wozu? Und was ist seine Aufgabe? Herkules hat sich an die Meditation des Gehens gewöhnt, und so geht er weiter und vergisst seine Fragen. Doch steigt in ihm langsam ein aufgeregtes Kribbeln hoch, denn große Entscheidungen werfen ihre Schatten voraus. In der Stunde des Sonnenuntergangs kommt er an den Scheideweg. Schlagartig bleibt er stehen, reißt die Augen auf und ist hellwach.

Links geht es oder rechts. Die Entscheidung könnte lächerlich einfach sein, Hunderte von Kreuzungen hat Herkules auf seiner Wanderung kaum wahrgenommen, mal ging er links, mal rechts, mal fand er einen Grund für seine Entscheidung, mal war es ihm einfach gleichgültig. Doch jetzt ist ihm bewusst, dass er links auf ganz andere Menschen und Situationen treffen wird als rechts, auch wenn er noch nicht weiß welche. Es geht um seine eigene Biografie, er entscheidet hier, wie sein Leben verlaufen soll. Zu jener Zeit gibt es noch keine Straßenschilder an den Kreuzungen, man ist auf einen menschlichen Wegweiser angewiesen. Auf jedem der beiden Wege – nur wenige Schritte vor ihm – sieht Herkules eine Frau. Wie freundliche Gastgeberinnen scheinen sie die Wanderer anzusprechen, am Arm zu nehmen und auf den richti gen Weg zu weisen. Jedenfalls stehen sie wie zwei lebendige Einladungen vor unserem Helden. »Komm mit,« sagt die eine, »ich bin die Lust.« »Komm mit mir«, sagt die andere, »ich bin die Tugend.«

Wie sollen wir diese merkwürdige Erscheinung erklären? Ist Herkules durch das Grübeln oder durch die Entbehrungen des Weges nicht mehr richtig bei Sinnen und neigt zu Halluzinationen? Oder ist es ganz natürlich, dass Göttersöhnen allegorische Figuren, also gewissermaßen Geister, begegnen? Wie dem auch sei, beide winken, doch Herkules geht keinen Schritt. Er erkennt die Alternative glasklar und ist zum Äußersten konzentriert. Zum ersten Mal in seinem Leben reagiert er so auf eine Herausforderung. Zwar spürt er, wie eine alte Gewohnheit ihn dazu bringen möchte, die Sache möglichst impulsiv, schnell und gewaltsam zu lösen. Doch er widersteht diesem Trieb.

Wenn er den Atem anhält, spürt er allerdings auch, wie ein anderes gewohntes Gefühl hochkommt, nämlich die leichte Trance, welche sich anfühlt wie das resignierte »Ich weiß nicht, wie mir geschieht«. Aber Herkules atmet durch und registriert hellwach, wie jetzt zuerst die Gefährtin des linken Weges eine einladende Handbewegung macht. »Komm zu mir auf den Weg der Lust und Freude«, sagt sie. Herkules fragt: »Wie wird es mir auf diesem Weg ergehen?« »Ich bin deine Gefährtin auf dem linken Wege; dein Leben wird wie ein großes Fest sein. Du weißt schon, wie es sich anfühlt, denk an das beste Festessen, das du je genossen hast, denk an die heiße Lust in deinem Leib, wenn du mit einer Frau schläfst. Ich gebe dir die Fülle davon, mehr als du brauchst. Dein göttlicher Vater hat dich mit so viel Kraft ausgestattet und deine hübsche Mutter mit so viel Reiz und Schönheit, dass du den Feiernden immer willkommen sein wirst. Du wirst weniger arbeiten und leiden als alle anderen Menschen. Auf meinem Weg gibt es keine Zweifel und keine trüben Stunden«, meint sie, und als Herkules sie ungläubig anschaut, sagt sie: »Und wenn – ich habe die besten Heilmittel dagegen. Du grübelst einfach zuviel, mein schöner Junge, komm und genieße!« Die Lust krault ihn einen Augenblick lang hinterm Ohr, dann lacht sie fröhlich.

»Komm zu mir, auf den Pfad des Lernens und der Erkenntnis«, sagt daraufhin die Tugend. »Wie wird es mir auf deinem Weg ergehen?« fragt Herkules auch sie. »Ich bin die Gefähr-

tin des rechten Weges, es ist der Weg des Verstehens. Was immer dir geschieht, du wirst es ergründen. Ich führe dich einen Weg mit Problemen, die gelöst sein wollen. Kennst du das Hochgefühl, etwas geschafft zu haben, das du dir zuerst nicht zutrautest? Ich führe dich ein in die Kunst des Abschiednehmens: Immer wieder wirst du Menschen und Verhältnisse zurücklassen müssen, und jedes Mal, wenn du es geschafft hast, zeige ich dir, wo in dir Ersatz ist, besser und tausendmal schöner als du es vermutest. Du wirst mehr schaffen als alle Menschen bisher. Zwölfmal wird das Leben dich herausfordern, und jedes Mal wirst du dabei deine wahre Stärke besser erkennen. Ich führe dich den Weg des Zweifels. Der Zweifel wird dich leiten, weitertreiben, weise machen und stärken.« »Wie kann Zweifel stark machen?«, fragt Herkules. Da geht die Tugend einen Schritt auf ihn zu, ihre hellen Augen schauen so tief in ihn hinein, dass ihm ganz warm wird, und sie antwortet: »Du wirst es schaffen.«

Herkules tritt etwas zurück und fragt die Lust: »Welchen Lohn erhalte ich auf deinem Weg?« »Ahnst du es nicht, du schöner Sohn des Jupiter?«, fragt sie zurück und hebt verführerisch ihr Kleid, »immer mehr Lust und mehr schöne Frauen!« »Und der Lohn auf deinem Weg?«, fragt er nach der anderen Seite. Die Tugend antwortet: »Du wirst eine Frau erkennen, und du wirst dich selbst erkennen.« Herkules versteht diesen etwas rätselhaften Ausspruch nicht recht. Da zieht die Tugend einen silbernen Spiegel aus dem Gewand, der Inneres und Künftiges zeigt. Darin erblickt Herkules sich selbst und hinter sich eine schöne Frau, ihre Hände auf seinen Schultern. Sein eigenes Gesicht erscheint ihm älter, aber weise und leuchtend.

Herkules schließt für einen Moment die Augen und denkt an die Lust: Ja! Mich von Genuss zu Genuss treiben lassen! Weitermachen, neue Königshöfe, neue Mädchen! Er legt die Hände auf die Brust, wo er sein Herz schlagen spürt. Doch sofort wird ihm übel und er weiß, dass jede Liebesnacht mit dem Gedanken enden wird: »Sinnlos! Wozu? Warum?« Er kann nicht weiter als Sklave des Zufalls durch das Dasein stolpern. Er muss wissen, was ihn durch das Leben treibt! Herkules macht die Augen auf, sieht die herrliche Gegend, sieht das Meer in der Abendsonne glühen und sagt zu den Frauen: »Ich wähle den Weg der Tugend. Ich spüre aber, dass ich ihn manchmal auch verlassen werde.« Herkules blickt der Tugend fest in die Augen und geht einen Schritt nach rechts auf sie zu. Sie nickt mit dem Kopf und sagt: »So wird es sein. Du hast entschieden. Nun führe ich dich zu König Eurystheus und auf dem Weg erzähle ich dir, was sich vor deiner Geburt genau ereignet hat.«

Die Tugend reicht ihm die Hand. Mit lauter Stimme ruft sie in die Landschaft hinaus: »Herkules ist erwachsen. Hört, ihr Götter und Menschen: Ab heute habt ihr keine Macht mehr über ihn. Seine Heldentaten und seine Schuld gehören ab heute ihm allein!« Erhobenen Hauptes führt die Tugend Herkules zu seiner ersten Helden-Aufgabe, während die Lust in einigem Abstand hinterherschlendert und dabei ein Liedchen pfeift.

Herkules wird – geführt durch die Tugend – zwölf bisher unlösbare Aufgaben erfüllen und sich damit stufenweise durch die Tierkreiszeichen den vollkommenen Himmelskreis verdienen, wofür ihn die Götter lieben und zuletzt in den Olymp erheben werden; denn Herkules ist Sohn eines Gottes. Daneben wird er auf der Erde Liebesleid und Liebesglück erfahren, wird gute und falsche Entscheidungen treffen und manche Schuld auf sich laden; denn Herkules ist ein Menschensohn. Dafür werden ihn die Menschen besonders lieben und seine Geschichten bis ans Ende aller Zeiten immer weiter erzählen.

Was sollen wir Menschen des 20. und 21. Jahrhunderts mit dieser alten Legende? Wer spricht heute noch von Lastern und Tugenden? Die Figur des linken Weges hat im Verlauf der Zeit oft ihren Namen gewechselt, sie hieß »die Lust«, »die Wollust« oder auch »das Laster«. Beim Stichwort Laster fällt Ihnen vielleicht ein, dass Sie sich das Rauchen noch nicht abgewöhnt haben, und Tugend heißt wohl irgendwie, dass man ein guter Mensch ist – keine sehr aufregende Sache, wenn man es aus heutigem Sprachverständnis heraus betrach-

Abb. 32: Herkules zwischen Tugend und Laster.
Lucas Cranach der Ältere, Gemälde aus dem Herkules-Zyklus,
Herzog Anton-Ulrich Museum, Braunschweig

tet. Etwas anständiger oder etwas weniger anständig leben, das kann wohl nicht die ursprüngliche Alternative gewesen sein, welche die Weisen im alten Griechenland beschrieben. Moderne Interpretationen dieser beiden Figuren müssen gefunden werden. Dabei ist klar, dass diese alte Legende nicht nur auf die Liebe, sondern auf jede Entscheidungssituation im Leben angewandt werden kann. Uns interessieren aber natürlich vor allem die Nutzanwendungen auf das Thema Partnerschaft, also auf den Deszendenten als Scheideweg.

Die nahe liegendste Interpretation ergibt sich fast aus der Geschichte selbst: Die eine allegorische Figur, die wir weiterhin »die Lust« nennen wollen, bietet Genuss und körperliche Liebe und schlägt vor, damit zufrieden zu sein. Die »Tugend« bietet noch etwas Zusätzliches, ihr geht es um die Liebe als Erkenntnisinstrument. Sie will Entwicklung. Das Streben nach Höherem, der Trieb zur Weiterentwicklung ist dem Menschen genauso natürlich eingepflanzt wie das Genießen des Augenblicks und der Sexualtrieb. Wählt Herkules nun den Weg der Lust, so wird sein Bedürfnis nach Weiterentwicklung unbefriedigt bleiben. Dem Angebot der Lust ist zu entnehmen, dass sie stattdessen »immer mehr« und den Verschleiß von immer neuen schönen Mädchen anbietet. In gewissem Sinn sagt sie: »Einfach weiter so!« Die Steigerung liegt allenfalls in der Quantität. Dies führt zu Überdruss und Sinnlosigkeit. Da Herkules aufgrund seiner Geschichte ein Sinnsucher ist, wählt er in dieser Lebensphase den Weg der Tugend, welche ihm Erkenntnis verspricht. Das ist sehr verständlich: Für einen Menschen auf der Suche nach seinem wirklichen Vater, für einen jungen Mann, der wie vor einem Lebensrätsel steht, weil seine Verwandten, noch bevor er auf die Welt gekommen ist, alle möglichen Intrigen gesponnen haben, die jetzt sein Leben prägen, ist es nahe liegend, zuerst einmal diesen Knoten aufzulösen. Er hätte sonst keine Ruhe auf dem Weg des Genießens. So ist Herkules zum großen Arbeiter geworden, der immer weiterstrebt. Er erwürgt Raubtiere, mistet Ställe aus, schlägt alten Monstern die Köpfe ab, steigt in die Unterwelt hinab, um nur vier seiner Heldentaten zu nennen, welche das Aufarbeiten der Vergangenheit symbolisieren. Aufgrund dieser Vorgeschichte hatte Herkules eigentlich keine andere Wahl. Sex allein hätte seine alten Wunden nicht geheilt, er musste die Liebe mit Therapie verknüpfen und sie auch als Mittel nehmen, mehr über sich und seine Vergangenheitsprägungen zu erfahren. Die Tugend war für ihn aufgrund seiner individuellen Geschichte der rechte Weg und die richtige Wahl. Ein anderer Mensch in einer anderen Situation könnte mit gleicher Berechtigung den Weg der Lust wählen, denn das fraglose Genießen des Augenblicks hat natürlich auch seine Berechtigung. Jede Biografie erfordert ihre individuellen Lösungen.

In diesem Buch war bisher viel von persönlicher Veranlagung und persönlicher Neigung die Rede, von individuellen erotischen Bedürfnissen, wie sie zum Beispiel aus dem Deszendenten abgelesen werden können. Der Herkules-Mythos zeigt eine Lebensgeschichte, die in der ersten Phase weniger von individuellen Anlagen bestimmt ist als von Entscheidungen anderer Menschen und Schicksalskräften. Deshalb war dabei nicht von Astrologie die Rede, denn streng genommen steht im Horoskop nichts darüber, ob die Anlagen auf positiven Boden fallen oder zuerst einmal durch die Eltern und die Zeitumstände verhindert werden. Herkules hatte anfangs keinen Freiraum, seine Neigungen zu erkennen und seine Talente zu schulen – einmal abgesehen vom Sport –, er war ganz besetzt von der Frage: »Was macht man hier mit mir?« Ohne Klarheit über die Herkunft ist es schwer, die eigene Individualität zu erkennen.

Wenn Sie also die Entscheidungen eines Menschen verstehen wollen, gerade auch die Wahl, die jemand am Scheideweg der Liebe trifft, genügt es nicht, seine Neigung und Anlage aus dem Horoskop zu kennen. Sie sollten auch die Vorgeschichte untersuchen, sein bisheriges Schicksal, insbesondere die Wünsche oder Verwünschungen, die ihm seine Eltern mitgegeben haben. Ferner sollten Sie abklären – was ebenfalls nicht aus dem Horoskop hervorgeht –, wieviel der Einzelne davon bereits verstanden hat. Begreift er sich noch vollständig als Opfer und Spielball des Lebens? Oder hat er sich mit seinen Eltern versöhnt und lebt eigenverantwortlich? Dies liegt in der Entscheidung jedes Einzelnen, und das Geburtshoroskop gibt darüber nur insofern Auskunft, als die darin angezeigten Fähigkeiten sich nur im zweiten Fall vollständig entfalten können.

Herkules schafft diese »Heldentat«. Dabei hilft er zuerst einmal sich selber, indem er alle Tabus und Blockierungen abbaut, die der Entfaltung seines Potentials im Wege standen. Dann erst stehen ihm alle seine Anlagen aus dem Geburtshoroskop – alle zwölf Tierkreiszeichen – ohne Einschränkung zur Verfügung. Nach irdischen Maßstäben ist es zwar eine Ungerechtigkeit, dass er einen Teil seiner Lebensenergie verbraucht, nur um Fremdeinflüsse wieder abzubauen und sich von den Fehlern der Eltern zu befreien; aber er hat bei diesem Prozess auch viel über sich und die Welt gelernt. Darüber hinaus hat er etwas wieder eingerenkt, das die Eltern nicht selbst ins Reine bringen konnten, denn diese sind mit ihrer eigenen Mischung aus Verbrechen und Göttlichkeit nicht klargekommen. Die Frage, ob Alkmenes Seitensprung mit Jupiter als Ehebruch oder als göttliche Erleuchtung zu bewerten sei, blieb ebenso offen wie die Frage, ob man darauf stolz sein oder sich schämen soll. Herkules versöhnt diesen Widerspruch, indem er sich zwar als Mensch schuldig macht, aber solange an sich arbeitet, bis er das Erbe der Göttlichkeit neu verdient. Wenn er zuletzt in den Olymp aufgenommen wird, so aus dem doppelten Grund, weil er Jupiters Sohn ist und gleichzeitig sich diesen Platz als Mensch mühsam erarbeitet hat.

Herkules hat mit seinem Leben also vorerst das Chaos anderer aufräumen müssen. Ein ähnliches Chaos findet Shakespeares Prinz Hamlet zu Beginn des Stückes vor. Er hat ebenfalls ein undurchsichtiges Erbe angetreten, denn ein unaufgeklärter Mord lastet als Familiengeheimnis auf ihm. Da es sich um die Herrscherfamilie handelt, sind auch die politischen Zeitumstände entsprechend unklar. In unvergleichlicher Kürze schildert Shakespeare das damit verbundene Lebensgefühl am Ende des ersten Aufzugs seines Dramas:

»Die Zeit ist aus den Fugen: Weh mir, zu denken,
daß ich geboren ward, sie einzurenken!«[50]

Was aus der Sicht der Kinder eine anfängliche Überforderung darstellt, sieht aus der Optik der Eltern tröstlicher aus: Sie haben mit den Kindern Agenten der Wiedergutmachung geschaffen und damit am Ende des Lebens die Hoffnung, dass diese ihre Altlasten entsorgen werden. Ist dies den Jungen gegenüber ungerecht? Nun, alle sterblichen Menschen, Prinz Hamlet so gut wie Sie und ich, werden einmal alt und sind – da wir nicht ewig leben – darauf angewiesen, dass die Enkel unser Erbe mitsamt allen Fehlern übernehmen und es später besser machen.

Jetzt soll aber die Wahl zwischen Laster und Tugend noch anders gedeutet werden, ohne Bezug zur Vorgeschichte des Helden. Dies führt auch zum Deszendenten zurück und erklärt, warum es sich dabei um einen Ort der Umkehr handelt.

Das »Laster« ist eine Person, die uns, wenn wir auf unserer Reise am Deszendenten angekommen, das heißt in einer Partnerschaft gelandet sind, folgende Rede hält: »Geh weiter nach Westen! Wende den Blick ja nie zurück nach Osten zu dir selbst. Suche das Glück im Außen! Der endlich gefundene Lebenspartner soll dir alles geben und dich mit allem füttern, was du brauchst. Fordere, hoffe, erwarte!«

Selbst wenn Sie zufällig den idealen Traumpartner erwischt haben, der gleichzeitig steinreich ist, werden Sie mit dieser Haltung irgendwann Überdruss und Sinnlosigkeit empfinden, denn Sie können nicht ohne Unterbrechung essen, trinken und lieben, es gibt da eine natürliche Sättigungsgrenze. Falls Sie aber keinen solchen Übermenschen geheiratet haben, dann steht am Ende dieses Wegs der Erwartungen erst recht die Enttäuschung und Verbitterung. Falls Sie das

»Laster« – oder wie immer diese Figur heißt, die unentwegt nach Westen guckt – fragen, was ihr Konzept von Liebe und Beziehung sei, so antwortet sie: »Liebe ist Bedürfnisbefriedigung. Liebe ist dazu da, dass man es dir leicht, schön und angenehm macht.« Dass ein Mann dir alles gibt. Dass eine Frau dir alles gibt.

Die »Tugend« ist eine Person, welche dem Menschen im Haus der Partnerschaft, das heißt am Deszendenten, etwa folgende Rede hält: »Du hast hier einen Partner gefunden. Wenn du noch weiter nach Westen gehst, verlierst du den Boden unter den Füßen, denn hier ist der Kontinent zu Ende, der Ozean verschlingt dich. Wenn du hier weiter gehst, verlässt du dein eigenes Horoskop, du verlässt dich selbst. Bleib auf dem festen Boden und wende dich wieder nach Osten, suche das weitere Glück im Innen. Nutze die Anregungen, die du vom Partner erhalten hast, als eine Art Echo, erkenne darin auch deine eigene Stimme. Denke an das Sprichwort: Wie man in den Wald hineinruft, so kommt es zurück. Ich biete dir Liebe mit einem zusätzlichen Erkenntnisgewinn.« Falls Sie die »Tugend« – oder wer immer diese andere Figur ist – nach ihrem Konzept von Liebe und Partnerschaft fragen, wird sie antworten: »Liebe ist ein Spiegel zur Selbsterkenntnis. Sie ist auch dazu da, sich selbst immer umfassender zu verstehen und lieben zu lernen.«

Die Frage ist also: Weiter wie bisher oder Weiterentwicklung? Willst du dich weiter als Ersatzbefriedigung jedem an den Hals werfen oder willst du auf dich selbst zurückgeworfen werden, wie es »die Tugend« vorschlägt? Wer auf sich selbst zurückgeworfen wird, hört auf, das Glück nur von anderen zu fordern. In sich das Glück zu finden, ist aber eine Hauptvoraussetzung für eine erfüllte Partnerschaft. Es gibt so etwas wie Beziehungsfähigkeit. Wir brauchen sie am Deszendenten, in den Stunden der Gemeinsamkeit, wir erwerben sie am Aszendenten, in Stunden des Alleinseins.

Bevor Herkules im Mythos an den Scheideweg gelangt, hat er sich noch nicht selbst gefunden. Selbstfindung wird im Horoskop durch die Sonne ausgedrückt. Sonne symbolisiert aber zusätzlich das Väterliche, das innere Vaterbild. Die Suche nach dem Vater ist demnach auch eine Metapher für die Suche nach dem eigenen Wesen. Herkules wird von seinen Trieben getrieben, er hat im Affekt einen Menschen umgebracht. Wie immer haben die Triebe zwar seine Biografie weiter getrieben, aber das Bewusstsein eines selbst gewählten Lebensweges fehlt. Ähnlich am Hof des Königs von Thespiai, wo seine Triebe ihn dazu drängten, täglich neu Sexualität zu erleben, aber dabei doch immer das Gleiche zu tun und nichts über sich selbst zu erfahren. Das Schlimme an seiner Sexsucht ist weder der Sex an sich noch, dass es auf der körperlichen Ebene bleibt, sondern dass er im Körper nicht die Individualität seiner Geliebten erkennt. Seine eigene Individualität kann also auch noch nicht weit entwickelt sein. Er selbst ist austauschbar wie seine Bettgespielinnen. Um seine psychische Armut nicht anschauen zu müssen, beschäftigt er sich mit der Außenwelt und dem körperlichen Reichtum der Prinzessinnen. Er ist blind, nicht nur wegen der fehlenden Lampe.

Was wirft ihn auf sich selbst zurück? Die Orte, an denen Herkules nach jedem Abenteuer weilt, geben darüber Auskunft. Es ist die Natur. Zuerst hütet er Rinder, die von alters her mythologisch mit dem Mond und der großen nährenden Muttergöttin assoziiert werden. Auch den Scheideweg erreicht er in der Natur, und es begegnen ihm Frauen. Die Begegnung mit dem Weiblichen ist teils lustvoll, teils schmerzlich, aber regenerierend und stets erkenntnisfördernd. Ohne diese Erfahrungen der Selbsterkenntnis wäre er nicht erwachsen geworden. Sowohl die gemachten »Fehler« als auch die anschließende Umkehr und Regeneration im Schoß des Urweiblichen sind notwendige Voraussetzung für die richtige Entscheidung am Scheideweg und das anschließende Gelingen der zwölf kosmischen Aufgaben.

Diskutieren wir nun noch einen zweiten Deutungsansatz, damit wir den Scheideweg besser verstehen. Diese Antwort ergibt sich aus der Häuser-Lehre der Astrologie. Wir haben schon gesehen, dass die Kreislinie des Horoskops letztlich zurück zum Aszendenten führt. Die »Tugend« scheint also recht zu haben. In der Tat kann niemand am Deszendenten aus seinem Horoskopkreis heraustreten und einfach auf grader Linie nach Westen weitergehen.

Aber er kann so tun als ob. Er kann der Empfehlung des »Lasters« folgen und weiterhin stur nach Westen blicken. Das ist zwar nicht sehr abwechslungsreich, hat aber den Vorteil, dass man darüber die eigenen Probleme vergisst, denn man sieht kein Ich mehr, hat sozusagen dem eigenen Aszendenten den Rücken zugewendet. Bequem, nicht war? Da die menschliche Natur träge ist, könnte man denken, dass die meisten Lebens- und Liebesgeschichten so enden. Damit dies nicht geschieht, hat der Schöpfer auf diesem Weg eine kleine Gemeinheit eingebaut: Wir plumpsen zwar nicht in den Atlantik, aber der Selbstverlust des Menschen, der am Deszendenten seine Richtung nicht ändern will, wird nicht etwa durch besonders glückliche Beziehungen wettgemacht, ganz im Gegenteil. Je mehr dieser Mensch sich darauf fixiert, alles Glück vom Partner zu erwarten, desto größer wird die Enttäuschung sein. Entweder beklagt er sich, dass all sein Leid vom Partner kommt, oder er sucht stets neue Partner, um für eine kurze Zeit das verliebte Gefühl zu haben, das man mit dem Satz beschreiben könnte: »Durch dich wird alles anders!«, worauf er in dieselbe unbefriedigte Erwartungshaltung zurückfällt. So wäre keine Weiterentwicklung mehr möglich, das Leben würde statisch.

Da sich nach der Vorstellung der Astrologie das Leben in ständigem Wandel befindet und in Zyklen abläuft, müssen wir uns symbolisch gesprochen stets auf der Kreislinie weiterbewegen. Für den Menschen in einer Beziehung, das heißt am Deszendenten und im 7. Haus, dem Feld der Beziehung, bedeutet dies, sich in Richtung Aszendent zurückzubewegen. Der Deszendent ist der Ort der Umkehr.

Mit der Geburt beginnt die Ich-Werdung. Darum asszoziieren die meisten Astrologen den Aszendenten mit der Geburt. Nun können wir uns bildhaft auf der Horoskop-Zeichnung vorstellen, wie wir am Aszendenten geboren werden. Dann ist jede weitere Bewegung ins Leben hinein eine Bewegung in Richtung West. Ob wir – wie Helios bei seiner Tagesfahrt – auf der Kreislinie oben herum gehen oder entlang der Nummerierung der Häuser unten herum, in beiden Fällen geht es nach rechts. Wir entwickeln uns also in mehreren Phasen auf das Du hin, auf die Welt, den Mitmenschen, die Begegnung. Am Deszendenten hat die Suche nach dem Du ihr Ziel erreicht, ihren Höhepunkt und Abschluss. Denn weiter können wir nicht mehr gehen, ohne unser Horoskop zu verlassen, was uns in diesem Leben nicht möglich ist.[51]

Weiter können wir nicht gehen. Der Deszendent ist für uns der äußerste Punkt der Entfernung von unserem Selbst, so wie für die Menschen des Altertums der Atlantik im Westen eine unüberwindliche Grenze war. Die Felsen von Gibraltar waren damals ein Endpunkt. Man nannte sie »die Säulen des Herkules«, denn sie standen so gewaltig da, wie von starker Götterhand gebaut. Die Säulen des Herkules waren das westliche Tor der Welt. Weiter hinaus konnte kein Mensch, hier hatte jede Reise ihr Ziel und ihren Wendepunkt. Ab hier war man auf der Heimreise. So ist es auch mit dem Deszendenten. Er ist der Punkt der Umkehr. Jede weitere Bewegung auf der Kreislinie führt uns wieder nach Osten zurück. Es gibt kaum einen Menschen, der die Liebe und eine erfüllende Partnerschaft nicht als sein Ziel beschreiben würde, und wer am Aszendenten geboren wird, muss den Deszendenten als sein Ziel betrachten. Doch sobald er dort ist, steht er am Ort der Umkehr. Jede weitere Bewegung ist eine Rückkehr zum Ich.

Wenn wir lieben und am Deszendenten angekommen sind, ist dies der Höhepunkt der Projektion und gleichzeitig der Beginn der Rücknahme der Projektion. Denn am Deszendenten beginnt unumstößlich der Rückweg nach Osten zu den inneren Ursachen, zu uns selbst. Diese Wendemarke stellt den Höhepunkt der Idealisierung dar. In der Folge fangen wir an, die Brille abzunehmen, um den geliebten Menschen ohne rosa Färbung zu sehen, ohne Färbung durch Idealisierungen und Eigeninteressen.

Wer am Deszendenten ausschließlich auf den Partner starrt, das heißt nur nach Westen blickt, kann weder ihn noch sich selbst erkennen. Wer aber wie Herkules am Scheideweg den »Weg der Tugend« wählt, dem wird ein Spiegel vorgehalten, der seinen Blick um 180° zurücklenkt. Er wendet sich dann symbolisch gesprochen selbst nach Osten. Dort erkennt er sich und den Partner unverstellt, dies ist die Liebe des reifen Menschen.

Das Ende der Idealisierung ist der Beginn der Realisierung. Bevor eine Beziehung real wird, müssen wir uns am Deszendenten umwenden, uns nach Osten wenden und auf uns selbst besinnen. Der tatendurstige Widder-Aszendent beispielsweise verliebt und verliert sich im abwägenden Nachdenken der Waage, seinem Deszendent-Zeichen, dort wendet er sich um; die Rückbesinnung auf seine Widder-Kraft des täglichen Neuanfangs verjüngt seine Liebe, und er kann auf neuer Stufe die ergänzende Qualität der Waage lieben und schätzen. Entsprechendes gilt für alle anderen Aszendenten. Am Deszendenten umkehren heißt, sich auf sich selbst besinnen. Solange uns Idealisierungen und Projektionen leiten, haben wir unser Deszendent-Ziel noch nicht vollständig erreicht. Wer andererseits eine reale, lebbare Beziehung führt, der hat vorher – wissentlich oder nicht – am Scheideweg eine Umkehr vorgenommen. Er hat sich dabei entschlossen, nicht ausschließlich nach Westen zu blicken, das heißt auf übermäßi-

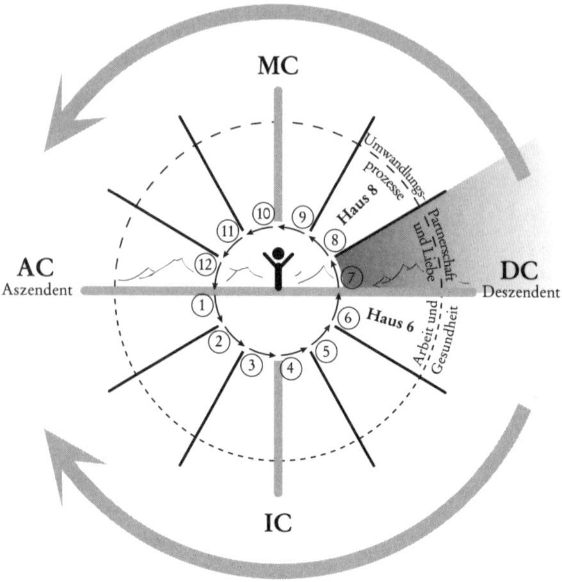

Abb. 33: Rückweg zum Aszendenten

ge Ansprüche zu verzichten und den Partner weder zu idealisieren noch zu verteufeln. Er hat am Ort der Umkehr gelernt, auch bei sich selber nachzusehen und vom Aszendenten aus etwas zum gemeinsamen Glück beizusteuern. Am Deszendenten hat er die Idealisierung beendet und den Beginn der Realisierung eingeleitet. Er ist wie Herkules dem Rat »der Tugend« gefolgt, die ja einen Weg der Erkenntnis anbot. Ohne Selbsterkenntnis kein Erkennen des Partners in seiner individuellen Eigenart. Ohne reifes Ich keine reife Beziehung. In der Theorie ist dies sehr einleuchtend und einfach. Aber wie können wir dahin kommen?

Aus dem 7. Haus hinaus führen zwei Wege (siehe Abb. 33), einer durch das 8. Haus, über die obere Horoskophälfte, in der Reihenfolge der Häusernummerierung. Ein anderer Weg führt durch das 6. Haus und die untere Horoskophälfte, so wie die Gestirne sich nachts unter uns hinwegbewegen. Die bekannte Abbildung der astrologischen Häuser zeigt, wie das Haus der Liebe von den beiden Nachbarhäusern 6 und 8 eingerahmt ist.

Der Rückweg durch das 8. Haus stürzt den Liebenden gewöhnlich in eine Krise. Es ist das Haus der Umwandlungsprozesse und entspricht der Symbolik von Skorpion und dem Planeten Pluto. Das 8. Haus weckt manchmal Furcht, aber eigentlich steht es hier an idealer Stelle, denn wo eine Entwicklung nicht mehr weiter geht, braucht es eine Umwandlung, und das 8. Haus enthält genau die dafür nötige Fähigkeit, sich von alten Gewohnheiten zu verabschieden und neue Entwicklungen einzuleiten. Dieses Haus wird auch mit Tod und Zerstörung in Verbindung gebracht. Wenn wir es als Folge-Haus des Beziehungs-Hauses 7 betrachten, können wir diese Deutung neu übersetzen: Wer seine Idealisierungen und Projektionen aufrecht erhält, obwohl er einen Partner gefunden hat, zerstört damit die Liebe. Stillstand wäre jetzt der Tod der Beziehung. Anders formuliert: Wer unentwegt weiter nach Westen starrt, um neue Ufer zu sehen, wo keine sind, der drückt sich vor der Aufgabe, für das Erreichte Verantwortung zu übernehmen, und bringt durch seine fehlende Flexibilität die Partnerschaft in Gefahr. Im 8. Haus stirbt die Hoffnung, um der Erfüllung Platz zu machen. Dieses Umdenken wird meist als Krise empfunden, trotzdem wissen wir: Tod und Zerstörung drohen nur, wenn wir nicht umdenken! Denn im positiven Fall ist das 8. Haus der Bereich der dauerhaften Partnerschaft. Wenn im 7. Haus die erste Begegnung stattfindet und eine Partnerschaft eingegangen wird, so symbolisiert das darauffolgende 8. Haus die Verfestigung und Stabilisierung der Beziehung. Dies geschieht durch sexuelle Verbindung, durch den Entschluss zusammenzuleben oder auch indem eine erste Krise gemeinsam gemeistert wird. Jedenfalls ist es der nächste Entwicklungsschritt in Richtung Lebenspartnerschaft. Ist es da nicht logisch, dass dieser weitere Schritt eine Umkehr in Richtung Aszendent voraussetzt? Das 8. Haus folgt nicht nur in der Nummerierung dem 7., es liegt auch östlicher als der Deszendent.

Der erste Schritt nach der Umkehr am Deszendenten, der zur Erkenntnis und gleichzeitig zur Vertiefung der Partnerschaft führt, besteht also darin, dass wir selbst die Verantwortung für eine erfüllte Beziehung übernehmen. Wenn Sie ein vollständiges Geburtshoroskop besitzen, so achten Sie auf die Symbole, die in Ihrem 8. Haus stehen: Diese Kräfte helfen Ihnen dabei, nutzen Sie also den selbstkritischen Verstand dazu, wenn Merkur hier steht oder die gefühlsmäßige Identifikation mit der Partnerschaft, falls Mond oder Krebs im 8. Haus stehen. Mit Uranus oder Wassermann im 8. Haus können Sie diese Kräfte verwenden, um Illusionen zu überwinden und zu einer vertieften Partnerschaft zu kommen, das hieße dann vielleicht gegen den Strom zu schwimmen, originelle Lösungen zu suchen oder die Beziehung mit einer Zukunftsvision zu verknüpfen.

Das 8. Haus beinhaltet aber auch die Auseinandersetzung mit dem Erbe. Wenn wir uns zum ersten Mal verlieben – möge es sich noch so aufregend neu anfühlen – sind wir keine unbeschriebenen Blätter. In unserem Unbewussten wirkt ein jahrtausendealtes Programm zur Erhaltung der Art, dem wir uns nur teilweise entziehen können. Eingeprägt sind uns auch die Zeitumstände, die Beziehungswertmaßstäbe der Gesellschaft, in der wir leben. In unseren Genen sitzen die besonderen Triebe, Begabungen und Mängel der Vorfahren eingraviert. In den Tiefen unserer Psyche lebt außerdem das Vorbild - ermutigend oder abschreckend –, welches uns die Eltern und andere prägende Figuren in der Kindheit gegeben haben. So haben wir nun einen Partner gefunden, haben ihn hoffentlich auch frei gewählt und erschrecken im Nachhinein doch, wieviele Mächte jenseits unserer bewussten Planung dabei mitgewirkt haben, wie sehr wir ein überpersönliches Erbe angetreten haben.

Wenn die Eltern mit unserer Wahl nicht einverstanden waren, dann müssen wir uns besonders intensiv mit dem Erbe auseinander setzen, vielleicht enterben sie uns sogar deswegen. Doch auch ohne solche Schwierigkeiten »sprechen die Eltern ein Wörtchen mit«, denn sie sagen ihre Meinung und – stärker noch – wirken in unserer Psyche. Letzteres ist auch dann der Fall, wenn die Eltern mit unserer Partnerwahl voll einverstanden sind oder sich nicht dazu äußern, denn die »innere Elternstimme« als Teil des Über-Ich bleibt uns lebenslang erhalten. Da Liebe zur Erhaltung des Lebens dient, ist sie nie nur Privatsache, sondern letztlich ein Beitrag an das Kollektiv der Menschheit. Dies gilt psychologisch auch dann, wenn das Paar keine Kinder zeugt. Jahrtausendelang haben wir aus kollektiven und wirtschaftlichen Gründen geheiratet, meist durch die Sippe vermittelt. Geschichtlich gesehen ist die Idee der freien Liebesheirat nach persönlicher Neigung eine Neuerung. Dass jedermann die freie Partnerwahl zusteht ist höchstens seit 200 Jahren denkbar und weltweit noch längst nicht durchgesetzt. Die astrologischen und therapeutischen Praxen sind erfüllt von Klagen über die unselige Verknüpfung von

Liebe mit wirtschaftlichem Zwang, von Sexualität mit Machtspielen. Und doch liegt das nicht nur an unseren individuellen Fehlern, sondern in der Natur der Sache. Zumindest ist es aus der historischen Prägung heraus verständlich.

Der zweite Schritt nach der Partnerwahl besteht demnach darin, sich des Erbes bewusst zu werden: »Ich bin durch meine Vorgeschichte geprägt, du durch deine; beide sind wir auch gesellschaftlichen Zwängen ausgesetzt; wir sind uns dessen bewusst und machen das Beste daraus! Wir wollen, wo immer wir können, auf Machtspiele verzichten; wir wollen unser Erbe akzeptieren und so frei und liebevoll wie möglich miteinander umgehen!« Nutzen Sie Ihre individuellen Kräfte des 8. Hauses, um das Erbe zu akzeptieren und umzuwandeln: Falls zum Beispiel die Venus hier steht, so trennen Sie sich von negativen Prägungen, indem Sie Ihr eigenes Wertesystem entwickeln, zu Ihrem individuellen Geschmack stehen und sich Ihrer eigenen Vorstellung von Erotik und Weiblichkeit bewusst werden; wenn Sonne oder Löwe im 8. Haus stehen, so machen Sie es kreativ, betonen Sie Ihre Emanzipation usw.

Eine dritte Übersetzung des 8. Hauses sind Verdrängungen und Tabus. Wer wie Herkules ein belastendes Familiengeheimnis mit sich herumträgt, wird in der Partnerschaft nur dauerhafte Befriedigung finden können, wenn er daran arbeitet, dieses Geheimnis aufzulösen. Leben seine Eltern noch, so muss er deren Geheimnisse lüften. Mag das Schweigen für die Eltern gut oder schlecht sein – vielleicht brauchen sie es ja als Schutz –, in jedem Fall sind die Lebensbedingungen des Sohnes oder der Tochter andere. Die Kinder haben das Recht und die Pflicht, die Tabus der Eltern zu brechen. Natürlich ist es zuerst nötig, überhaupt dahinter zu kommen, dass es ein Geheimnis gibt und worin es besteht, was manchmal Detektivarbeit erfordert. Ist das Geheimnis der Vorgeschichte gefunden, so sollte es therapeutisch angegangen werden. Zuerst werden Wut, Trauer und andere negative Gefühle ausbrechen, die in diesem Fall heilsam sind und ausgelebt werden sollten. Es liegt jetzt offen zutage, wie sehr in einem solchen Fall Schuld und Fehler der Eltern in die eigene Biografie eingegriffen haben. Die Kinder – gerade, wenn dies zu Blockierungen ihres Liebeslebens geführt hat – sollten nicht darüber hinweggehen, bevor es wirklich aufgearbeitet ist. Danach wäre die nächste Phase ein Abschlussritual, welches verhindert, dass wir lebenslang unsere Verantwortung auf die Fehler der Eltern abschieben. Ein bewusstes Beenden dieser Phase erlaubt uns, in die Zukunft zu blicken, ohne die Vergangenheit zu verdrängen und ab jetzt voll lebensfähig und eigenständig zu handeln.

Das 8. Haus ist ja das Haus der Sexualität. Die astrologische Verknüpfung von »Tabus« und »Sexualität« bei der Deutung dieses Symbols ist nicht nur deshalb einleuchtend, weil Sexualität selbst manchmal ein Tabu ist, sondern auch weil Tabus die Sexualität stets beeinflussen. Familiengeheimnisse beziehen sich übrigens oft auf Menschen, die ihre Sexualität nicht so wie andere ausgelebt haben. Bei einem klärenden therapeutischen Prozess der Aufarbeitung – der natürlich nicht immer eine Therapie erfordert – sollten im individuellen Fall ebenfalls die jeweiligen Werkzeuge des 8. Hauses benutzt werden, zum Beispiel bei einer Merkur-Stellung im 8. Haus analytische bewusstmachende Methoden; bei Pluto, Mars oder Skorpion im Bezug zum 8. Haus dramatische Therapien, die den Tiefenprozess aktiv in Gang bringen, wie etwa Körpertherapien. Bei Steinbock oder Saturn in diesem Haus helfen eher langsame Schritt-für Schritt-Methoden. Bei Jupiter oder Schütze in Haus 8 kann mit dem Zweifel gearbeitet werden, solange, bis der tiefere Sinn eingesehen wird, daraufhin ist die Arbeit mit Zukunftszielen angesagt usw. Im Einzelfall sollten aber immer die gesamten Geburtshoroskope studiert werden, insbesondere auch das 6. Haus und die Heilerplaneten Merkur, Jupiter sowie die vorhandenen Kenntnisse über Chiron. Der dritte nicht immer angenehme Schritt nach der Umkehr am Deszendenten zwingt uns also, unsere Tabus in Frage zu stellen. Gelingt dieser Prozess, so vervielfacht sich die Chance, erfüllte Liebe und Sexualität zu erleben.

Manchen ist aber all dies zu anstrengend. Sie wollen weder tiefere Verantwortung übernehmen noch ihr Erbe akzeptieren und schon gar nicht im Dreck der Vergangenheit wühlen. Das ist ihnen alles zu düster, sie wollen in der Liebe nur Sonnenschein und keinen Schatten. Also bleiben sie noch eine Weile im 7. Haus auf ihren Idealisierungen sitzen. Sie beklagen sich beim Partner, dass er kein Prinz und Gott ist, sondern nur Mensch. Weiterhin empören sie sich täglich, dass er nicht hält, was er verspricht. Genau genommen hat er wahrscheinlich nie versprochen: »Ich löse alle Probleme für dich«, er hat auch kaum gesagt: »Ich gebe dir die Garantie, dich lebenslang mehr zu lieben als Vater und Mutter zusammen und nehme dir jegliche Lebensschwierigkeiten ab, werde aber selber nie etwas verlangen.« Und doch hat der empörte Liebhaber auf seine Art Recht. Weil er sich nicht weiterentwickeln und am Deszendenten nicht umkehren will, sagt er: »Irgendwie hab ich das aber von dir geglaubt, und du warst am Anfang auch so!« Wir dürfen zwar bezweifeln, dass der Partner ein reiner Engel war, aber ein anderes kleines »Wunder« ist geschehen: Der jetzt Enttäuschte hat in der ersten Verliebtheit alle seine Hoffnungen auf das Gegenüber projiziert und ihn damit selbst zum Leuchten gebracht. Damit erhielt dieser angebetete Goldschatz für einige Zeit die Ausstrahlung von Hoffnung und Makellosigkeit. Die Projektion, die mit der ersten Liebeshoffnung hinübergeworfen wurde, enthielt ja zum Beispiel die ganzen grandiosen Fähigkeiten des eigenen Deszendenten, die sonst nicht gelebt wurden. Das ist wirklich ein großes Versprechen, wenn auch in einem anderen Sinne als es der Enttäuschte meint. So unbewusst, wie er seine Deszendent-Talente verdrängt hat, so unbewusst hat er sie projiziert. Nun sieht er sie wenigstens in seinem Partner. Doch selbst wenn dieser zufällig dieselben Talente in seinem eigenen Horoskop hätte, könnte er sie nicht stellvertretend für andere leben. Das ist die wahre Enttäuschung für den Verdränger. Weil dies alles von seinem eigenen Unbewussten in Szene gesetzt wurde, hat er letztlich kein Recht, sich zu beklagen, auch wenn wir sein subjektives Leid verstehen können.

Wir raten nun: »Wandere weiter durch das 8. Haus, dort kannst du Projektionen zertrümmern, dich wandeln und durch Krisen weiterentwickeln!« Doch nehmen wir einmal an, dass der Liebhaber besonders stur und unbelehrbar ist. Er wird sich daraufhin am äußersten Deszendenten festklammern. Aus irgendeinem Grund stellt er sich vor, dass eine Bewegung nach Osten Rückschritt und Verlust bedeute. Bildhaft gesprochen sehen wir den enttäuschten Liebhaber jetzt an der westlichsten Westküste des Atlantik hängen und sich anklammern, damit er nicht in den Ozean stürzt. »Komm doch zurück aufs Festland, es geschieht dir nichts«, sagen wir. Doch er schreit: »Welche Zumutung, wo ich doch eh schon so einen Beziehungs-Stress habe! Ich bleibe hier hängen, bis mich endlich einer erlöst! Jawohl!« Da hängt er nun an der stürmischen Klippe. Die Frage ist nur, wie lange seine Muskeln das schaffen und seine Gesundheit den kalten Wind aushält.

Damit sind wir bei der Rückreiseroute Nummer zwei: durch das Haus der Gesundheit! Wem das 8. Haus zu anstrengend ist, kann durch das 6. Haus zurück zum Aszendenten (Abb. 33). Es ist gleich weit, die Frage ist nur, ob es angenehmer ist. Im negativsten Fall führt es – wie oben angedeutet – zu einer Bereinigung durch Krankheit oder sonstige körperliche Krisen. Dies ist natürlich nur eine von vielen möglichen Varianten, und wir wollen nun unvoreingenommen untersuchen, was uns das Horoskop mit diesem zweiten »Rückreiseweg« vorschlägt, das heißt welche sinnvollen Schritte dabei zu Selbst- und Partnerfindung führen.

Das 6. Haus ist das Feld der Reinigung. Der Staub des bisherigen Weges kann abgewischt und Schlacken ausgeschieden werden. Nach der Umkehr am Deszendenten geht es ja um eine Vertiefung der Begegnung, und dazu ist es für viele Menschen nötig, sich von Ego-Gewohnheiten zu reinigen. Vieles, was der ledige Mensch allein entschieden hatte, muss nun zur Diskussion gestellt werden. Aus alter Gewohnheit tun wir manches, ohne viel über seine Wirkung nachzudenken. Damit wir unsern Partner nicht verletzen oder übergehen, ist es nun nötig, uns zurückzunehmen und uns auch von unbeabsichtigtem Egoismus zu reinigen.

Es gibt jedoch auch Persönlichkeiten, welche die umgekehrte Tendenz haben, ganz im Partner aufzugehen und sich in allem nach ihm zu richten. Würde dies übertrieben, so verlöre der Liebende seine eigene Persönlichkeit. Dasselbe gilt natürlich für liebende Frauen, und der Abwechslung halber soll das Folgende an einem weiblichen Beispiel besprochen werden. Eine Frau, die ganz in der Symbiose mit dem geliebten Mann aufgeht und sich nur nach ihm richtet, verdrängt ihren Aszendenten. Sie übernimmt dann um der Harmonie willen alle möglichen Eigenschaften und Gewohnheiten des Partners. Der Haus-6-Prozess besteht jetzt darin, diesen Staub abzuschütteln und sich von fremden Bestandteilen zu trennen, damit die eigene Person wieder deutlich herausleuchten kann. Andernfalls würde die Attraktivität der Liebenden immer kleiner werden. Wer »dem Partner zuliebe« seine eigene Individualität verleugnet, erntet zwar im ersten Augenblick Lob. Die egoistischen und neurotischen Seiten des Partners werden dies erst einmal genießen. Aber je länger es dauert, desto enttäuschter wird der Partner sein, denn die gesunden Teile seiner Psyche sind natürlich nicht mit einer gesichtslosen Dienerfigur zufrieden, sondern wünschen sich die Liebe einer vollwertigen Persönlichkeit.

Manchmal geht es im 6. Haus nicht um Reinigung, sondern um Bereinigung. Der erste Gedanke am Deszendenten war vielleicht: Du bist alles für mich, ich will alles mit dir teilen. Nun beginnt eine sinnvolle Bereinigung der Verhältnisse: Was genau wollen wir teilen? Was sind die wechselseitigen Bedürfnisse?

Als »Haus der Krankheit und Gesundheit« zeigt das 6. Haus an, wo Beziehung krank macht, das heißt, wo wir aus psychosomatischen Gründen etwas über den Körper verarbeiten. Wenn wir »liebeskrank« sind, erhalten wir aus dem Horoskop einen Hinweis auf die Heilmethoden, denn das Zeichen an der Spitze des 6. Hauses oder die Planeten, die darin stehen, sind unsere individuellen Selbstheilkräfte. Wer sich auf psychischem Weg gesund machen oder sein Immunsystem stärken möchte, kann die Hinweise aus dieser Häuserbesetzung nutzen. Wenn Sie Ihr individuelles Geburtshoroskop kennen, so nehmen Sie zu diesem Zweck als erstes die Kräfte des Planeten an der 6. Häuserspitze, dann aller übrigen Planeten, die im 6. Haus stehen. Falls dieses Haus unbesetzt ist, so beschreibt das Zeichen an der 6. Häuserspitze sowie dessen Herrscher die Natur Ihrer Selbstheilkräfte.

Doch auch wenn wir gesund bleiben, ist im 6. Haus ein Ratschlag enthalten: Wenn du deine Beziehung besser verstehen willst, so nutze auch deinen Körper als Spiegel der Selbsterkenntnis! Je feiner die Selbstwahrnehmung, desto besser die Partnerschaft. Die Kräfte des 6. Hauses helfen, die tieferen Bedürfnisse zu erkennen und eventuell vorhandene Ängste und Vorbehalte gegen die Beziehung zu klären. Gerade was uns nicht völlig bewusst ist, ruht im Körper, und wenn wir seine Zeichen zu lesen verstehen, erfahren wir, was uns wirklich gut tut. Wir können dann ehrlicher unsere Bedürfnisse äußern. Unser Liebesleben befreit sich von falschen Hemmungen und unnötiger Selbstunterdrückung.

Manchmal sind es einfache Dinge, die uns in der Liebe gut tun, die uns Kraft und Energie geben, aber wir getrauen uns nicht, sie zu tun, weil sie uns bloß halb bewusst sind oder weil wir ausschließlich den Kopf entscheiden lassen. Teilweise sind wir auch von den Umweltprägungen abhängig: Man ist in der Liebe glücklich, wenn man treu ist, heißt es hier, oder wenn man Abwechslung hat, heißt es dort;

wenn man so und so miteinander umgeht, so und so oft miteinander schläft. – Aber wer ist »man«? und was sind meine ureigensten Bedürfnisse? Fragen Sie Ihren Körper, Ihr eigenes Gefühl, nutzen Sie die sensiblen Wahrnehmungen Ihres 6. Hauses!

Zusammenfassend sehen wir, dass die Liebenden, die am Deszendenten bereit sind, sich umzuwenden und den bereichernden Weg der Selbsterkenntnis unter die Füße zu nehmen, im 6. Haus Dinge bereinigen und sich reinigen können, und dass sie – um gesund zu bleiben – auf ihren Körper achten können, der ihnen wichtige Botschaften vermittelt. Doch jetzt muss noch der letzte Hinweis dieses Hauses beachtet werden, denn es trägt ja die Überschrift »Haus der Arbeit«.

Liebe hat auch mit Arbeit zu tun, wer hätte so etwas gedacht? In einer Welt entfremdeter Arbeit unterscheiden wir ja gerne zwischen Arbeit auf der einen und allen Dingen, die wir freiwillig tun, auf der anderen Seite: »Arbeit ist Zwang, Liebe ist freiwillig.« Nun, – für die letzte Aussage sollten wir nicht unsere Hand ins Feuer legen! Außerdem kann die Liebe natürlich auch Arbeit machen, und je zwanghafter die Liebenden sind, desto mehr. Aber all dies ist selbstverständlich nicht die ursprüngliche Absicht der Astrologie, wenn sie uns nach dem 7. Haus ins 6. führt und so die Arbeit als eine Weiterentwicklung der Liebe empfiehlt. Die Botschaft lautet vielmehr: Sorge für dein Auskommen! Vergiss über all den schönen Liebesgefühlen nicht, dass du einen Körper hast, Essen brauchst und ein Dach über dem Kopf!

Diese Botschaft hört sich nicht sehr aufregend an, aber wer sie nicht beachtet, wird sich früher oder später aufregen müssen. Der Grund dafür ist ein Nebeneffekt des berauschenden Machtgefühls erster Liebe, denn wer am Deszendenten endlich seine Ergänzung gefunden hat, fühlt sich so bereichert, so rund und ganz, dass er denkt: »Nun kann mir nichts mehr im Leben passieren! Zusammen sind wir so stark, dass wir jedem Schicksal trotzen können.« Dieses Gefühl ist echt, und in einem spirituellen Sinne stimmt es sogar sehr genau. Im praktischen Leben führt es jedoch manchmal dazu, dass wir unsere Arbeitsstelle aufgeben, umziehen, mehr Geld ausgeben für eine größere Wohnung, gemeinsame Investitionen machen oder ähnliche Dinge, für die uns vielleicht vorher der Mut gefehlt hat. Wenn diese Projekte gelingen und uns am Ende bereichern, so sind sie ein Beweis dafür, wieviel positive Energie die Liebe freisetzt.

Wenn sie aber misslingen, so müssen beide die Ärmel aufkrempeln und mehr arbeiten. Manchmal wächst, durch eine glückliche Beziehung angespornt, auch die Lust, zu arbeiten und eine Leistung zu vollbringen. All dies belegt die einfache Wahrheit des astrologischen Häuserrhythmus, den man mit der Formel zusammenfassen könnte: Nach der Liebe kommt die Arbeit. Wer eine Beziehung eingeht, verändert sein Leben und muss auch praktisch viele alltägliche Dinge neu organisieren. Da für manche Menschen Liebe zuerst einmal eine Idee ist – was astrologisch dem Luft- und Feuerelement entspricht – oder ein Gefühl (Wasserelement), ist es umso nötiger, dass sie jetzt auch festen Boden unter die Füße bekommt, und sich ins praktische Leben inkarniert, also den Bereich des 6. Hauses (Erdelement).

Das 6. Haus hat Ähnlichkeit mit dem sechsten Zeichen im Tierkreis, der Jungfrau. Dieses oft missverstandene Symbol steht für autonome Lebensführung. Wer für eine Partnerschaft oder für ein Baby die Arbeitsstelle aufgibt, verstößt zunächst einmal gegen dieses Prinzip, den eigenen Lebensunterhalt autonom zu bestreiten. Dies kann zwar in mancher konkreten Lebensphase gut und richtig sein. Die meistpraktizierte Arbeitsteilung in der westlichen Industriegesellschaft besteht darin, dass der Mann das Geld verdient und die Frau sich um Haus und Kinder kümmert, was in der ersten Beziehungsphase oft erstaunlich gut funktioniert. Es könnte sogar immer funktionieren, denn das Grundprinzip, dass jeder gesunde Mensch arbeitet und etwas leistet, um sein Leben zu unterhalten, wird dadurch erfüllt: Hausarbeit und Kindererziehung sind ja eine wertvolle sozia le Leistung. Insbesondere die Investition von Liebe und Arbeit in die Kinder ist eine Investition in die Zukunft, die sich auf Jahrzehnte hinaus positiv auswirken wird und für die Gesellschaft sogar materiellen Gewinn abwirft. Das Problem ist die fehlende Bezahlung für Hausarbeit. Dies erlaubt es den Männern, die Teilung ihres Gehalts für einen freiwilligen Beitrag zu halten. Nur wenige sind sich bewusst, dass die »Hausfrau« tatsächlich die Hälfte ihres Gehalts erarbeitet. Würde diese Hälfte wegfallen, so stünde dem Mann nur noch genau die Hälfte der Energie fürs Geldverdienen zur Verfügung. Es ist also wichtig, dass Liebende, welche diese Arbeitsteilung wählen, für sich festlegen, welcher Beitrag an den gemeinsamen Haushalt wieviel Wert ist. Manche Partnerschaft scheitert, weil darüber nicht diskutiert wird, oder höchstens im Tone des Vorwurfs.

Viele Ehen werfen alles in den gemeinsamen Topf. Die Partner erhalten sich kaum autonome Bereiche, und so kann es nicht ausbleiben, dass immer wieder genau analysiert werden muss, wer welchen Beitrag in diesen gemeinsamen Topf geleistet hat. Dieses Analysieren ist ein typischer Haus-6-Prozess. Wenn nicht beide den Eindruck haben, dass Geben und Nehmen ausgeglichen sind, sollten sie »an ihrer Beziehung arbeiten«, wie es so schön heißt. Der ärgerliche Streit darüber, wer von beiden nun zu kurz komme, rührt allerdings nicht nur von der Kleinlichkeit der Liebenden her, sondern auch von der Schwierigkeit, Unterschiedliches zu vergleichen. Der Beitrag des arbeitenden Partners lässt sich auch materiell genau errechnen. Der gesellschaftlich und in Geld nicht honorierte Arbeitsanteil der Hausfrau muss »irgendwie« definiert werden. Die Arbeitsteilung in Haus- und Berufsarbeiter konfrontiert uns also mit der Tatsache, dass die Gesellschaft diese Beiträge ungleich bewertet. Um diese Ungerechtigkeit für sich ganz aus der Welt zu schaffen, müssten beide Partner arbeiten gehen, was natürlich nicht immer gewollt und möglich ist. Auch werden immer noch vielerorts Frauen schlechter bezahlt.

Auch sonst ist es manchmal schwer, sich über den Ausgleich von Geben und Nehmen in der Beziehung zu einigen, denn die Beiträge liegen meist auf verschiedenen Ebenen. Der eine Partner gibt vielleicht mehr auf der gefühlsmäßigen Ebene, der andere macht mehr praktische Arbeit; der eine hat möglicherweise den Eindruck, sexuell zu kurz zu kommen, der zweite sieht ein anderes Grundbedürfnis zuwenig befriedigt. Wieder in einer anderen Partnerschaft heißt es: »Du sagst nie, dass du mich liebst!« – »Aber ich zeige es dir doch!« Gewiss, aber auf welcher Ebene? Und kann der Partner es hier sehen und wertschätzen? Da ist die Qualität des 6. Hauses und der Jungfrau gefragt: scharfe Beobachtung und eine ehrliche Analyse der Situation.

Wer Vorurteile gegenüber dem Jungfrau-Prinzip hat, wird hier ausrufen: »Ich hasse diese kleinkrämerische Kritik und diese emotionale Pfennigfuchserei! Du kritisierst unsere Beziehung, dann mach doch alles allein!« Doch darum geht es nicht. Das Ideal des Jungfrau-Symbols ist die Autonomie: Sich zu vergewissern, dass man – notfalls auch ohne den Partner – sein Leben selbst gestalten könnte, ist Voraussetzung für wirkliche Liebe. Nun erst ist man sicher, weder aus

Abhängigkeit noch aus wirtschaftlichem Zwang zusammenzubleiben, sondern weil man den Partner schätzt und die Beziehung zu ihm will. Wer soll zur Liebe fähig sein, wenn nicht eine autonome Persönlichkeit? Vielleicht ein unselbständiger Mensch, der das Leben nur aushält, weil er die Hälfte der Arbeit vom Partner machen lässt und die Hälfte seiner Schatten auf ihn projiziert? Und der die Ehe als Krücke nimmt, um nicht eigenverantwortlich leben zu müssen? Bestimmt nicht! Deshalb folgt ja auf das 7. Haus das 6.: die kritische Analyse über den eigenen Beitrag zur Gemeinschaft, die selbstkritische Frage, in welchen Punkten brauche und benutze ich dich? Wo lasse ich dich für mich arbeiten, vielleicht sogar, ohne dass es mir bewusst ist? Die sachliche Nüchternheit des 6. Hauses und der Jungfrau ist ja bekannt und sollte konstruktiv für solche klärenden Fragen eingesetzt werden.

Die oft behauptete Trockenheit der Jungfrau in Liebesdingen oder gar ihre Ablehnung von Sexualität, weil sie schmutzig sei, trifft selten wirklich zu, und wenn, dann beschreibt es nur die Oberfläche dieses Symbols und trifft nicht den Kern. Das Tierkreiszeichen Jungfrau hat seinen Namen nicht etwa von einer Jungfrau erhalten, die noch nie mit einem Mann geschlafen hat. Die astrologische Jungfrau ist im Gegenteil ein sehr sinnliches Zeichen, und zwar in einem ganz urspünglichen Sinne, weil es die Fähigkeit hat, alle Sinne zu schärfen und viel auch über den Körper wahrzunehmen. Bei der Bezeichnung dieses Symbols stand die antike Tempeljungfrau Pate, die Tempelhetäre oder Priesterin des Liebesmysteriums. Das war eine Frau, die sehr wohl mit Männern leidenschaftliche sexuelle Erfahrungen hatte, manchmal aus persönlicher Liebe, manchmal in rituellem religiösem Zusammenhang, die sich aber nicht materiell an einen Mann band. Sie blieb autonom, lebte ihr autarkes Leben. »Ich liebe dich, aber ich gehöre nicht zu deinem Besitz«, so lautete ihre Botschaft. Sie gehörte nur sich selbst und natürlich der Göttin, deren Tempel sie verwaltete. Diese Frauen hatten durch ihre selbständige Sonderstellung und ihr hohes Ansehen eine sehr klare Ordnung in ihrem Beziehungsleben. Wenn sie liebten, konnten sie sicher sein, dass sie es nicht tun, um ihr Selbstwertgefühl aufzupolieren oder um ein angenehmeres Leben zu haben, sondern aus Liebe. Seit das astrologische Zeichen »Jungfrau« seinen Namen bekam, hat sich vieles geändert, und der Beruf der Tempeljungfrau ist ausgestorben. Unsere Erinnerung an das Altertum gibt uns also keinen direkten Lösungsvorschlag, sie entwirft jedoch das Bild einer Persönlichkeit, die liebt und gleichzeitig ihr äußeres Leben selbständig und vorbildlich bewältigt.

Am Deszendenten – dem Ort der Umkehr – stehen wir an einem Scheideweg. Zuerst stellt sich die Frage, ob wir uns nun geistig zur Ruhe setzen oder uns weiterentwickeln wollen, das heißt, ob wir uns nur durch den Partner ergänzen lassen wollen oder Lust haben, das Ergänzende und Fremde auch im eigenen Inneren zu entdecken.

Wenn die Partnerschaft länger dauert und erste Schwierigkeiten auftreten, stehen wir erneut am Scheideweg, diesmal vor der Frage, ob wir auf unseren Idealisierungen und Verteufelungen des Partners sitzen bleiben wollen oder bereit sind, uns zu bewegen und den eigenen Anteil an den Problemen zu suchen. Falls wir am Ziel der Suche beim Aszendenten ankommen, erkennen wir sowohl die eigenen Schattenanteile, die wir bisher auf den Partner projiziert hatten, als auch die unbekannten Talente und Möglichkeiten, die wir in uns vorher nicht vermutet hätten.

Wer sich zu dieser Umkehr der Sichtweise entschlossen hat, steht gleich nochmals am Scheideweg, nämlich vor der Frage, in welche Richtung er die Rückreise antreten will, nach links oder nach rechts. Man kann bei dieser Entscheidung nicht viel falsch machen, denn jeder der beiden Wege bietet perfekte Lösungsvorschläge, einen dritten Weg gibt es jedoch nicht, wir müssen entweder als ersten Schritt durch das 6. Haus oder durch das 8. Beide Häuser gelten nicht immer als angenehm, beide werden in der Astrologie mit Krisen in Zusammenhang gebracht. Welche Weisheit liegt in der Symbolik des Horoskops, wenn das Haus der Begegnung und Liebe von den beiden »Krisen-Häusern« eingerahmt wird: Du fällst in Liebe – und der nächste Schritt ist eine Krise! Beide Häuser sind Bereiche der Wandlung und Revision. Was der neuen Lebenssituation nicht mehr angemessen ist, kann hier verändert werden. Da Beziehung das Leben massiv verändert, ist auch innere Wandlung nötig. Hinter der Nachbarschaft dieser Häuser steckt also eine Art Überlebenshilfe der Natur: Weil Liebe zur Erhaltung des Lebens nötig ist, werden wir immer wieder mit ihr konfrontiert, und um dafür gewappnet zu sein, gibt man uns mit den Häusern 6 und 8 auch das Krisenmanagement in die Hand. Eine Krisis ist vom Wortsinn her ein Entscheidungs- und Wendepunkt, eine Chance zur Umkehr und Neuorganisation des

Lebens. Gerade in einer Krisensituation brauchen wir ja dringend eine Veränderung der Lage. Es wäre demnach ziemlich unsinnig, die Weiterentwicklung durch diese Häuser zu vermeiden, etwa aus Angst vor den unangenehmen Prozessen, die dabei ablaufen könnten. Damit würden wir aus Angst vor Veränderung die Entwicklung vermeiden. Und weil Liebe auch Entwicklung bedeutet, hieße das, aus Angst vor der Liebe die Liebe vermeiden.

Als eine Art Aufmunterung folgen den Krisenhäusern dann zwei »Feuerhäuser«, und zwar das 5., das Haus des Abenteuers, der Lust und der Kreativität; auf dem anderen Weg folgt das 9., das Haus der Freiheit und Weisheit. Leserinnen und Leser, die gerne zyklisch denken, werden viel Gewinn davon haben, beide Rückwege über alle jeweils sechs Häuserstufen zu verfolgen. Übersetzen Sie dabei einfach die Inhalte der Häuser auf die Partnerschaft. Sie werden feststellen, wie sinnreich sich die Themen abwechseln und wie jedes Haus einen weiteren Entwicklungsschritt darstellt auf dem Weg zu mehr Selbsterkenntnis und reinerer Liebe.

Wo landen wir zuletzt, wenn wir die Krisenhäuser und alle übrigen Häuser auf unserem Lebensweg der Liebe durchlaufen haben? Am Aszendenten, unserem erneuerten Ich! Im Orient, an unseren spirituellen Wurzeln! Wer ganz durch den Deszendenten hindurchgeht, gelangt zum Aszendenten. Wer ganz durch die Liebe hindurchgeht, gelangt auch zu sich selbst und zu seinem Ursprung. Diese Wahrheit ist sogar geografisch beweisbar: Wer ganz nach Westen durchstartet und den Erdball in westlicher Richtung umkreist, gelangt hinter Amerika und Alaska nach Osten, ins Land der aufgehenden Sonne. Wenn er nach Hause kommt, so kommt er von Osten, wie der neue Tag. Wie Helios, wenn er seine Nachtfahrt beendet hat und als Morgensonne neu aufgeht.

Das Geheimnis der Liebe

Das Geheimnis der Liebe wird in diesem Kapitel nicht verraten.

Der Grund dafür ist nicht etwa, wie man vielleicht vermuten würde, dass Geheimnisse nur unter besonderen Umständen gelüftet werden oder dass der Leser dessen etwa nicht würdig wäre; der Grund ist erschreckend einfach: Der Autor kennt das Geheimnis der Liebe nicht. So viel auch über die Liebe und ihre Mechanismen aus dem Horoskop gesagt werden kann, die entscheidendsten Fragen bleiben offen: Warum läuft uns ein bestimmter Partner über den Weg? Warum war das nicht zu planen und vorauszusehen? Wird die Beziehung gelingen oder scheitern? Vor solchen Fragen lässt uns das Horoskop allein. Sogar die einfache Frage, ob zwei zusammenpassen oder nicht, ist astrologisch unbeantwortbar. Der Astrologe analysiert zwar verschiedene Ebenen der Beziehung und schildert das jeweilige Zusammenspiel der Kräfte auf diesen Ebenen, er zieht aber keine Gesamtbilanz, jedenfalls wenn er seriös ist. Dies liegt allein in der Verantwortung der beiden Liebenden. Wollen sie zusammengehören? Wollen sie auch die Unterschiede und Schwierigkeiten mit akzeptieren? Oder ist ihnen das zuviel? Dies obliegt ausschließlich der freien Entscheidung der Betroffenen.

Ich habe schon in mancher Beratungssitzung gestaunt, wie die Betroffenen skeptisch blieben und die Schwierigkeiten betonten, obwohl vielleicht sieben von zehn astrologischen Punkten für leichtes Verständnis sprachen. Genauso wenig hatte ich die Reaktion eines Paares vorausgesehen, das mich vor einigen Jahren aufsuchte. Aus den Horoskopen sowie aus der Schilderung der Situation durch die beiden Partner zeigte sich eine große Anzahl von Schwierigkeiten, sogenannten Unverträglichkeiten und gegenseitigen Projektionen.

Die beiden bedankten sich für die gewonnene Klarheit, und die Frau sagte: »Das gibt Arbeit für uns, – aber mit ihm macht das Spaß!« Darauf er: »Bis du wieder zu streiten anfängst!« »Ja, – eines Tages fressen wir uns noch auf…«, meinte sie schließlich, und beide küssten sich lachend. Sie sind bis heute ein Paar, und ihr Zusammenleben ist so spannungsreich, spannend und glücklich, wie Menschen nur sein können. Wahrscheinlich sind das zwei besonders vorbildliche Persönlichkeiten, sie arbeiten konstruktiv an ihrer Beziehung. Aber warum? – Weil sie sich lieben! Das stand nicht im Horoskop.

Wenn diese Voraussetzung jedoch gegeben ist, wenn die Liebe einmal entstanden ist, dann wird die Astrologie zu einer großen Hilfe, um die Beziehung besser zu verstehen und zu leben. Das Horoskop zeigt dann, welche eigenen Teile der Partner spiegelt, welche Energien spannungsvoller oder harmonischer fließen, welche Bereiche entwicklungsfähig sind, wie beide besser kommunizieren könnten und vieles andere mehr. Aber ob und wo der Funke springt, das verraten die Sterne nicht, ebenso wenig wie sie die Endergebnisse festlegen: Gelingen oder Scheitern, Glück oder Unglück einer Partnerschaft – teils liegt es an unserer eigenen Bemühung; und soweit es schicksalhaft ist, steht es nicht im Horoskop, auch wenn viele Kollegen darüber mehr oder weniger zutreffende Vermutungen anstellen.

Die Fähigkeit der heutigen Astrologie, konkrete Prognosen darüber zu machen, ob eine Partnerschaft gelingt oder auseinander geht, ist – wenn man es unvoreingenommen untersucht – sehr gering. Das ist auch leicht nachvollziehbar, denn es spielen eine große Menge von Faktoren zusammen, welche alle die Entwicklung mit beeinflussen; außer den in diesem Buch behandelten Deszendent-Fragen ist zum Beispiel die Elementeverteilung wichtig, Haus-, Zeichen- und Aspektlage von Venus, Mars, Mond und Sonne in beiden Horoskopen sowie die Kommunikationsmöglichkeiten über Merkur und die gesellschaftlichen Planeten, um nur wenige Punkte aufzuzählen. Jede einzelne dieser Horoskopkonstellationen lässt den Betroffenen viel Raum für die individuelle Entscheidungsfreiheit. Blicken wir als Beispiel einmal ausschließlich auf den Deszendenten und nehmen wir, um es weiter zu vereinfachen, den seltenen Fall, dass der gefundene Partner genau dem eigenen Deszendenten entspricht, vielleicht durch eine Besetzung von mehreren Planeten in diesem Zeichen. Führt dies im konkreten Einzelfall zu besonders starker Projektion dieser Qualitäten und damit zu Abhängigkeit? Oder dazu, mit dieser Ergänzung glücklich zu sein? Lebt der Partner mehr die Schattenseiten dieses Zeichens oder die positiven Seiten? Sieht der Liebende im Partner nur die Schattenseiten und ist blind für das Gute? Oder umgekehrt? Lauter Fragen, die allein von der Bemühung und Reife der beiden Individuen abhängen. Wer den freien Willen, welcher nie im Horoskop steht, mit einbezieht, muss allein schon damit erkennen, dass Glück und Unglück nicht berechenbar sind. Ein derart komplexer und in manchen Teilen metaphysischer Vorgang wie die Liebe entzieht sich in der Regel menschlichen Vorhersagen.

Anders sieht es aus mit der Deutung eines Ereignisses, nachdem das Leben es hervorgebracht hat. Wenn eine Partnerschaft einmal zustande gekommen oder gescheitert ist, so kann das Studium der Horoskope wieder nützlich sein. Um zu verstehen und zu verarbeiten sollte man wissen, aus welchen tieferen Gründen, aufgrund welcher Entscheidungen und unbewusster Triebe es so gekommen ist. Die Astrologie kann auch helfen, dem Scheitern oder Gelingen einen Sinn zu verleihen und es für die Zukunft konstruktiv wirksam zu machen.

Trotz allem: Das Geheimnis der Liebe ist nicht aus den Sternen zu errechnen.

Unsere Untersuchung gab dennoch ein paar nützliche Hinweise, vor allem über die Zusammenhänge von Liebe und Angst, Liebe und Selbstfindung, Liebe und Projektion. Die Ergebnisse sind jedoch keine Tips, mit denen das Liebesglück zu erzwingen wäre. Ihr Nutzen liegt auf anderer Ebene, nämlich bei der Frage: Was können wir beitragen, um Liebe zu verstehen, zu fördern und anzuziehen?

Schon die Betrachtung des Deszendenten selbst zeigte uns: Es handelt sich um den Westhorizont, hier geht die Sonne unter, demnach hat auch Partnerschaft mit dem Untergang zu tun oder mit einem – selbstverständlich symbolisch zu deutenden – Sterben. Das Wissen um die Wiederkehr der Sonne am nächsten Morgen belegt, dass die Liebe erstens ein Endpunkt ist und zweitens ein Anfang. Wichtig ist dabei die Reihenfolge. Weil Sterben und Neugeburt auch astrologisch untrennbar zusammengehören, muss nun noch einmal zusammenfassend geklärt werden: Was stirbt am Deszendenten? Welches Neue kann dafür entstehen?

Im dritten Kapitel machten wir in Gedanken einen Ritt in den

Sonnenuntergang. Goethes Gedicht beschreibt die Angst vor der Dunkelheit, die Vorfreude auf die Liebe, zuletzt ihren Höhepunkt. Es stirbt das Alleinsein, der Liebende gewinnt Verbundenheit. Eine verbindliche Beziehung ist der Tod des Single-Daseins. Für einige Menschen, die sich daran gewöhnt haben, ist es anfangs gar keine leichte Sache, wieder eine Beziehung einzugehen, auch wenn sie zuletzt durch die Gemeinsamkeit reichlich entschädigt werden.

Im Märchen vom Waldhaus kommt die Heldin vom Weg ab, und wenn die Sonne im Westen versinkt, sucht sie Unterschlupf bei einem Mann, der sich von einem bedrohlichen Alten zum jungen Liebhaber verwandelt. Auch sie selbst macht einen Wandlungsprozess durch: In ihr stirbt die egoistische Selbstbezogenheit, Anteil- und Rücksichtnahme entstehen. Auf tieferer Ebene gedeutet stirbt ihre Fixierung auf die Vaterfigur, das Geschenk ist eine Versöhnung mit den Eltern, eine Verjüngung und größere Beziehungsfähigkeit. Es stirbt der Vaterersatz, der Geliebte taucht auf.

Das sechste Kapitel diskutierte in einem kulturgeschichtlichen Exkurs das notwendige Gleichgewicht zwischen König und Priester. Die Umsetzung auf das Thema Partnerschaft zeigte die Verknüpfung von Erotik und Macht auf. Was stirbt hier, welches Neue entsteht? Am Deszendenten stirbt der Machtanspruch, gewonnen wird geteilte Macht. Es stirbt die Einseitigkeit, Ziel ist die Harmonie zwischen innen und außen, zwischen seelischer Zusammengehörigkeit mit dem Partner und der praktischen Bewältigung der gemeinsamen Existenz. Es stirbt das Opfer, es stirbt auch der Täter. Beide Rollen werden überflüssig, während daraus die Gemeinschaft des liebenden Paares entsteht.

Im siebten und entscheidenden Kapitel verfolgten wir schließlich den Tageslauf des Sonnengottes Helios. Am Deszendenten wird ihm eine Übung des Loslassens auferlegt. Wir lernen daraus: In der Liebe stirbt die absolute Kontrolle, es entsteht der Mut, sich dem Schoß der Nacht anzuvertrauen, den Gefühlen, dem Strom des Weiblichen. Wie Helios geben wir die Peitsche ab und gewinnen dafür eine Flussfahrt, wir werden getragen von den Wogen des Lebens.

Wir haben eine Fülle von Bildern für die Wandlungen in der Liebe, vielleicht sogar für Tod und Wiedergeburt gefunden. Sie zeigen, dass immer wieder im Leben Altes stirbt, um Neuem Platz zu machen. Letztlich laufen sämtliche Überlegungen und Geschichten dieses Bu-

Abb. 34:
Venus, Amor und die Eifersucht. Gemälde von Bronzino (1503 - 1572)

ches auf die einfache Tatsache hinaus, dass Liebe mit Tod verknüpft ist. Der Deszendent ist der Punkt des Todes. Alle betrachteten Kunstwerke und Mythen enthalten diese schöne tiefe Weisheit über Metamorphose, Tod und Neubeginn. Aber unsere konkreten Erfahrungen mit Partnerschaft sind keine sanften philosophischen Bilder, sondern beinharte Realität. Und wenn im Leben etwas stirbt, dann ist dies für unsere Gefühle erst einmal definitiv und zum Zerreißen. Denn Gefühle lassen sich nicht mit der Einsicht besänftigen, dass sie dafür demnächst auf geistiger Ebene eine höhere Einsicht gewinnen werden. Für die Emotionen ist Tod kein Symbol, sondern ein schrecklich endgültiges Gefühl, und Liebe hat nun einmal mit dem Tod zu tun.

Was treibt uns an, uns doch immer wieder darauf einzulassen? Es muss ein mächtiger Trieb sein, höher als alle Vernunft!

Mit dieser Frage rühren wir an jenes Geheimnis der Liebe, wofür es keine befriedigende Erklärung gibt. Selbst die Weisheit der alten

Griechen hilft hier ausnahmsweise nicht weiter, denn ihre Antwort ist keine Lösung, sondern eher eine Beschreibung des Problems. Zwar hatten die Alten für Unerklärliches stets einen Gott zur Hand. Abbildung 34 zeigt den bekannten Gott Eros, später Amor genannt. Die Griechen beschrieben, wie er im Auftrag der launischen Venus seine unterschiedlichen Pfeile verschoss. Es gab Liebespfeile, aber auch solche, die Ablehnung hervorriefen. Unglückliche oder unerwiderte Liebe konnte also teilweise mit dem wilden Treiben der eifersüchtigen Venus erklärt werden. Ob diese Erklärung das Leid des betroffenen Einzelnen gemindert hat, darf jedoch bezweifelt werden. Außerdem gibt es ganz andere Darstellungen Amors, wo er mit einer Binde vor den Augen blind wie im Wahnsinn um sich schießt und so scheinbar sinnlos Passende und Unpassende ineinander verliebt macht.

Für den modernen Menschen müssten andere Erklärungen gefunden werden. Das Geheimnis der Liebe lässt sich in Teilbereichen aus der Theorie des Unbewussten verstehen: Wir haben eben einen unbewussten Trieb, das uns Fremde kennen zu lernen, ein unbewusstes Bedürfnis nach Aufregung, nach Herausforderung durch die unbekannten ergänzenden Qualitäten, die latent ebenfalls in uns angelegt sind. Gewiss gibt es auch so etwas wie die Sehnsucht nach dem Sterben, oder einen großen Mut, sich in die Prozesse von Tod und Neugeburt zu stürzen, obwohl unser bewusstes Ich oft ein Hasenfuß ist und nur nach Sicherem und Gewohntem strebt. Dann übernehmen die unbewussten Anteile die Regie. Der Wunsch nach Wandel hat seinen Sitz größtenteils unterhalb der Gürtellinie des Bewusstseins.

Wir können es auch so sehen, dass das Horoskop oder der innere Kosmos ein Bedürfnis hat, uns mit allen unseren Kräften in Berührung zu bringen, auch mit den verdrängten und unbeachteten Talenten. Diese innere Führung macht – bildhaft gesprochen – jedes Jahr eine genaue Analyse der Geburtsanlagen sowie der bisher erreichten Verwirklichung. Was zwar angelegt ist, aber in der konkreten Biografie fehlt, wird aus der Umwelt angezogen, zum Beispiel als ergänzender Partner.

Alle diese Erklärungen befriedigen hinterher. Sie lassen im Nachhinein den tieferen Sinn erkennen. Dazu sind sie wertvoll und gut. Aber sich verlieben, in Liebe fallen, das tun wir nicht selbst. Es geschieht uns. Kein Horoskop verhilft dazu, keines kann es verhindern. Es trifft uns wie ein Schicksalsschlag. Jede Körperzelle in uns weiß in einer solchen typischen Deszendent-Situation, dass wir uns jetzt einer untrennbaren Mischung aus Angst und Lust ausliefern, aus Beziehungsangst und Liebessehnsucht. Vielleicht steckt dahinter ein Konglomerat aus Todesangst und Todessehnsucht. Und jedes Atom in uns weiß, dass in diesem Moment die Lust über die Angst gesiegt hat. Was aufgrund der vorliegenden Untersuchungen des Deszendenten jedoch auch unserem Denken klar geworden ist: An jenem Tage, wo wir uns im Zustand des Verliebtseins ertappen, wissen wir mit Sicherheit, dass jetzt unsere unbewusste Führung stärker ist als im gewöhnlichen Alltag. Und wir sollten wissen, dass wir in diesem Augenblick bereits verloren haben – falls es nämlich unser Ehrgeiz gewesen war, unser Leben in allen Teilen vernünftig und berechenbar zu managen ... Nein, hier werden wir geführt von Kräften, die größer sind als unser Gehirn. Wer liebt, liefert sich überpersönlichen Kräften aus, vielleicht dem eigenen spirituellen Anteil, einer Instanz jedenfalls, die in uns ungeahnte Reserven mobilisiert, so dass wir über uns selbst hinauswachsen können. Wenn es einen unsterblichen Anteil in unserer Psyche gibt, dann kann die Liebe ihn wecken.

Gleichzeitig gilt aber der Satz: Wer liebt, liefert sich der Sterblichkeit aus. In diesem Körper können wir uns nicht ewig lieben. In derselben Stunde, in welcher wir ein Paar werden, ist der große Abschied vorprogrammiert, vielleicht morgen, vielleicht bei einer Trennung oder dann im Tod. Hinter der Angst, sich auf eine Beziehung einzulassen, steckt in letzter Instanz die Angst vor dem Abschied. Diese wiederum ist nichts anderes als eine Form der Todesangst. Leben heißt nun einmal sterblich sein. Lebensangst ist immer Todesangst, und wo wir den Tod fürchten, da fürchten wir uns vor dem Leben. Lieben aber heißt ja sagen dazu – zum Sterblichsein und zum Leben.

Am Ende der theoretischen Überlegungen sei bekräftigt: Das Geheimnis der Liebe bleibt ein Geheimnis. Die Antwort auf diese offene Frage kann nur eine individuelle sein. Oft bleibt sie Bruchstück. Statt einer Antwort wird hier nochmals das Resultat aus astrologischer Symbolik und Mythologie festgehalten. Dieses Resultat befriedigt den Verstand nicht, denn es ist unlogisch und paradox. Einerseits: Wer liebt, liefert sich der Sterblichkeit aus. Andererseits: Wer liebt, öffnet die Tür zu seinen unsterblichen Anteilen. Der Deszendent jedenfalls ist das Tor zur Partnerschaft, und mit diesem Tor öffnen sich viele andere. Der Blick wird frei und fällt auf einen weiten Ozean von Leben, Sterben und Wiedergeburt.

Prinz Tamino kam ohne seine Zauberflöte, ohne Waffen und ohne Gepäck am Deszendenten an. Das Einzige, was er schon in der ersten Szene dabei hatte, war sein Partnerbild, seine – noch wenig bewusste – Erwartung einer weiblichen Ergänzung. Tatsächlich war seine erste Begegnung im Abendland eine aufreizend erotische, denn die drei hübschen Damen der nächtlichen Königin, in luftige Schleier gehüllt, halfen ihm beim Drachenkampf und warfen sofort ein Auge auf ihn. Was für ein Glück, dass Tamino nicht gleich die erste Dame geschnappt und geheiratet hat! Es wäre wahrscheinlich keine glückliche Ehe geworden. Noch war ihm ja sein Deszendent unklar, er wusste nicht, was er brauchte. Ebenso unbewusst war ihm sein Aszendent, denn er wusste nicht, wer er eigentlich war. Auch war er noch voll von Vorurteilen, demnach bereit, seine Hoffnungen genauso wie seine Schatten unbedenklich auf die Partnerin zu projizieren. Die Aufgabe der drei Damen war es deshalb erst einmal, Tamino das Bildnis der Pamina und später auch die Zauberflöte zu vermitteln, mit welcher er das Abenteuer ihrer Befreiung bestehen sollte. Durch Erhalt des Medaillons materialisierte sich das innere Partnerbild Taminos. Gleichzeitig entschied er sich, die reale Prinzessin zu suchen, er war gewillt, eine Partnerschaft einzugehen. Bis zum ersten Treffen sollte aber noch einige Zeit vergehen, denn seine Beziehungsfähigkeit war erst in Ansätzen vorhanden und musste noch entwickelt werden. In der Sprache des Theaters bedeutet dies: Die Prinzessin war noch gefangen und versteckt, sie musste erst befreit und erobert werden.

In der darauffolgenden Szene von Mozarts »Zauberflöte« erfahren wir, dass seine spätere Frau Pamina etwas Ähnliches erlebt: Sie erfährt von einem Dritten, dass ein gewisser Tamino sie befreien und lieben will. Sofort erwachen ihre Deszendent-Kräfte und sie sehnt sich nach ihm – ohne ihn noch zu kennen! Die archetypische Sehnsucht nach Ergänzung setzt ein und weckt eine gewaltige Unruhe in ihrer Seele: »Wenn er mich liebt – warum zögert er denn so lange, mich zu befreien?«, fragt sie ungeduldig, obwohl sie erst vor einer Minute erfahren hat, dass es diesen Wunderprinzen überhaupt gibt! Ab jetzt ist ihr Leben verändert, und sie organisiert alles auf das Ziel der Partnerschaft hin. Diese Szene ist eine großartige Demonstration der Gefühlsgewalt, die hinter dem Deszendenten steckt. Wenn die Musik wieder einsetzt, preist Pamina die Gemeinschaft von Frau und Mann und bezeichnet diese als höchstes Gut, welches uns den Göttern ähnlich macht oder die göttlichen Teile in uns erwecken kann. Es ist das Duetto in Es-Dur »Bei Männern, welche Liebe fühlen«, der letzte Hymnus an die Liebe, den Mozart vor seinem Tod komponierte. Mann und Frau, wenn sie echte Liebe verbindet, »reichen an die Gottheit an«, singt Pamina darin. Sie kommt zu dieser erhebenden Erkenntnis nicht etwa aufgrund der praktischen Erfahrung einer Ehe mit Tamino, auch nicht, weil sie die konkrete Bereicherung durch seine Persönlichkeit kennt, sondern im Voraus. Woher kann sie dieses Gefühl erhalten? Nur aus sich selbst, aus ihrer angelegten Liebesfähigkeit, ihrem Trieb zur Ganzheit, kurz, aus ihren angeborenen Deszendent-Kräften.

Eine besondere Pointe ist, dass Pamina dieses Lob der vergöttlichenden Liebe zusammen mit Papageno singt. Papageno ist in der »Zauberflöte« der lustige Vogelfänger, ein Naturbursche und Triebmensch, der sich ebenfalls ein zu ihm passendes »Weibchen« wünscht, um »viele, viele, viele Kinderlein« zu machen. Pamina ist demgegenüber die Tochter eines Sonnenpriesters und einer Mondkönigin. Doch ihre Vision einer gottähnlichen Liebe entstammt nicht ihrer vornehmen Erziehung, denn auch der Naturmensch Papageno sieht dieses Ziel und singt das Lied mit. Das große Versprechen der Oper »Die Zauberflöte« gilt also auch ihm, auch den einfachen Leuten, denn es ist das allgemeine Wesen der menschlichen Liebe, dass sie uns vervollkommnen kann. In strahlendem C-Dur endet der erste Akt der Zauberflöte mit diesem Versprechen:

»Dann ist die Erd' ein Himmelreich
und Sterbliche den Göttern gleich!«[52]

Das Versprechen, durch Partnerschaft unseren unsterblichen Anteilen näher zu kommen, ist also nicht vom Bildungsstand abhängig und ist auch keine individuelle Sehnsucht. Prinzessin Pamina und der Naturmensch spüren sie gleichermaßen, und zwar bevor sie in den Prozess der Partnerschaft überhaupt einsteigen. Ist diese Deszendent-Sehnsucht aber einmal geweckt, so geht sie nicht automatisch in Erfüllung. Dazu ist es nötig, dass wir selbst einen Beitrag leisten. Den Weg zum Glück müssen wir uns eigenständig erarbeiten. Zwar ist die

Liebe selbst nicht zu erarbeiten, sie fällt uns als Geschenk zu – daraus Glück und Erfüllung zu beziehen, ist jedoch unsere individuelle Leistung. Der erste Schritt dorthin ist die Überwindung der Angst. Der Deszendent symbolisiert den Einbruch der Dunkelheit. Alles hängt nun davon ab, ob wir den Sonnenuntergang als kosmische Katastrophe sehen oder als natürlichen Vorgang, damit Sonne und Erde regenerieren können sowie als Vorbereitung für die Wiedergeburt der Sonne am nächsten Morgen. In den Wirren der Liebe hängt viel davon ab, ob wir uns blind der Angst vor Krisen, Tod und Abschied unterwerfen, oder ob wir zur Einstellung finden, dass dies alles die notwendige Vorbereitung für Weiterentwicklung, Neugeburt und für eine stabilere, krisenfeste Partnerschaft ist. Da der Deszendent Ende und Anfang zugleich darstellt, geht es nur um die Sichtweise. Wir könnten an den bekannten Vergleich mit dem halbvollen Weinglas denken: Ist es »leider schon halb leer« oder »erfreulicherweise noch halb voll«? – Eine Sache der Einstellung jedes Einzelnen. Aber wäre es nicht schade, den halben Wein zu verschmähen und stehen zu lassen, nur um über die in der Vergangenheit getrunkene andere Hälfte zu jammern? Sonnenuntergang heißt: Der Tag ist vorbei, er kommt nicht wieder. Neue Tage kommen.

Nachdem sich Tamino und Pamina einmal kennen gelernt haben, müssen sie verschiedene Prüfungen bestehen, bevor sie am Schluss in reifer Partnerschaft zusammenkommen. Diese Prüfungen bestehen zum Teil darin, Missverständnisse abzubauen. Der Deszendent führt ja in der ersten Phase zu blinden Hoffnungen. Das Gewünschte wird in den Partner und in die Welt hineinprojiziert. In diesem unrealistischen Weltbild sind viele Vorurteile enthalten. So hat beispielsweise Tamino von der Königin der Nacht nicht nur das Bild-Medaillon ihrer Tochter Pamina bekommen, er hat gleichzeitig auch ungefragt die Meinung dieser Mutterfigur übernommen: Sie sagt ihm, was gut und böse ist. Tamino glaubt das. Der nächste Entwicklungsschritt ist jedoch, dass er dieses elterliche Wertsystem überprüft, das Schwarz-Weiß-Schema überwindet und eigene Maßstäbe findet. Dies geschieht im Dialog mit dem Sprecher Sarastro vor dem Weisheitstempel, aus dem Tamino bereichert, aber auch verunsichert hervorgeht. Die Reinigung des alten Ich ist selten angenehm, jedoch notwendig, um Schlacken der Vergangenheit zu entfernen und vorgefasste Meinungen zu revidieren. Auch diese Begegnung mit dem Weisheitspriester ist eine Deszendent-Erfahrung, eine Begegnung mit dem Anderen, eine Herausforderung. Tamino bleibt allein auf der Bühne mit dem charakteristischen Deszendent-Gefühl:

»Oh, ew'ge Nacht, wann wirst du schwinden?
Wann wird das Licht mein Auge finden?«[53]

Diese Schlüsselstelle ist das geistige Zentrum des Werkes. Sie orientiert sich am Freimaurersymbol der Mitternachtssonne: Die Sehnsucht nach Licht in der Dunkelheit ist eine wichtige Etappe auf dem Entwicklungs- und Einweihungsweg des Helden. Uns interessiert aber vor allem die Erfahrung des Liebenden auf dem Weg zur Erfüllung seiner Sehnsucht. Der Sprecher gibt Tamino eine verschlüsselte Antwort, die dieser nicht ganz verstehen kann. Immerhin kommt darin das Versprechen eines »ewigen Bandes« vor, was seine Deszendent-Sehnsucht weiter verstärkt. Als der unsichtbare Chor ihm eine Nachricht über seine geliebte Pamina gibt, weckt allein deren Name in Tamino einen Schub an Freude, Kreativität und Machtgefühl. Er probiert zum ersten Male seine Flöte aus. Der Klang ist so zauberhaft, dass die wilden Tiere zahm werden und zur Musik tanzen. Wie Orpheus, der göttliche Sänger aus der griechischen Mythologie, bändigt Tamino mit seiner Musik die wilden Tiere. Bei Tamino sind es besonders die Löwen, die vom Flötenton verzaubert werden, was uns an Herkules erinnert, dessen erste Heldentat darin besteht, den Löwen als Symbol für die tierischen Triebe im Menschen zu bezwingen. Die archaischen Löwenkräfte werden bei Mozart durch Spiel und Tanz kultiviert. Dies wird durch die ordnende und befreiende Kraft der Musik bewirkt. Das Flötenspiel ist in diesem Zusammenhang Symbol für die entwickelten individuellen Seelenkräfte. Diese beginnen nun, die Führung zu übernehmen. Tamino beherrscht die wilden Tiere spielend mit dem Ton der Liebe. Diese schöpferische Kraft der Musik lockt dann endlich auch Pamina in seine Nähe, die reale Begegnung steht bevor:

»Er ist's!«
»Sie ist's! – Es ist kein Traum!«[54]

Doch manche weitere Prüfung muss bestanden werden. Die Probe des Schweigens steht noch bevor; anschließend gilt es, dem Klatsch und der öffentlichen Meinung zu widerstehen, denn die Partnerschaft ist ein so wichtiges Projekt, dass sich die Liebenden von den Interessen der Umwelt unabhängig machen müssen: Nur die eigene innere Stimme zählt jetzt. Pamina schließlich muss auch die Todesangst des Deszendenten hautnah erleben, denn am Punkt der tiefsten Verwirrung kann sie Taminos Liebe nicht mehr spüren, und sie plant Selbstmord. Einer inneren Logik folgend, wendet Mozart genau an diesem tiefsten Punkt das Blatt – jetzt schweben die »drei Knaben« vom Himmel herab. In der tiefsten Not ist die Hilfe am nächsten. Die drei Knaben sind Genien oder Schutzengel, eine Art personifizierter Selbstheilkräfte, die jetzt die Umkehr oder Wende einleiten. Wieder hören wir deutlich die Deszendent-Symbolik:

»Bald prangt, den Morgen zu verkünden,
die Sonn' auf goldner Bahn«[55]

singen die geflügelten Knaben, angeführt von der Klarinette. Es ist der Beginn des Finales, eine der geheimnisvollsten und tröstlichsten Stellen bei Mozart, erhebend in ihrer kunstvollen Es-Dur-Klarheit.

Pamina ist nun von der Liebe Taminos überzeugt und voll Vertrauen in den positiven Ausgang, so dass sie ihn zur Feuer- und Wasserprobe begleiten kann, der entscheidenden Prüfung. Diese letzte Prüfung ist übrigens die einzige, welche die Liebenden gemeinsam Hand in Hand zu bestehen haben. Alle vorherigen Prüfungen waren jeweils individuelle Erkenntnis- und Erfahrungsstufen, die keines dem anderen abnehmen konnte. Wir erkennen daraus nochmals, wie wichtig für eine gelungene Partnerschaft der Aszendent ist, der gereifte eigene Standpunkt, das geläuterte Ich. Durch ihre überstandene Todesangst ist Pamina nun ihrem Geliebten einen Entwicklungsschritt voraus und erklärt ihm das wahre Geheimnis der Zauberflöte. Sie begleitet ihn auch persönlich durch die Hitze und lodernden Flammen in der Feuerprobe, sie leitet ihn sicher durch die Fluten und Sturzbäche der Wasserprobe. Das männliche und das weibliche Urelement werden gemeinsam gemeistert.

Daraufhin beginnt sofort der neue Tag sowie eine neue Ära der Liebe und des Lebens, »das ganze Theater verwandelt sich in eine einzige Sonne«, wie es in Textbuch und Partitur heißt. Hand in Hand betreten die Liebenden den Weisheitstempel, die drei Knaben streuen Blumen. Doch bevor in allgemeiner Bewegung über den freudig tanzenden Menschen der Vorhang fällt, geschieht noch etwas Besonderes: Ein Generationenproblem wird gelöst. Während der ganzen Handlung der Zauberflöte hatte der Sonnenkönig Sarastro mit der »Königin der Nacht«, einer Mondgöttin, um die Vorherrschaft über das gemeinsame Erdreich gestritten. Tamino ist zum Anhänger des Sarastro geworden, Pamina aber ist durch ihre Herkunft emotional an die Mutter gebunden, obwohl ihr früh verstorbener Vater ein Sonnenpriester war. Im Schlussbild der Oper nun – wenn es von einem verständnisvollen Regisseur inszeniert wird – verlässt Sarastro seinen Thron der solaren Alleinherrschaft und steigt die Treppe herunter dem neuen Prinzenpaar entgegen. Zwar geben uns die Autoren keinen Hinweis darüber, ob er sich mit der Königin der Nacht versöhnen wird, aber Pamina, in welcher beide Erblinien zusammenlaufen, übernimmt die Macht. Als äußeres Zeichen der Synthese von Tag und Nacht hat sie das blonde Haar von ihrem Vater geerbt und die schwarzen Augen ihrer Mutter, wie wir im 14. Auftritt des ersten Aktes erfahren. Mehr noch: Bei diesem Generationswechsel teilt sie die Herrschaft mit ihrem Gemahl. Pamina und Tamino besetzen nun gemeinsam den Thron, der symbolisch für die Weltherrschaft steht oder für die Bewältigung des irdischen Lebens. Tag und Nacht sind zwei Seiten des Ganzen. Wenn sich Pamina und Tamino vor dem Thron die Hand reichen und umarmen, so beginnen sie damit die Doppelherrschaft von Frau und Mann, Mond und Sonne, Gefühl und Verstand, Priesterin und König. Was für die Elterngeneration ein unvereinbarer Widerspruch war, was als Widerspruch von Papst und Kaiser ein Jahrtausend lang Streit bedeutete, was als Geist und Macht auch heute immer wieder auseinander fällt, schließt sich in der Hochzeit von Pamina und Tamino zum harmonischen Ganzen zusammen. Ihre Liebe hat die Gegensätze verbunden. Zu Beginn dieses langen Prozesses wurden die Liebenden von der Sehnsucht ihres Partnerbildes angetrieben und geleitet, am Deszendenten dann durch Feuer und Wasser zum Paar zusammengeschweißt; dabei haben sie sich verwandelt und sind doch ihrem eigenen Selbst treu geblieben. Ab heute teilen sie die Macht. Sie teilen Freude und Sorge, Last und Lust – in der Liebe wie im Leben.

Über den Autor

Ernst Ott, geboren am 13. Juli 1950 um 10.30 Uhr in Winterthur in der Schweiz, war zehn Jahre Lehrer. Seit 1980 lebt er in Deutschland und wirkt hauptberuflich als beratender Astrologe mit den Schwerpunkten Partnerfragen, Beruf und Lebenssinn. Außerdem leitet er zusammen mit Eva Stangenberg die Astrologieschule Ernst Ott mit Klassen in Karlsruhe, München und Rottenburg a.N., in denen Menschen, welche die psychologische Astrologie professionell anwenden möchten, zu Beratern ausgebildet werden. Schwerpunkte: psychologische, kreative und spirituelle Astrologie, Beratungstechnik, Einbezug der Klienten in die Deutung.

Sie erreichen den Autor unter folgender Adresse:

Astrologieschule Ernst Ott
Ettlingerstr. 5
D – 76137 Karlsruhe
Telefon und Fax 07 21 / 35 78 27

Anmerkungen

1 Wolfgang Amadé Mozart, »Die Zauberflöte«, erster Aufzug, Nummer 4 »O zittre nicht, mein lieber Sohn«. Bärenreiter-Verlag, Kassel 1991, Neue Ausgabe sämtlicher Werke, Band 9.

2 Erster Aufzug, Aria »Dies Bildnis ist bezaubernd schön«, Takt 22 ff.

3 Geburtshoroskop Wolfgang Amadé Mozart (27. Januar 1756, Salzburg, 20 Uhr LMT. Quelle: Brief des Vaters Leopold Mozart). Der Deszendent liegt hier im Zeichen der Fische, Mozart hat somit ein sensibles und etwas idealistisches Partnerbild.

4 Johannes Kepler, Weltharmonik, übersetzt von Max Caspar, Oldenbourg-Verlag, München, Wien 1982, Seite 262.

5 Gunter Sachs, »Die Akte Astrologie«, Goldmann-Verlag, München 1997.

6 Etymologisches Wörterbuch des Deutschen, Deutscher Taschenbuch Verlag, München 1995.

7 Zitiert nach Goethe, Werke, Band I (Hamburger Ausgabe), Hamburg 1982.

8 Johann Wolfgang Goethe, Geburtshoroskop (28. August 1749, Frankfurt am Main, 12 Uhr Ortszeit. Quelle: Goethes eigene Angabe in »Dichtung und Wahrheit«, 1. Buch). Friederike Brion ist am 19. April 1752 in Niederrödern im Elsaß geboren, ihre Geburtsstunde ist leider nicht bekannt.

9 Brüder Grimm, Kinder- und Hausmärchen, Band II, Nummer 169. Herausgegeben und mit Nachwort versehen von Carl Helbling im Manesse Verlag, Zürich (ohne Jahr).

10 Steht die Venus der Frau allerdings in einem der Feuerzeichen Widder, Löwe oder Schütze, so dürfte es ihr leichter fallen, selbst als starke Persönlichkeit aufzutreten und zu sagen, was sie will, es sei denn die Aspektierung der Venus erschwert dies wieder.

11 Johann Wolfgang Goethe, Faust, der Tragödie erster Teil, Studierzimmer, Zeile 1696 ff. zitiert nach Reclam, Stuttgart 1986.

12 Die Himmelstiefe im Stier ist stets mit der Himmelsmitte (MC) im Skorpion verknüpft. Dieser MC gibt in der Regel auch einen Hinweis auf die inneren Erfahrungen mit der Mutter. Dann könnten also offene oder unterschwellige Machtfragen eine Rolle gespielt haben. In diesem Fall enthielte der Aszendent Steinbock neben dem natürlichen Selbstschutz auch eine tiefenpsychologische Vorgeschichte. Die Welt des Krebses und der Gefühle zu erobern, wäre dann zuerst einmal angstbesetzt. Gegebenenfalls müsste vorher die Mutterthematik aufgearbeitet werden.

13 Wasserzeichen sind der Krebs, der Skorpion und die Fische, Feuerzeichen sind der Widder, der Löwe und der Schütze. Diesen Zeichen ist gemeinsam, dass sie »aus dem Herzen heraus« handeln, das heißt von einem subjektiven Impuls ausgehen, während die übrigen Zeichen (Luft und Erde) leichter objektivieren und über ihre Gefühle nachdenken.

14 Der Parzival-Mythos ist vielschichtig. Er enthält nebst diesem Thema des Fragenstellens auch viele Motive der Jungfrau/Fisch-Achse, wie Mitleid, Helfen und Heilen. Außerdem hat die geistige Gemeinschaft des Grals auch Wassermann-Züge. Wenn wir das Epos als Entwicklungsroman deuten, hat Parzival zuerst marsische, dann solare Komponenten. Richard Wagners eigenwillige Umdeutung bringt zusätzliche Interpretationen. Wagner war selbst ein Zwillinge-Geborener und spielte gern mit der Sprache, so nannte er den Helden »Parsifal«. Wagner betonte den Mutterkomplex, ein Mond-Thema, sowie die Fragen von Sexualität und Macht, ein Skorpion-Motiv. Für unseren Zusammenhang habe ich ausschließlich jene Teile des Mythos herausgegriffen, die für die Zwillinge-Schütze-Dialektik bedeutsam sind.

15 Die vollständigen Geburtsdaten von Sean Connery: 25. August 1930, 18.05 Uhr WET/S, 17.05 Uhr GMT, Edinburgh, standesamtlich. Quelle: Taeger, Internationales Horoskope-Lexikon. Verlag Hermann Bauer, Freiburg im Breisgau 1991.

16 Es heißt: »L' amour se réveille de rien«, zu übersetzen etwa mit: »Die Liebe erwacht wegen nichts«. Das Lied trägt den Titel: »Dans un bois solitaire«. Mozart schrieb es in Mannheim, als er selbst unglücklich in Aloysia Weber verliebt war. Neue Mozart-Ausgabe, Band 10, Seite 904, die deutsche Übersetzung Seite 978, Bärenreiter-Verlag, Kassel 1991.

17 Unterzeichnung der Unabhängigkeitserklärung am 4. Juli 1776; vermutete Zeit: 17.10 Uhr LMT in Philadelphia/PA/USA. Quelle: Astrologie Heute sowie Taeger-Horoskope-Lexikon.

18 Wir müssen uns dabei nochmals klarmachen, dass das Horoskop stets den Blick nach Süden zeigt, demnach der Westen - anders als auf Landkarten – rechts zu finden ist.

19 Auswanderung Mohammeds und Beginn der islamischen Kalenderrechnung: 16. Juli 622, julianisch, Medina, bei Sonnenuntergang (16.07 Uhr GMT).

20 Um den Glückspunkt zu errechnen, sollten Sie die Formel benutzen: Aszendent plus Mond minus Sonne. Sie brauchen dabei die absoluten Gradzahlen, also z.B. für einen Aszendenten bei 21° Löwe die Gradzahl 141°. Denn der Löwe ist von 0° Widder aus gesehen das 4. Zeichen. Da jedes Zeichen 30° hat, gilt die Rechnung 4 mal 30° gleich 120°, dazu kommen die 21°, was zusammen 141° ergibt, dies ist die absolute Gradzahl für einen Aszendenten von 21° Löwe. Man zähle nun nach derselben Methode den Mond dazu und ziehe die Sonne ab. Diese Formel sollte meiner Meinung nach in jedem Horoskop benutzt werden, ohne Unterschied zwischen Tag- und Nachtgeburt, auf die einige Astrologen Wert legen.

21 Caspar David Friedrich Geburtshoroskop (5. September 1774, 3.30 Uhr LMT in Greifswald. Quelle: Taeger-Horoskope-Lexikon).

22 Archäologen und Geschichtsschreiber betrachteten die Kelten lange durch die Brille der römischen Eroberer. Die neuere Geschichtsschreibung lässt vermuten, dass in den nächsten Jahren die Geschichte der Kelten völlig neu geschrieben werden muss.

23 Die dort erwähnte »dritte Stunde nach Sonnenaufgang« deute ich als 8.15 Uhr mittlerer Ortszeit, wenn man es in den modernen Äquinoktialstunden ausdrückt. Im Mittelalter begann die erste Stunde nämlich genau bei Sonnenaufgang, die sechste genau an ihrem Kulminationspunkt. »Dritte Stunde« meint also die genaue zeitliche Mitte zwischen diesen natürlichen Tagesmarken. Es handelt sich um die dritte Tagstunde, womit die dritte der im Sommer längeren Temporalstunden gemeint ist.

24 Grundsteinlegung Ulmer Münster julianisch, Ulm an der Donau, 8.15 Uhr LMT. Quelle: Relief an einer Säule im Münster.

25 Saturn steht sogar in genauer Konjunktion mit dem Deszendenten, wenn wir das Horoskop der Sonnenfinsternis betrachten, die wenige Tage nach der Grundsteinlegung in Ulm zu sehen war. Solche Finsternishoroskope sind als Ergänzung und zur Bestätigung sinnvoll, vor allem bei historischen Ereignissen, die ja nie minutengenau dokumentiert sind, während die Finsternis stets genau errechnet werden kann, so dass auch Aszendent und Deszendent gradgenau vor-

liegen. Die Neumond-Finsternis fand am 6. Juli 1377 statt (julianischer Kalender) um 9. 29 Uhr Ulmer Ortszeit.

26 Zitiert nach Richard Friedenthal, Händel, Rohwolt-Taschenbuch, Hamburg 1959, Seite 122.

27 Die Zeichendeutung von Pluto und den anderen geistigen Planeten hat in der Individualastrologie sonst keine Bedeutung und wird nur benutzt, um mundanastrologisch die Epochen zu beschreiben. Da es sich bei Karl dem Großen jedoch um eine welthistorische Persönlichkeit handelt, ist die Deutung von Pluto in der Waage durchaus sinnvoll.

28 Karl V., (24. Februar 1500 julianisch in Gent, um 3.30 Uhr LMT. Quelle: Taeger-Horoskope-Lexikon).

29 Empfehlungen zur weiterführenden Lektüre:
1. Reinhold Merkelbach, »Mithras«, Beltz Athenäum Verlag, Weinheim 1994. Dies ist ein wissenschaftliches Grundlagenwerk zur Mithras-Religion.
2. Alexander von Prónay, »Mithras und die geheimen Kulte der Römer«, Aurum Verlag, Freiburg im Breisgau 1989. Das Buch enthält eine brauchbare Faktensammlung über die astrologischen Zusammenhänge.
3. Maria Weiß, »Als Sonne (v)erkannnt. Mithras«, Veröffentlichungen des »Historischen Vereins Bauland« Band 1 / 1996, Wilhelm-Pfoh-Str. 26, D-74706 Osterburken, ISBN 3-9805275-0-6. Die Historikerin Maria Weiß bringt einen interessanten Deutungsansatz unter anderem über das Verhältnis von Sol und Mithras.
4. David Ulansey, »Die Ursprünge des Mithraskultes«, Theiss-Verlag, Stuttgart 1998. Ulansey ist Religionshistoriker und bringt neue Hypothesen über die Entstehung des Kultes und seinen Zusammenhang mit den Sternbildern sowie mit der Entdeckung der Präzession. Eine umfassende astrologische Deutung des Mithras-Kultes aufgrund des neuesten Forschungsstandes steht leider immer noch aus.

30 Der Morgenstern heißt griechisch Phosphoros, lateinisch Lucifer.

31 Die Sonne steht dann im 11. Haus.

32 Diese Stundenangaben stimmen in der modernen Zeitrechnung nur im Frühling und Herbst einigermaßen genau. Dann braucht die Sonne zwei Stunden für den Aufstieg durch das 12. Haus, zwei Stunden durch das 11. und weitere zwei Stunden durch das 10. Haus, nach sechs Stunden ist also der Mittagspunkt erreicht, während z.B. im Winter der Vormittag viel kürzer ist. In Altertum und Mittelalter galten die im Sommer und Winter jeweils ungleich langen Temporalstunden, welche diesem natürlichen Sonnenrhythmus angeglichen

waren. Das astrologische Häusersystem nach Placidus berücksichtigt dies optimal, so dass die Häuserspitzen jeweils rhythmisch zwei Temporalstunden voneinander entfernt sind.

33 Astrologisch begegnen sich hier die beiden ergänzenden Drehrichtungen im Horoskop: Die Planeten wandern im Verlauf der Monate und Jahre im Gegenuhrzeigersinn durch den Tierkreis; dieselben Planeten werden jedoch durch die Rotation des Himmelszeltes täglich von Ost nach West, also im Uhrzeigersinn durch die Häuser geschleudert. Der römische Dichter Ovid (Metamorphosen, zweites Buch, Verse 70 - 75) beschreibt dies mit dichterischer Freiheit so, dass dem Sol-Helios in der Himmelsmitte die Planeten und Sterne des Tierkreises entgegenbrausen wie Gegenwind auf dem Flug. Man glaubt fast die fliegenden Sterne aus den Science-fiction-Filmen zu sehen.

34 Im Horoskopkreis ist die Himmelsmitte MC überschritten und die Sonne betritt den dritten Quadranten, das heißt das westliche obere Viertel mit dem 9., dann dem 8. und 7. Haus, siehe Abb. 9.

35 Ovid, Metamorphosen, zweites Buch, Zeilen 136 f. übersetzt von Hermann Breitenbach, Reclam Universalbibliothek Nr. 356, Stuttgart 1995. Ovid beschreibt hier die ergreifende Geschichte des Sonnen-Sohnes Phaëton, welcher einen Tag lang den Wagen lenken will, dabei scheitert und einen Weltenbrand anrichtet.

36 Die Sonne tritt jetzt aus dem 8. ins 7. Haus ein.

37 Die Reise gleicht nun einem Abstieg durch die untere Hälfte des Horoskops, durch die Häuser 6, 5 und 4 zum Tiefpunkt (»Unterwelt«) und dann durch die Häuser 3, 2 und 1 zurück zum Aszendenten.

38 Die Sonnenbarke durchlief dabei das 6. Haus.

39 Die Sonne durchlief jetzt das 5. Haus.

40 Die Sonne durchlief jetzt das 4. Haus.

41 Die Sonnenbarke wanderte durch das 3. Haus.

42 Als die Sonnenbarke das 2. Haus durchquerte.

43 Apollodor, »Bibliotheke«, Buch I, 28. - Apollodor lebte im 2. Jahrhundert v. Chr. in Alexandria, die genannte Mythensammlung entstand aber wahrscheinlich im 1. Jahrhundert n. Chr. und wurde nachträglich unter seinem Namen herausgegeben.

44 Besonders schön gemalt zum Beispiel im Münster zu Breisach von Martin Schongauer.

45 Ähnliches gilt für Planetenstellungen auf der Häuserachse 2 - 8 sowie für Aspekte zwischen Venus und Pluto.

46 Ähnlichkeit zweier Persönlichkeiten ist natürlich nicht nur über das Aszendent-Thema gegeben, sondern auch z.B. über ähnliche Mondstellung, ähnliche Elemente-Verteilung oder indem der Partner ei-

nem der anderen eigenen Radix-Hauptthemen entspricht. Sinngemäß gilt dasselbe für den Deszendenten und ergänzende Charaktere. Auch hier kann kein Schema helfen, sondern nur das Studium der vollständigen Horoskope.

47 C. G. Jung prägte diese Begriffe und nannte den Archetypus des Weiblichen im Manne seine »Anima«, den männlichen Seelenanteil in der Frau ihren »Animus«.

48 Griechisch heißt der Held Herakles, die Römer nannten ihn Hercules.

49 Xenophon, »Memorabilien« II / 1, 21 - 23).

50 William Shakespeare, Hamlet, erster Aufzug, fünfte Szene, übersetzt von A. W. Schlegel, Reclams Universalbibliothek Stuttgart 1966.

51 Das Radixhoroskop enthält potentiell alles, was wir zum Leben brauchen und gibt den Rahmen für eine individuelle Inkarnation. Natürlich mag es Höhepunkte der Geistesgeschichte geben, wo jemand über seine individuelle Anlage hinauswächst, weit in überpersönliche Bereiche hinein. Aber für alle sonstigen Erfahrungen des Menschenlebens – einschließlich der spirituellen – schöpfen wir allein aus dem Füllhorn des Geburtshoroskops, dessen Kreis alle Ressourcen dafür enthält – und mehr als wir wahrnehmen können.

52 Wolfgang Amadé Mozart, »Die Zauberflöte«, erster Aufzug, Schluss des Finales, Takte 530 ff. Bärenreiter-Verlag, Kassel 1991. Neue Ausgabe sämtlicher Werke, Band 9. Text von Emanuel Schikaneder.

53 »Die Zauberflöte«, erster Aufzug, Finale, Takte 141-143.

54 »Die Zauberflöte«, erster Aufzug, Finale, Takte 447 ff.

55 »Die Zauberflöte«, zweiter Aufzug, Finale, Takte 1 - 28.

Klassiker der Astrologie

JOHANNES KEPLER

Von den gesicherten Grundlagen der Astrologie

Mit einem Vorwort von Ernst Ott
72 Seiten, kartoniert, 2 Abbildungen

ISBN 3-925100-38-5

Immer wieder wird und wurde von wissenschaftlicher Seite die Behauptung aufgestellt, Kepler habe Astrologie nur am Rande und aus Geldnot betrieben; in Wahrheit sei er ein Gegner gewesen. Zum Beweis werden aus dem Zusammenhang gerissene Sätze angeführt. Mit der vorliegenden Schrift kann sich jeder davon überzeugen, mit welchem Ernst und Eifer Kepler Astrologie betrieben hat, getreu seinem Bekenntnis: *»Die Philosophia und also auch die wahre Astrologia ist ein Zeugnis von Gottes Werken und also ein heilig und gar nicht ein leichtfertig Ding.«*

Kepler belegt – für jeden kritischen modernen Menschen nachvollziehbar – welches die Grundlagen seriöser Astrologie sind. Er tut dies auf sehr hohem philosophischen Niveau und kommt trotzdem zu ganz konkreten Nutzanwendungen, wobei er wie immer die Wichtigkeit der Aspektlehre betont. Immer wieder warnt der große Astrologe vor zu einfachen mechanischen Deutungen und zeigt auch mit eindringlichen Beispielen, wo die Grenzen der Astrologie liegen. Aus heutiger Sicht gibt das Buch wichtige Denkanstöße zur Synthese von Astrologie und Wissenschaft. Es könnte genauso gut den Titel tragen: Grundlagen einer ganzheitlichen Sicht von Himmel, Erde und Mensch.

Standardwerke der Astrologie

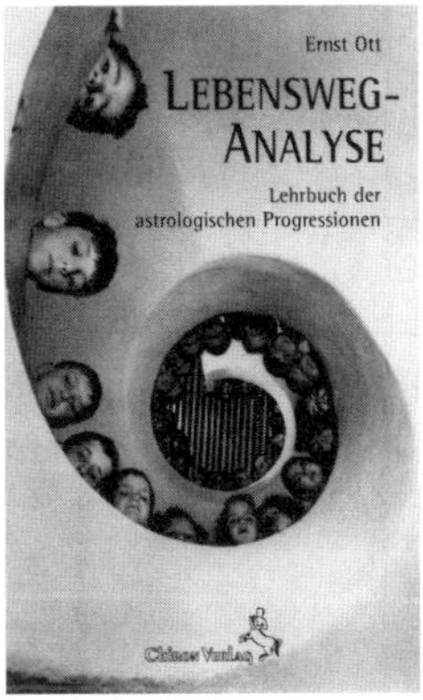

ERNST OTT

Lebensweg-Analyse

Lehrbuch der astrologischen Progressionen
Broschur, 128 Seiten, 14 Abbildungen

ISBN 3-925100-55-5

Sekundärdirektionen, in diesem Buch Progressionen genannt, stellen eine Art Fahrplan für die bewusste Lebensgestaltung dar. Zwar stehen alle Potentiale schon bei der Geburt fest, aber manche Ebenen dieser vielschichtigen Anlagen schlummern vor sich hin, bis sie geweckt werden.
Wenn Sie Ihre Progressionen studieren, erfahren Sie, was ansteht und können mit Ihrer eigenen inneren Zeit gehen. Sie wissen, welche Teile des eigenen Wesens jetzt reif sind, um sich zu entfalten und weiter zu entwickeln. Damit verschwenden Sie Ihre Kräfte nicht an Projekte, für welche die Bedingungen noch nicht geeignet sind, sondern investieren in Bereiche, die von der Zeitqualität gefördert werden. Dieses praktische Lehrbuch zeigt Ihnen, wie Sie die Progressionen berechnen und deuten.

Chiron Verlag

Standardwerke der Astrologie

ERIN SULLIVAN

Venus

Planet der Liebe und Sinnlichkeit
Broschur, 176 Seiten, 7 Abbildungen

ISBN 3-925100-35-0

Untersuchen wir Venus im Horoskop, so achten wir zuerst auf die Tierkreiszeichen Stier und Waage. Erin Sullivan zeigt, daß sich diese Dualität bereits in der antiken Mythologie nachweisen läßt, denn es gibt zwei Ursprungsmythen für die Göttin der Liebe. Alle Ebenen unseres Erlebens sind noch heute durchdrungen von der Vorstellung des Niederen und des Höheren, des Profanen und des Sakralen, von Körper und Denken, Lust und Liebe.
Das Buch verdeutlicht die Auswirkungen dieses Doppelaspekts, denn wir alle tragen das wilde Antlitz der Stier-Venus, die animalische Seite in uns. Aber auf der Instinktebene allein zu handeln ist nicht attraktiv. Deswegen haben wir die gleichermaßen wertvolle und verfeinerte Waage-Seite ebenfalls in uns, die unsere Fähigkeiten lenkt, mit anderen Menschen in Beziehung zu stehen, Kompromisse mit unseren Instinkten zu schließen und zur zivilisierten Welt zu gehören. Unsere Verhaltensweisen im Liebesleben werden zum größten Teil dadurch bestimmt, wie gut diese beiden Faktoren übereinstimmen.
Astrologisch läßt sich dies sehr gut an den Winkelverbindungen dieses Planeten ablesen. Die Autorin gibt fundierte Interpretationen der Venus-Aspekte zu den anderen Planeten. Dabei gelangt sie auf dem Hintergrund des doppelten Mythos zu ganz unerwarteten Deutungen und zeigt dem Leser nicht nur, wie er Ideale zur Wirklichkeit werden lassen kann, sondern auch Wege für ein tieferes Erfassen der Venus-Energie.

Chiron Verlag

Standardwerke der Astrologie

S. ALBAUGH UND N. EHRESMAN

Die Wiederkehr des Saturn

Lebenszyklus und Krisenjahre
Broschur, 115 Seiten, 12 Abbildungen

ISBN 3-925100-19-9

Man spricht davon, daß der Körper sich alle sieben Jahre erneuert. Dies korrespondiert mit dem Saturnzyklus, denn Saturn bewegt sich in Zeitabschnitten von sieben Jahren: nach 7 bzw. 21 Jahren steht er im Quadrat, nach 14 Jahren in Opposition und nach 28 Jahren wieder auf der Radixposition. Der Zeitpunkt, zu dem der Planet wieder in Konjunktion zu seiner Geburtsstellung tritt, wird als Wiederkehr oder auch als Saturnrevolution bezeichnet. Gerade während der Phase der Wiederkehr des Saturn treten wichtige Entwicklungsschritte in unser Leben. Alle Dinge, die nicht auf festen Grund gebaut sind, stürzen in sich zusammen. Die Saturnrevolution muß jedoch nicht nur negativ aufgefaßt werden, denn sie verhilft dem Betroffenen zu einer »inneren Wiedergeburt«. Ein Großteil der Verwirrungen und Selbstzweifel kann jedoch durch eine gezielte Vorbereitung auf die kritischen Phasen des Saturnzyklus geklärt werden. Das vorliegende Buch gibt hierzu eine konkrete Hilfestellung und beleuchtet anhand von praktischen Beispielen die wichtigsten Lebensbereiche, die Saturn bei seiner Wiederkehr umwälzt.

Die beiden Autoren schaffen nicht nur ein tiefes Verständnis der Saturnzyklen, sie geben auch Anregungen zur Auseinandersetzung mit den oftmals unbequemen Lernaufforderungen des Saturn.

Buchhändler Heute

CHIRON VERLAG